作者介绍

　　沈玉燕，企业管理博士，杭州师范大学钱江学院教授，经济管理分院副院长、专业带头人。浙江省高校优秀创新创业导师、优秀教师，杭州市高层次人才。主持或参与国家自然面上项目、教育部人文社科、浙江省哲社课题、浙江省重大人文社科攻关项目、浙江省教育科学规划课题、高等教育研究课题等10余项；担任浙江省服务业智库专家，浙江供应链专家委员会专家，曾主持完成地方政府"十三五"物流业规划与"十四五"服务业规划。发表核心文章40余篇，包括权威期刊上发表论文多篇。曾主编多部浙江省重点教材，主持浙江省十四五首批新四科重点教材，主持多项省级教改教研项目，负责的多门重点课程获批浙江省一流本科课程、社会实践一流课程和课程思政示范课程。曾荣获"浙江省互联网＋教学案例"特等奖；第二届浙江省高校教师教学创新大赛二等奖。曾指导学生参加多项省级一类大赛和国家级大学生创新创业项目，并获得全国大学生"创新、创业和创意"大赛特等奖和浙江省"互联网＋"创业大赛金奖等十余项国家级和省级奖项。

本书出版得到了国家自然科学基金面上项目（项目编号：71872166）；教育部人文社会科学研究基金（项目编号：15YJC630192）、浙江省哲学社会科学规划课题(16NDJC058YB)和浙江教育规划课题（课题编号：2017SCG019）等的联合资助

模块化特征、知识转移与平台组织绩效研究：

以 物 流 服 务 平 台 为 例

沈玉燕 著

ZHEJIANG UNIVERSITY PRESS
浙江大学出版社
·杭州·

图书在版编目(CIP)数据

模块化特征、知识转移与平台组织绩效研究：以物流服务平台为例 / 沈玉燕著. —杭州：浙江大学出版社，2019.9(2023.3重印)

ISBN 978-7-308-19566-9

Ⅰ.①模… Ⅱ.①沈… Ⅲ.①物流管理－组织管理－研究 Ⅳ.①F252.1

中国版本图书馆 CIP 数据核字(2019)第 205277 号

模块化特征、知识转移与平台组织绩效研究：以物流服务平台为例

沈玉燕　著

责任编辑	樊晓燕
责任校对	杨利军　陈逸行
封面设计	雷建军
出版发行	浙江大学出版社
	（杭州市天目山路 148 号　邮政编码 310007）
	（网址：http://www.zjupress.com）
排　　版	浙江时代出版服务有限公司
印　　刷	广东虎彩云印刷有限公司绍兴分公司
开　　本	710mm×1000mm　1/16
印　　张	15.5
字　　数	254 千
版 印 次	2019 年 9 月第 1 版　2023 年 3 月第 3 次印刷
书　　号	ISBN 978-7-308-19566-9
定　　价	62.00 元

前　言

　　2018 年 4 月在上海召开的"2018 中国智慧物流大会"提出,现代物流业已成为中国培育发展新动能的一支生力军,物流业与互联网深度融合而发展出的智慧物流在物流业更是焕发着新的生机和活力。智慧物流平台、技术创新、金融创新、供应链、智慧仓储、智慧园区等话题成为此次会议的主要讨论主题。自 2015 年以来,国家力推"互联网+"物流的发展,并鼓励物流模式创新,重点发展多式联运、共同配送、无车承运人等高效现代化物流模式,同时加强物流信息化和数据化建设。

　　从国外物流企业的发展历程来看,FedEx、UPS 等国际物流巨头都在向综合性的物流平台发展,事实上,这是一种趋势。顺丰速运正是认识到了只在单一领域深耕无法进一步提高国际影响力,所以才会进入普运市场。物流企业发展到一定程度以后,要想做大做强,必须向多元化发展。

　　因此,基于互联网的综合性智慧物流服务平台会成为物流企业发展的趋势。各个物流服务平台企业也会更加专业,基于自己擅长的领域和功能做精细化的深耕。在转型的过程中,物流服务平台企业与传统物流企业肯定会有竞争,但也会有合作。这种市场行为是不可避免的,双方会相互吸取经验,不断摸索哪些领域会更有机会。这种分工与合作不是事先规划好的,而是在实践过程中逐渐摸索而形成的。在这个过程中会有很多尝试和创新,这是很正常的事。

　　20 世纪 90 年代以来,服务经济全球化的趋势越来越明显。服务经济与知识经济、新经济、网络经济的融合互动,推动了服务业的产业组织革命。模块化理论改变了产业组织间的边界,形成了一种新型的组织架构模式。服务产业的模块化日益成为学者关注的焦点。组织的模块化结构是组织将自身的隐性知识通过资源共享和知识转移实现资本化的一种新的方式。隐性知识逐渐成为重要的无形资源和资产，大型的组织形态逐渐转变为可组合的模块化组织形态。模块化组织的知识转移研究，有效地揭示了知识资源在模块化组织中流动的方向和模式，同时也揭示了知识转移对组织绩效的影响，可有力地促进组织结构变革和模式创新。

本书以物流服务平台组织为研究对象，以模块化理论和平台理论为基本研究视角，构建"模块化特征—知识转移—平台组织绩效"的理论框架，分析模块化的组织结构对知识转移的影响机制，以及知识转移的效果对组织绩效的影响，并揭示其机理过程。遵循这个分析框架，本书提出以下几个问题：(1)平台组织是否具有模块化的特征？这些特征如何刻画？模块化组织结构对组织绩效有何影响？(2)以知识转移作为平台组织创新的线索，不同类型的平台组织中平台与平台用户之间的知识转移活动如何？模块化结构对知识转移的影响机制如何？(3)模块化的组织结构是否对知识转移有显著影响？知识转移对平台组织绩效的最终影响如何？具体的影响机制如何？

本书对模块化理论在服务业中的应用做了有益的延伸，同时结合物流业迅猛发展的大背景，研究了模块化创新对于物流服务平台的影响，以及模块化过程中的知识转移过程及其对组织绩效的作用；克服了以往单纯研究行业内的知识转移和绩效之间的关系的笼统性，建立了模块化组织间知识转移的动态特征。基于模块化理论和平台理论的研究成果，本书对已有的知识转移维度研究进行了很好的补充，为服务业模块化组织的研究提供了新思路。

物流服务平台的模块化雏形已经出现，要利用模块化设计的优势，开展物流服务模块化的创新。物流服务业是典型的实践走在理论前面的行业，笔者在走访和调研的过程中，发现很多的物流平台已经呈现出模块化的设计理念和运行模式，但缺乏理论的指导，还没有形成完整的模块化架构体系。物流企业应当广开思路，运用模块化方法开展物流服务的创新，推动物流服务模式的快速创新和变革。

首先，物流平台企业要开展物流服务产品的模块化尝试，即通过广泛调研客户需求和挖掘差异化的服务需求，开发多品类、易组合的灵活产品模块体系，满足不同的用户需求。目前，国内的物流企业在这方面的表现还不多，除了一些大型的物流企业比如宝供、顺丰等已开始呈现出这样的特点外,其他的中小物流企业根本还没有这种意识。

其次,平台企业要关注平台的用户体验,重视知识转移的效果。在物流服务平台的发展过程中,很多平台企业并不重视与平台用户之间的知识交互和知识转化,认为平台构建与平台用户关联性不高,忽视了知识转移的活动内容。因此,平台企业应当敏感地捕捉这种变化,加强与平台用户,尤其是领先用户之间的知识共享和知识整合,积极提供多种知识交互的平台和机会,并将知识转移的成果加以利用,开发新的服务模块。

服务平台组织可以尝试搭建统一的沟通平台,以提供平台与平台用户之间的各种沟通方式:一方面提供专门的交互渠道,如云客服、微信名片、微信公众号等;另一方面继续保持一些常规的沟通模式,如社交媒体(博客、微博、微信)、即时通信(QQ、网络短信)、电子邮件、移动电话等。通过前期的知识交互和共享,服务平台组织可以建立完善的客户数据库、诚信体系和客户信用评价指标等,为后续的数据挖掘、新服务模块的推介试用和客户反馈等打下基础。

作 者
2019 年 5 月

目 录

第1章 绪 论

1.1 研究背景

20 世纪 60 年代起以美国为首的发达国家率先进入服务经济时代,到 1990 年,全球服务业增长值值占 GDP 的比重已经突破 60%,这标志着全球服务型经济格局的形成。中国从 20 世纪 80 年代起,经济工作的重心也逐步转向服务业。服务业在国民生产总值中的比重已经超越了制造业。

1.1.1 现实背景

20 世纪 90 年代以来,服务经济全球化的趋势越来越明显,服务经济与知识经济、新经济、网络经济的融合互动,推动了服务业的产业组织革命。模块化理论开始受到更多的关注,成为一种新型的组织架构模式。产业模块化也改变了组织间的边界,成为新的发展模式(Baldwin & Clark,1997;2000)。在产业模块化格局下,市场组织创新模式呈现出"控制型耦合—信息型耦合—关系型耦合"的发展趋势。控制型、信息型和关系型三种耦合模式各有特点。控制性耦合模式的显著特征在于信息交互较弱。在信息性耦合模式下,异质性资源带来竞争优势的差异,从而使得各模块组织之间的竞合关系明显。关系型耦合模式的特点是,各个模块化组织间没有居于核心地位的模块化组织,表现为知识资源共享,交互频繁,构成了战略合作伙伴似的关系(徐宏玲,2006)。

当前,我国的模式化过程已经从产品设计的模块化,发展到组织和产业的模块化，从传统制造领域模块化，发展到服务领域的模块化。全球化趋势和跨国公司的全球化经营逐渐对全球价值链进行基于模块化的解构和重组，形成全球范围的价值网络。Britran 和 Pedrosa（1998）从服务视角着手，回顾了产品发展历史，介绍了服务操作架构，并讨论了其成分的重要方面，用以阐述服务业中的架构知识，用模块创新方法来实现规模定制。同时，随着中国改革开放的深入以及全球化程度的提升，大部分产业正逐渐参与到全球化产业模块化分工之中。当今，在服务经济全球化条件下，单纯以无形服务提供为基础所形成的模块化组织正在兴起。

1.1.2　理论背景

随着大环境的不断变化和需求的不断更新，组织的绩效和创新能力对知识的依赖程度越来越高。知识转移是企业与合作伙伴在相互合作过程中对信息、知识的共享、吸收和应用。企业的核心竞争力体现在创新能力上，创新能力的重要影响因素包括企业在知识开拓、吸收和有效利用方面的竞争。模块化组织通过有效的知识转移获取知识，这对提升组织绩效和核心竞争力起着重要的作用。同时，模块化组织结构不仅是影响知识转移的重要组织情景，而且也是调节舵手企业组织绩效内外部诸多影响因素作用的枢纽。因此，探索模块化特征、知识转移、组织绩效之间的关系，具有重要的科学研究价值。

Nonaka（1994）认为越是高度内隐的知识越不容易转移。Simonin（1999）也提出知识管理所涉及的知识本身的复杂性与学习的有效性有着一定的联系。从基于知识的理论来看，知识是否容易被复制和转移决定了以此知识为基础的资源或能力的特殊性，以及其能否形成持续的竞争优势。学者们对于组织结构对知识转移的影响，以及知识转移影响组织绩效的提高的研究的深入，有必要立足服务业模块化的情境，进一步探索模块化组织的耦合机制、知识转移与组织绩效之间的关系。弱的联结关系对知识转移有正向作用（Granovetter，1976；Lancaster，2003；Rhee，2004）。

在产品平台理论中，最主要的文献是关于模块化产品平台。在产品平台中服务和功能是通过交替组合的模块来实现的（Meyer & Utterback，1993），但目前对于平台组织模块化的研究比较少。现有的服务模块化研究大多集中于对金融服务和 IT 服务模块化的研究，对其他服务业的模块化研究则很少。但除了传统产业，像物流业这样的新兴服务产业的模块化模式该如何应用,这方面的研究同样非常重要。相对于成熟和有形的产品,服务的无形性、异质性等特点,导致服务模块化的实践比理论走得更快。在服务模块中,由于知识的内隐性和知识产权等因素,一般较难获得准确的信息资料,这使得服务模块化研究较难开展。知识是如何在服务业模块化组织中转移的? 有哪些影响因素? 这种知识转移对服务业模块化组织的绩效提高有什么作用? 如何测量服务平台组织的绩效? 这些都是当前摆在我们面前的重要研究课题。因此,本书基于服务业模块化的情境,以平台组织的模块化特征为影响知识转移的硬性情景,以物流服务平台为主要研究对象,拟研究平台组织的模块化特征是如何通过知识转移影响组织绩效的。

1.2 研究意义

物流业已经逐渐成为中国培育发展新动能的一支生力军。物流业与互联网深度融合而发展出来的智慧物流更是焕发着新的生机和活力。像物流业这样的新兴服务产业的模块化模式该如何应用,对这方面的研究同样具有非常重要的意义。

1.2.1 理论意义

在管理学研究中,平台这个词不论是以隐喻还是以架构的方式,都出现得相当频繁(Autio & Gann,2014)。学者们基于组织架构和动态能力来研究平台组织,认为平台是储存组织资源和能力的结构。这个流派是在有关组织和动态能力的文献上建立起来的(Prahalad & Hamel,1990;Teece,Pisano & Shuen,1997;Thomas,Autio & Gann;2014)。在平台理论流派中,基于模块化理论的产品平台理论研究文献出现的次数很多(Meyer & Utterback,1993)。学者们已经以许多不同的方式探讨过模块化产品平台了,大部分概念已经采取了架构的角度(Meyer & DeTore,2001;Muffatto & Roveda,2002),包括诸如共同架构(Meyer,1999)、中心产品设计(Tatikonda,1999)和组件间界面(Halman,Hofer & Vuuren,2003)的产品特点。这些角度强调了平台优点是如何通过产品的技术架构实现的,如何通过模块化、连通性和界面标准来表达。

目前对于模块化组织以及知识转移与组织绩效已经进行了大量的相关

研究（Henderson & Clark，1990；Baldwin & Clark，1997，2000），并形成了基本理论分析框架。但基于平台理论，探讨平台组织中模块化特征对知识转移、组织绩效的相关研究虽已有理论基础，但尚需完善。立足当前中国经济转型的大背景和大力发展服务业的现实，有利于开展在不同的组织情境下组织间知识转移与组织绩效之间的关系研究。此外，基于平台组织的模块化特征，研究其不同维度对知识转移的影响，进而探讨模块化组织间的知识转移对组织绩效的影响，可以更好地补充模块化理论和平台理论研究的基础，克服以往单纯研究行业内的知识转移和绩效之间的关系的笼统性，拓展服务业模块化组织的研究范围。借鉴模块化理论和平台理论的研究成果，可以拓展知识转移理论对模块化组织的绩效的影响，尤其是立足于模块化组织的具体情境下的应用。

1.2.2　现实意义

服务产业的模块化越来越成为研究人员关注的焦点。组织的模块化结构是组织将自身的隐性知识通过资源共享和知识转移实现资本化的一种新的方式。企业开始从知识转移视角探索价值提升的模式。模块化的组织模式更有利于资源整合和知识优化，提高企业核心竞争力。隐性知识逐渐成为重要的无形资源和资产，大型组织形态开始呈现模块化特征（刘冀生，2007）。模块化组织的知识转移研究，有效地揭示了知识资源在模块化组织中转移的方向和模式，同时也揭示了知识转移对组织绩效的影响，可以更有力地促进组织结构变革和模式创新。因此，本书从平台组织的模块化特征入手，探讨耦合机制下模块化组织结构对知识转移的影响，具有重要的现实意义。

1.3　问题的提出

本书以物流服务平台组织为研究对象，以模块化理论和平台理论为基本研究视角，构建了"模块化特征—知识转移—平台组织绩效"的理论框架，分析模块化的组织结构对知识转移的影响机制，以及知识转移的效果对组织绩效的影响，并揭示其机理过程。

研究从以下几个问题展开。

（1）平台组织是否具有模块化的特征？这些特征如何刻画？模块化组

织结构对组织绩效有何影响？

以物流服务平台为主要研究对象，将平台的组织绩效放在模块化组织的场景中来研究，从平台理论视角来刻画组织中的平台组织与平台用户之间的知识共享和知识整合，归纳平台组织的模块化典型特征，分析模块化结构与平台组织绩效的联系。

（2）以知识转移作为平台组织创新的线索，不同类型的平台组织中平台与平台用户之间的知识转移活动如何？模块化结构对知识转移的影响机制如何？

基于知识转移活动，分析物流服务平台中平台与平台用户之间的知识共享和知识整合活动，提出平台组织发展过程中知识转移的一般过程，构建平台模块化组织结构对知识转移影响机制的理论分析框架。

（3）模块化的组织结构是否对知识转移有显著影响？知识转移对平台组织绩效的最终影响如何？具体的影响机制如何？

通过前面问题的研究，分析平台的模块化组织结构是否与组织绩效之间存在联系，同时验证知识转移的中介作用，进一步解释模块化组织结构对绩效的作用机理。

（4）在平台组织的发展过程中模块化特征如何体现？其具体的阶段模型如何？在平台组织模块化的过程中知识转移活动的过程模型有什么不同的特点？具体的阶段模型如何？

基于前面的研究和结论，对平台组织的模块化过程模型和知识转移一般过程模型进行扩展研究，观察在平台构建过程中模块化特征形成的过程以及在不同阶段中知识转移的不同特点。

1.4 研究内容与章节安排

本节从研究思路、研究内容和具体章节来介绍整本书的内容安排。

1.4.1 研究内容

1. 研究的思路

本书的基本思路是，基于服务业模块化组织的情境，以物流服务平台的模块化特征维度为切入点，运用组织间知识转移的一般分析框架，先做案例研究，分析模块化特征作用机制下的平台组织间知识转移的过程模型，基于此进一步透视模块化组织中知识转移与组织绩效间的关系，构建模块化组织中的平台企业与平台供应方、平台需求方各主体之间的知识转移、知识转移与平台组织绩效之间的关系模型，以揭示服务产业平台组织中的模块化特征如何作用于知识转移，模块化组织间的知识转移如何作用于组织绩效的微观机理。然后，建立基于模块化组织的平台企业与平台供应方、平台需求方各主体之间的模块化耦合机制——平台企业与平台用户企业之间的知识转移—平台组织绩效的概念模型。最后，应用 SPSS 15.0 和 AMOS 17.0 软件包中的因子分析、相关分析和结构方程建模等方法对浙江省的几个物流服务平台及其平台用户企业进行大样本调查和实证检验。

2.研究内容

（1）探讨平台组织中模块化特征对知识转移的影响维度，厘清基本概念，提出研究框架。

探讨研究平台组织的模块化特征对知识转移的影响维度，并对贯穿全书的几个基本概念：平台开放性、模块化特性（功能性、耦合性、交互性）、知识共享、知识整合、组织合作绩效、创新绩效等进行了界定。提出本书的研究框架：平台组织的模块化特征—平台企业与平台用户企业之间的知识转移—平台企业的组织绩效的研究路径。

（2）提出平台组织与平台用户间的知识转移对平台企业的组织绩效的作用机理。

各个组织主体间知识转移同样可以提高组织生产的产品质量和市场份额（Davenport & Prusak，1998）。Haas 和 Hansen（2007）也指出，团队工作完成的质量与个人间的组织转移呈现正相关关系。知识是企业核心竞争力的基础，知识转移的过程就是提升企业能力和组织绩效的过程。本书通过分析平台组织的模块化特征对知识共享和知识整合的影响机制以及针对模块化组织的知识转移形式进行编码分析，进而探索知识转移对于模块化组织中的平台企业在创新绩效和合作绩效方面的作用机理，探讨如何提升平台企业的组织绩效和核心竞争力。

（3）基于理论分析，构建平台组织的模块化特征—知识转移—组织绩效的概念模型。

在对物流服务平台的多个案例平台进行分析的基础上,修正初始概念模型。参照以往学者的相关研究成果,并结合企业实地访谈和现象观察,提出平台组织中模块化组织特征—知识转移—组织绩效的基本假设。为了配合实证研究的需要,研究对所有的变量进行了操作化定义。

(4)平台组织中的知识转移与平台组织绩效的实证分析。

基于平台组织的模块化特征对知识转移的作用机理,实证检验模块化特征通过知识转移对组织绩效的影响机理。

本书以几个典型物流服务平台的平台用户为对象进行大样本调查。针对不同的平台供应商企业和客户企业的调研结果,分析其相互之间的关系,结合对平台企业的直接调研结果的一致性,对组织绩效进行评价和测度。运用 SPSS 15.0 和 AMOS 17.0 软件包中的因子分析、相关分析和结构方程建模等方法对物流服务业进行实证检验。

在对相关文献进行回顾并对案例样本进行探索性分析的基础上,深入剖析模块化组织间的知识转移活动,构建模块化组织间的知识转移一般过程模型,包括知识转移的两个维度:知识共享和知识整合。基于平台组织的模块化理论视角,分析平台组织的模块化特征对于知识共享和知识转移的影响机制,通过编码的方式来归纳提炼。

(5)深入剖析具有模块化结构的平台组织与平台用户间的知识转移,并构建知识转移一般模型。结合平台组织模块化的四阶段过程模型,将平台组织模块化的知识转移的一般过程也分为四个阶段来研究。

(6)物流服务平台的发展对策研究。

通过模块化结构对平台组织绩效的影响研究,结合物流服务业行业发展现状和现有的先进经验,对物流服务平台的发展提出有针对性的对策建议。

1.4.2　章节安排

本书的章节安排如下。

第 1 章为绪论,从研究的现实背景和理论背景出发,引出要研究的问题,提出研究内容、技术路线和研究的创新点。

第 2 章为文献综述,对模块化、耦合理论、平台理论、知识转移和组织绩效等理论文献进行了梳理和总结,为研究提供了理论基础。

第 3 章为案例研究,通过案例研究,基于模块化理论和平台理论,刻画平台组织的模块化特征维度并验证其对知识转移的影响。介绍了案例分析的方法和过程，包括案例选择、数据收集分析和整理。通过编码方法来进一步研究平台组织的模块化特征维度对知识转移、组织绩效的影响机制。

第4章为实证理论模型和预调研分析，基于案例分析，通过文献总结梳理平台组织的模块化结构通过知识转移对组织绩效影响的理论模型和方案设定。(1)对模块化、平台组织、知识转移和组织绩效构想关系进行理论构架的梳理。(2)通过文献梳理，明确各个构想之间的考察变量，并提出理论假设，构建理论分析的模型。(3)通过预调研分析检验理论模型并根据预调研结果进行修正。最后，确定实证方案。

第5章和第6章为实证研究，对平台供需双方的大样本调研和数据回收情况进行相关性分析、因子分析和层次回归分析，并通过构建结构方程的方法来验证理论模型。第一部分，通过相关分析、因子分析对各个变量进行信度和效度的检验。第二部分，检验模块化特征维度和知识转移对组织绩效的影响，并对知识转移中介效应的21条假设关系进行检验。最后，对检验结果进行讨论。

第7章为实证结果的对比分析和讨论。

第8章为扩展研究，基于前面章节的研究和总结，验证了平台特征维度、模块化特征维度、知识转移对组织绩效的影响机理。因此提出了平台发展过程中的模块化四阶段模型，并基于平台模块化各个发展阶段的知识转移的一般过程，为后续研究奠定基础。

第9章为研究结论与展望，对本书主要观点和内容做总结，提出研究结论带来的管理启示，最后，提出研究的不足和后续研究的展望。

1.5　研究方法与技术路线

本书主要采用文献整理与实地调研相结合，定性分析和定量分析、理论分析与实证研究相结合的研究方法，将规范研究和实证研究的方法相结合，结合文献分析、案例研究、定量实证等方法，对提出的问题进行逐层分析和研究。首先，对文献的梳理和总结，为本研究的进一步开展奠定了理论基础，为现实的问题寻找到对应的理论假设。其次，采用案例研究的方法归纳物流服务平台发展中的现实现象和规律，并由此总结平台的特征维度和模块化的特征维度,以及知识转移的一般过程。再次,分析平台特征维度和模块化特征维度对知识转移的影响机理。最后,为了进一步验证这种理论推断是否成立,运用 SPSS 15.0 和 AMOS 17.0 软件包中的因子分析、相关分析和结构方程建模等方法对概念模型进行了实证检验。通过回归分析检验基本假设,通过构建结构方程建立相互的作用路径,最终得出研究结论。

本书的技术路线如图 1-1 所示。

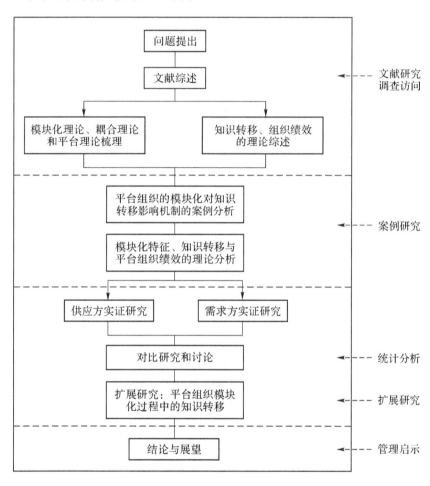

图 1-1　研究的技术路线

1.6 研究的创新点

1.平台组织:服务模块化理论应用的新场景

模块化理论被引入服务设计和运作过程中,平台是运营服务模块化架构的一种比较好的方法。平台组织的价值创造融合了模块化理论的思想,例如标准和标准设置(West,2003),授权准入水平(Boudreau,2010)和合作利益给予主导设计(Suarez,2004)。在管理研究中,"平台"这个词出现频率越来越高。然而关于平台概念的理论研究却明显滞后(Thomas,Autio & Gann,2014)。平台理论流派中的一个主要流派就是基于模块化理论的模块化产品平台研究,借此可探究范式变革背景下的服务创新问题(Liestmann & Kuster,2003)。但一直以来服务创新研究多以模块化组织为研究情境(Sanchez & Mahoney,1996;张钢,2011),尚未见以平台组织为情境的研究。因此,将服务模块化应用的场景与平台组织的服务创新联系起来,通过共享服务模块为客户创造价值(Sawhney,1998),拓展了模块化研究的应用范围。同时,这种将服务创新研究的组织情境与最新行业现实相结合的研究方法,是一种全新的探索。

2.组织间知识转移的中介视角:模块化组织研究的新拓展

知识转移在创新活动中的重要作用已经被广泛证实。模块化的组织特征有利于知识的扩展、吸收和整合(余东华,2007),同时它改变了组织知识创新的方式。组织结构模块化程度越高,模块内的隐性知识越独立,相互之间更加需要通过知识转移来提高组织绩效(金中坤、王卿,2010)。知识转移在模块化组织中的作用,基本从知识的获取(王晓辉,2010)、知识的吸收能力(冯增田等,2013)、知识的共享水平等方面来研究,且大多集中在模块化组织内部。因此,以知识转移作为模块化服务创新的线索,探求具有模块化特征的不同类型的平台组织中平台与平台用户之间的知识转移活动,是将知识转移理论拓展运用到服务创新领域的研究中。基于知识转移活动,分析物流服务平台中平台与平台用户之间的知识共享和知识整合活动,提出模块化组织发展过程中知识转移的一般过程,构建起平台模块化组织结构对知识转移影响机制的理论分析框架,有一定的理论探索意义。

3. 物流双边平台的模块化特征:服务模块化研究的新思路

服务业的模块化研究大多集中在金融领域(Niehans,1983;Baldwin & Clark,1997),对于物流业等其他服务业的拓展研究不多(Pekkarinen & Ulkuniemi,2008)。物流服务平台具有典型的双边平台特征(戴勇等, 2011)。本书基于模块化组织的一般特点,以物流平台为例,分析其模块化特征,包括功能性、耦合性和交互性三个维度,研究其通过知识转移对组织绩效的影响。主张将平台组织的模块化设计思路运用到平台的管理和运营中,在平台与平台用户之间创造多渠道的知识共享和知识整合的方式,提高知识和信息的转化能力,提高物流服务企业整体的竞争力。这是应对互联网时代组织变革的管理新思路。

4. 模块化组织间知识转移的动态特征:探索其对组织绩效的影响

知识转移对组织绩效的影响已经得到广泛的研究(Hoffman, et al., 2005),但尚未见从服务业模块化组织的情境入手分析知识转移对舵手企业(平台企业)组织绩效的影响机制,特别是研究平台组织的知识转移对模块化组织中的舵手企业(平台企业)的组织绩效的评价和测度。本书在提炼和验证知识转移维度的基础上,建立了模块化组织间知识转移的动态特征,进而探索其对组织绩效的影响,有效克服了以往研究的缺陷,对已有的知识转移维度研究进行了很好的拓展和补充。

1.7　本章小结

本章首先阐述了本研究的现实背景和理论背景,服务业已经成为经济的主导和支柱产业,模块化理论和平台理论的研究也已经比较成熟,对服务平台模块化的研究条件已经具备。其次,提出了选题的意义和要研究的问题,指明了对服务业的模块化特征、知识转移和组织绩效的影响机制进行研究的重大意义。本章基于以上几点提出了本书的主要内容、章节安排、研究方法和技术路线等,最后提出本研究的创新点。

第 2 章 国内外研究现状

对于知识转移的研究已经比较成熟,其中最为著名的是日本学者野中郁次郎 (Nonaka & Takeuchi,1995)的 SECI 模型提出的知识转移过程中的四种不同形态。对于服务模块化的研究还没有涉及太广泛的行业和领域,定义还比较模糊。平台理论文献中的研究大多以国外学者的研究为主,大致可以分为四大基础流派,分别是组织平台、产品平台、市场中介平台和平台生态系统 (Thomas,Autio & Gann,2014)。

2.1 模块化组织的相关研究

由于模块化在不同背景下应用,在不同学科领域中模块化系统具有不同的特点,模块化的意义一直都没有厘清 (Campagnolo & Camuffo,2010)。Ulrich 和 Tung (1991)与 Ulrich (1995)认为,如果产品是模块化的,那么功能和实体结构间存在着一对一与多对一的等值关系。早已有许多文献探讨过模块化的特点,但服务模块化的定义还比较模糊,大致可以分三个层面来理解:一是将整个服务系统解构成若干个独立或耦合的模块,这是企业组织内部服务系统的模块化;二是从组织职能入手,形成具有某一服务功能的模块化组织,这属于企业组织层面的模块化;三是从产业组织层面来分析服务模块化,即服务产业模块化。

2.1.1 模块化概念和维度

按照青木昌彦 (2003)的观点,"模块"是指半自律性的子系统,通过和其他同样的子系统按照一定规则相互联系而构成的更加复杂的系统或过程。模块化也是组织设计复杂产品或过程的有效战略之一（Baldwin & Clark，1997）。

1.模块化的内涵

模块化是通过模块分解和整合，把复杂系统分解为相互独立的组成部分，再通过标准接口把各个独立的部分连接为一个完整的系统（Baldwin & Clark，1997；2000）。"模块化"则是按照某种规则，一个复杂的系统或过程和若干能够独立设计的半自律的子系统的过程相互整合或分解的过程。其中的分解过程叫"模块的分解化"，整合过程叫"模块的集中化"（青木昌彦、安藤晴彦，2003）。模块之间的联系规则一旦确定，每个模块的设计和改进都会独立于其他模块的设计和改进。同时，模块化也是组织设计复杂产品或过程的有效战略之一（Baldwin & Clark，1997）。青木昌彦提出了模块集中化的两种模式，包括事先规定了模块之间联系规则的 A 模式、模块联系规则可以不断改进的 J 模式以及各个模块内部的信息处理完全"包裹化"这一条件；他甚至认为模块化是新经济条件下产业结构的本质。

由于模块化在不同背景下的应用，在不同学科领域中模块化系统具有不同的特点，模块化的意义一直都没有厘清（Campagnolo & Camuffo，2010）。Ulrich 和 Tung（1991）与 Ulrich（1995）认为，如果产品是模块化的，那么功能和实体结构间存在着一对一与多对一的等值关系。早已有许多文献探讨过模块化的特点，包括节约成本、拥有提供多样产品的能力、灵活性加强和复杂系统的简化（Jose & Tollenaere，2005；Pekkarinen & Ulkuniemi，2008，Bask，et al.，2010）。Simon（1962）认为，复杂系统通常会有分级结构，其中子系统的内在联系比子系统之间的联系更为紧密。这样的"松散耦合"不仅成就了语序模块化产品架构内模块化元件的"混合与配对"，也产生了大量的具有不同功能、特点或绩效水平的产品种类。可以通过替换模块化组件形成生产架构，而不用重新设计其他组件（Sanchez & Mahoney，1996）。模块化架构可加快产品更新换代（Brusoni & Prencipe，2001），详见表 2-1。

表 2-1　模块化的文献梳理

视角	代表文献	观点
概念和内涵	Simon (1962)	模块化是复杂系统转变成新的、稳定的组织架构
	Alexander (1964)	模块化的设计规则有利于模块之间的协同发展
	Sanchez (1995)	模块化是一种特殊的设计形式,旨在部件设计中,以标准化部件接口规范的方式,创造一种高度独立或松散耦合
	Sanchez & Mahoney (1996)	模块化结构是一种特殊的产品设计形式,这种设计在不同的物理部件之间采用标准化的界面,以尽可能保持产品结构的特性
	Schilling (2000)	模块化用来描述组织单元的被分离和重组的程度,它既表示组件间耦合的紧密程度,也表示组织架构的规则使用的程度。由于所有组件之间都具有某种程度的耦合(或松散或紧密),因此都具有一定程度的模块性
	Aoki & Takizawa (2002)	把一种复杂的组织过程,按一定规则分解成半自律的下层组织,就叫模块化
策略或原理	Baldwin & Clark (1997,2000)	模块化系统由独立设计但仍作为统一的整体而运作的单元或模块所构成,模块化的设计可以创造选择权;模块设计可以演进
	Aoki & Takizawa (2000)	将模块化过程看作一个复杂的系统分解为近似自治的子系统的过程。通过将复杂系统划分为模块,可以节省信息处理和信息传递的成本
	Langlois (2002)	模块化是将一个复杂系统分解多个独立的模块,且相互间可通过一个标准化界面进行沟通,从而帮助人们更好地进行管理
	Ethiraj & Levinthal (2004)	模块化是具有依赖关系的复杂系统,包括将系统分解的过程,各个单独组件之间通过标准化的界面或规则和说明而相互沟通。组织结构可以被认为具有不同程度的模块性(modularity)

2. 模块化的维度

Pekkarinen 和 Ulkuniemi (2008)提出了企业模块化系统三维架构的雏形,模块化的服务产品、模块化的组织和模块化的过程(即产品模块化、组织模块化和过程模块化),如图 2-1 所示。组织模块化由多个组织模块构成,可以通过多样化的供应商网络的配置和内部组织结构来完成。

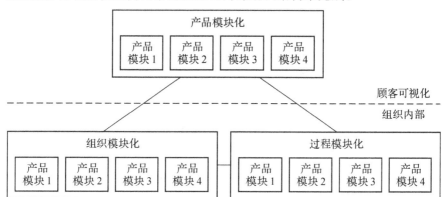

图 2-1　服务业中模块化的三个维度架构

资料来源：Pkkarinen & Ulkuniemi（2008）

（1）产品模块化

Ulrich（1995）区分了集成化架构和模块化架构，指出，模块化架构包括相互对应的匹配，无论是模块设计，还是产品架构，并明确界定了相互之间的耦合界面。而集成化架构包括从功能成分，到成分和成分间耦合界面的映射，十分复杂。产品和制造商之间的关系事实上相当紧密，二者间的关系包括产品架构与产品改变方式的关系，与市场上的产品种类、产品的作用以及产品发展管理的关系。Fixson（2003）指出，模块化广泛应用于系统分析和设计，如复杂的工程产品和组织。同时，模块化是有效解决优化问题的关键，它是通过联盟组织理论和演化计算原则解决问题的。

Shibata（2005）指出，产品架构主要是从一体化架构演变成模块化架构的，然后朝着开放型架构演进。在特殊的情况下，这个转变并不是一直朝着同个方向进行的。在一些创世纪的科技产业中，比如微处理器与产品系统结合起来时，产品架构发展的方向从一体化向着模块化发展。Chen 和 Liu（2005）的研究表明，外部界面标准限制了产品创新，创新方向主要是内在界面和模块。然而，开放的供应网络对不同产品间的关系高度开放。

Mikkola（2006）的文章比较了集成化产品架构和模块化产品架构的特征，并且提出了测量产品架构中模块化程度的方法。产品架构模块化的重要因素有模块组成（标准的和最新的）、界面标准（标准化和详细化）、耦合程度、可交互程度。通过案例分析发现：由于隐性依赖性的架构拥有更高的可交互因素和最新的原始元素，隐性依赖性架构提供给模块化的机会比固定架构能提供的多。模块化的动力是由标准化、可定制化和最新的这三大因素和两大界面（即基础的和可供选择的）所产生的。

Fixson 和 Park（2008）指出，集合是一个共享组件模块化的设计操作者。更细致的共享组件经过模块化的设计，其产品模块相互之间的联系更加紧密，并且这些联系有助于解释企业间的产业内异质性。公司边界选择也可以是架构创新的前提条件。

（2）流程模块化

流程模块化将过程划分成标准的子过程和定制化的子过程，以实现灵活性的最大化。延迟制造将总装转移到了配送中心，甚至是客户方，这使得对变化的顾客需求的快速反馈成为可能。工作岗位和单元可以随意添加和去除，或者重新组织，以创造不同的过程，前提是装配线是模块化的（Tu, et al., 2004）。

Hoogeweegen 等（1999）以航空物流为研究对象，介绍了模块化网络设计，并将其应用于虚拟组织理论，该理论主要是关于虚拟组织的元管理。模块化网络设计可以支持虚拟组织中会员的交替分配的评价，使用信息和沟通科技。结果表明，为了处理定制的订单，虚拟组织及成员在应用信息和沟通科技来维系和重新分配模块化生产任务时，可以通过操控成本来获得巨大的提升。

Buenstorf（2005）认为流程模块化的界面是清晰界定而且松散耦合的关系。Patricio 等（2008）对银行的服务流程做了全面的研究，认为在银行等金融服务业中需要整合提供服务的内在流程。Ellram 等（2008）在交易成本经济学的领域中进行了扩展，并为管理和控制离岸外包服务关系提供了一些经验和指导。文章指出，一旦发现不可控的高风险，组织不倾向于将服务流程模块进行离岸外包。

3. 组织模块化

（1）组织内部的模块化

Sanchez（1995）运用了近似可分解系统原则来调查产品设计原件间标准化界面的能力。人们创造了基于标准化原件和组织界面的产品。通过促进松散耦合，模块化可以减少适应性合作的成本和困难，增加公司策略灵活度来应对环境变化。产品与组织设计模块化使得公司的学习更有目的性，松散耦合的知识管理更为行之有效。

Sanchez（1999）研究了模块化产品、过程和知识架构,认为模块化使得公司能够创造更多的产品种类,更快引进技术超前的产品并将其引入市场,降低产品创造和生产的成本。模块化架构可以改变在销售过程中产品创造和实现的可能性,创造新的市场动力与活力。在新产品设计中,越来越多的市场都以模块化产品架构作为基础。Djelic 和 Ainamo（1999）通过对不同国家（法、意、美）的奢侈品行业的历史进行对比研究,总结出由不同的发展历史带来的组织差异性。完全稳定的单一组织形式是不存在的,每个不同的社会环境里都应有具有自身特色的组织形式。模块化的组织形态可以更好地降低成本,提高组织柔性。

Galunic 和 Eisenhardt（2001）通过单案例研究来说明模块化的组织形式对适应性强的公司而言是动态和充满活力的。在市场急剧变化和部门共同演进的大背景下,模块化组织可以涵盖多种类自由部门,而且通常会将部门的功能和章程有机结合起来,以创造更多的财富。Lei（1996）对先进制造业进行了定性研究。公司如果要扩大经济规模和选择先进制造技术,就必须要重新配置公司组织,将其转变成模块化的松散耦合系统。先进制造技术帮助公司获得更加复杂和具有竞争力的策略,而这些策略对提高公司在全球市场中的战略竞争力是十分必要的。

Helfat 和 Eisenhardt（2004）指出,一个松散耦合的模块化组织结构有益于企业的跨范围经济性。一个企业具有通过组织模块化和重组获得跨范围规模经济性的能力,表明其若想要受益于相关多元化的战略,并不一定需要业务单位间的高度合作。Worren 等（2002）对医药行业的数据进行实证分析后指出,公司如果在一个更充满活力的市场环境下,则应该采取更高程度的产品模块化。模块化产品架构应该对战略柔性有积极的影响,战略柔性对公司绩效有影响。

（2）组织外部模块化

Gereffi 等（2005）分别通过对自行车、电器、园艺、电子产品四个产业案例的研究,强调全球价值链管理的模块化动态和交互的特点。模块化是一种全球价值网的重要组织形式。Sturgeon（2002）通过对电子产业的单案例的研究,提出契约制造的概念来阐述工业组织中的模块化模型,即模块化生产网络。在全球化的大背景下,模块化生产网络可以比更空间化和社会化的嵌入式网络模型获得更佳的经济业绩。

Assche（2008）通过对电子行业的定性研究，认为产品模块化对于公司产品与境外生产和外包趋势共同发展演进有重要作用。Hoetker 等（2007）对汽车行业的二手数据的实证研究表明，模块化是一个多元的概念，产品模块化上升会使组织的可重塑性加强，从而降低成本。Tiwana（2008）通过对IT 服务行业的数据实证指出，过程控制、结果控制和模块化可以独立提高联盟绩效。模块化会降低过程控制的影响，对结果控制却没什么影响。模块化的联盟控制对于策略理论和实践都十分有意义。

2.1.2　模块化组织概述

模块化组织属于一种组织情境，模块化组织的耦合机制属于一种组织间的联系方式。

1. 模块化的特征

与模块化紧密相关的概念有通用性、产品平台、产品族或标准化（Fixson，2006）。模块化概念和标准化的相互联系十分紧密（Fixson，2006；Jacobs，et al.，2007）。Fixson（2006）始终认为，文献中模块化和集体性有重复的部分，产品间的组件相似性在描述模块化的参考文献中有提到。此外，通用性、模块化描述通常指的是组成要素，可以通过这些组成要素、混合和配对模块来创造新的产品种类。并且，在一些研究者中达成了一个共识，即标准化和产品模块化在概念上是不可分的（Jacobs，et al.，2007）。标准化的互联，或与之相反的定制化、模块化是事实的呈现，即模块化已经与大规模定制紧密相关。模块化组织具有独立完整的功能，因为模块一般是封装的。Anand 和 Daft（2007）指出了组织模块化设计的原则：（1）将产品或服务分解为可管理的模块；（2）设计标准的界面，允许不同的模块集聚；（3）将非核心功能模块外包；（4）组织设计聚焦于集成和配置由模块供应商提供的模块。组织模块化的典型特点就是由内部或外部分包商所提供的可分解的产品模块的集成，即功能性（张钢，2011）。

Sanchez 和 Mahoney（1996）用"松散耦合"来描述模块化系统中模块间的高度独立性，认为模块化是一种特殊的设计形式，通过标准化界面而有意识地实现部件设计的高度独立性或松散耦合。组织中的模块（子系统）之间的联结强度用松散耦合来表征。"耦合"表示模块间的联系程度。那么，当模块间呈现强烈的相互联系或依赖时，模块间是紧密耦合的（Stevens，et al.，1974）；否则，模块间就是松散耦合的。在 Weick（1976）的定义中，"松散耦合"是一种描述系统整体的特性，它表示系统的构成模块间既具有响应性，又表现出独特性。因此，耦合性是模块化的另一个典型特征。

在模块化组织的企业间合作过程中，成员模块之间的交互性即关系质量至关重要。交互性维度包括信任、沟通、承诺三个方面。信任可以避免投机行为；沟通是为了获得对方企业各方面的信息，是伙伴关系活力的源泉（Mohr & Spekman，1994）；承诺可依托技术进步和知识整合，提高企业间知识转移的效果（Dye，2000）。

2. 模块化组织的组成

尽管产品和生产系统模块化间有独特的联系（Campagnolo & Camuffo，2010），一些学者对于模块化产品是否真的会产生模块化组织持保留观点。这可以在笔记本电脑制造商的研究中得到体现。Hoetker（2006）发现，虽然产品模块化产生了可重构的组织，但它几乎没有对外包活动的发展做出贡献。似乎不同层面的模块化——产品或服务、过程和组织或生产网络层面——应该分开讨论，因为高度的产品或过程模块化不能直接导致组织或网络的高度模块化。

所有的系统都具有耦合的特征，模块化程度较高的系统称为"模块化系统"或模块化组织（Schlling，2000）。组织结构的模块化就是将组织分割成更小模块的过程，这些模块相互之间又存在某种联系（Schlling，2000）。模块化组织适用于模块化产品的生产，产品设计的模块化也要求组织设计的模块化（Sanchez & Mahoney，1996）。

模块化组织的核心网络包括模块集成商（舵手企业）、专用模块供应商、通用模块供应商。模块集成商决定模块的规则和标准，了解和分析客户需求，将需求模块化，进而将非核心价值模块外包给专用模块供应商和通用模块供应商。专用模块供应商提供具有"隐藏信息"的专用模块，实现价值增值；通用模块供应商提供具有基础、稳定、通用的标准模块（余东华，2008；2010）。

2.1.3　服务模块化

至于服务业，和服务模块化相关的主题有功能、界面标准化和模块的可重用性和替代。服务模块化的来源是日益增长的服务过程自动化和商业活动中的信息技术的使用（Bask，et al.，2010）。Pekkarinen 和 Ulkuniemi（2008）区分了模块化的三个维度，即服务模块化、过程模块化和组织模块化。

Peters 和 Saidin（2000）研究了在服务业背景下大规模定制的挑战。他们通过案例分析来找出使得公司采取大规模定制策略的因素，分析了该策略的可行性和在实施该策略过程中存在的问题与局限。他们的理论指出，大规模定制策略最适用于急剧变化的环境。研究表明，尽管由于需要一个完全整合的信息技术架构和需要转变处理不可预知事务的商业过程会带来巨大的挑战，但早期的收益还是很有可能获得的。Britran 和 Pedrosa（1998）从服务视角着手，回顾了产品发展历史，介绍了服务操作架构并讨论了其成分的重要方面，以此来阐述服务业中的架构知识，以及如何用模块创新方法来实现规模定制。

Blok 等（2010）探讨了模块化是如何在医疗服务背景下运作的。经过分析，在所有案例中，元件规格和构建包装的模块化发生于两个阶段：一是在医疗服务之前；二是在医疗服务期间。Miozzo 和 Grimshaw（2005）通过对英国和德国的信息技术外包案例研究，分析了 IT 服务模块化创新与外包问题，指出，可以从知识密集型商业服务外包中汲取模块化的经验。由于信息与生产技术的不可分离性，信息技术外包一般与相关的客户生产技术转型密不可分。模块化一般被视为刺激创新的设计策略，但本研究的发现却挑战了这一说法的可信度。服务的不确定性加剧了客户与供应商之间的矛盾，这可能会对创新造成障碍。

服务模块化的定义还比较模糊，大致可以分三个层面来理解：一是将整个服务系统解构成若干个独立或耦合的模块，这是企业组织内部服务系统的模块化；二是从组织职能入手，形成具有某一服务功能的模块化组织，这属于企业组织层面的模块化；三是从产业组织层面来分析服务模块化，即服务产业模块化（余长春、吴照云，2012）。

表 2-2 整理了对有关服务模块化的文献的研究结果。

表 2-2 服务模块化的文献研究

视角	作者	主要观点
大规模定制	Pine（1993）	大规模定制并不局限于有形的产品,无形服务也可以
	Mclaughlin（1996）	服务业的产品开始有了大规模定制的趋势
	Jiao,et al.（2003）	服务流程的模块化推动大规模定制
	Cliquet & Streed（2007）	模块化的服务创新活动受到客户需求满足的影响
平台	Meyer & DeTore（1999;2001）	在新服务开发过程中应用平台设计理论,实现服务流程优化
	Meyer,et al.（2007）	医药服务体系中也可以应用模块化理论的平台方法
	Metters & Vargas（2000）	将根据顾客是否可见与服务系统的前后台去耦合化工作联系在一起。理想的去耦合混合体总共分为四类成本领先型、个人服务型、松散关系型、重点专业类型
模块外包	Baldwin & Clark（1997）	制造业模块化应用现已十分广泛。但目前模块化已经运用到了产品与服务设计各方面。设计模块化极大地促进了许多产业中的创新率。但现在,竞争活力发生了巨大的改变。在模块化产业中的领导会减少管理,所以他们不得不观察这个充满竞争的世界,寻求与其他模块制造商的联系的机会。同时他们也需要知道更多工程细节
	Ellram,et al.（2008）	运用了交易成本经济架构来管理专业服务离岸外包的成本和风险。假设建立关系的固定成本是每天交易的可变成本的最主要内容。详述了交易成本经济学相关的主题并提供了经验,为管理和控制离岸外包服务关系提供了指导
	Safizadeh,et al.（2008）	研究了金融服务业,从交易成本的视角对金融服务模块的内包和外包决策机制进行了研究,认为服务的定制化程度和需求量是服务企业进行内外包决策的主要因素

2.2　耦合理论的相关研究

松散耦合结构是一个弹性的组织结构，模块化设计规则可以帮助其实现产品多样化。松散耦合的分析方法同样适用于模块化组织的关系结构研究。

2.2.1　基本理论

松散耦合的概念最早是由 Thompson（1967）提出的。Granovetter（1973）提出弱关系对组织中的知识转移具有正向的影响。Weick（1976）认为，"松散耦合"描述的是一种系统整体的特性，它表示系统的构成模块间既具有响应性，又表现出独特性。Orton 和 Weick（1990）认为"松散耦合"应该是一个辩证性的概念：在松散耦合系统中应同时存在着响应性（responsiveness）和独特性（distinctiveness），"当有响应性而无独特性时，系统是紧密耦合的；当系统中同时存在响应性和独特性时，系统是松散耦合的"（Orton&Weick 1990）。Sanchez 和 Mahoney（1996）也同样利用"松散耦合"来描述模块性系统中模块间的高度独立性。

Schilling 和 Steensma（2001）认为，组织架构正朝着模块化发展，特定产业中的企业和公司已经开始外包，模块化思想在整个生产系统中发挥着作用，变得日益重要。这些公司使用松散耦合的三种主要方式：合同制造、其他工作安排、联盟。

模块化供应链使得供应链种类的替换和创建成为可能（Voordijk，et al.，2006）。供应链模块化已与"松散耦合"模块化产品架构相联系，该架构分工和外包了公司和供应链种类中的任务，甚至导向了工业层面的模块化架构。然而，问题是模块化架构本身是否可以有效促进复杂供应链的有效管理。例如，Brusoni 和 Prencipe（2001）认为需要系统整合来管理行动者和活动，并协调所需知识。

张钢（2012）提出，在组织模块化设计过程中应该关注五种不同的视角，其中松散耦合是非常重要的一个视角。松散耦合的使用方式来源于两种不同的领域：第一种来源于组织领域；第二种使用方式出现在工程学文献中，表示模块间的连接程度。当模块间呈现强烈的相互连接或依赖时，模块间是高耦合（Stevens，et al.，1974）或紧密耦合的；否则，模块间就是低耦合或松散耦合的。"松散耦合"被看作是一个量尺的一段，另一端则是紧密耦合（张钢，2011）。对于物流业的模块服务商而言，这种松散的耦合显得尤为重要。

有关耦合理论研究的文献小结详见表 2-3。

表 2-3　耦合理论研究的文献小结

内容	文献	研究方法	主要研究
耦合的定义	Sanchez & Mahoney，1996	仿真方法	把模块化组织与松散耦合组织看成相同，并把紧密耦合与松散耦合看成相对的概念
	Fischer，2002	案例研究	"耦合"原是物理学中的一个基本概念，是两个组件之间的相互协调关系
耦合的优点	Beekun & Glick，2001	实证研究	松散的耦合关系使得组织体系更加灵活，也可以提高组织的创新绩效
	Dubois & Gadde，2002	定性研究	在各个组织单元之间都存在松散耦合的关系，主体内部或主体之间都适用
	方创琳、杨玉梅，2006	定性分析	组织间协调的测量方式之一是耦合度，它可测量系统的协同发展程度

2.2.2　耦合模式

在目前已有的研究中，模块化的耦合模式可以分为最基本的青木式和 Ulrich 式（1991）两种。青木昌彦（2002）将模块化划分为三种基本类型：第一种，金字塔型（IBM/360 型），其存在一个"舵手"企业，且是规则的制定者，各个模块成员在特定的标准界面下独立开展活动，无信息反馈；第二种，信息同化型（丰田型），各个模块成员之间与舵手企业之间存在信息交互；第三种，信息异化型（硅谷型），同时存在多个龙头企业，即"舵手"，信息的反馈和交互比较频繁，但由于所处地位不同而存在信息不对称，如图 2-2 所示。

徐宏玲（2006）在青木和 Ulrich（1991）两种模块耦合方式的基础上，考虑了模块化组织的协调和信息的流动，从控制、信息和关系三个角度提出了产业模块化创新的模式。第一种，旗舰模块与非关键模块间的控制耦合模式。金字塔型和信息同化型具有典型的控制模式的特点。第二种，非关键模块间的信息耦合模式。在这种信息耦合模式下，非关键模块化组织之间

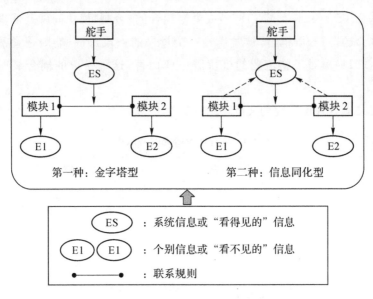

图 2-2　青木昌彦（2002）的模块化耦合类型

资料来源：青木昌彦、安藤晴彦（2003）。

的竞合关系非常明显。第三种，分散性的模块化组织间的关系耦合模式。知识和信息在关系耦合方式下相互交互和融合。

2.3　平台组织的相关研究

平台生态系统指出，平台是一套在组织领域下共享的核心技术和技术标准，通过专门化和补充产品支撑着价值的共同创造。

2.3.1　平台理论流派

平台理论文献中的研究大致可以分为四大基础流派，分别是组织平台、产品平台、市场中介平台和平台生态系统（Thomas，Autio & Gann，2014）。对于组织平台流派来说，平台是储存组织资源和能力的结构。这个流派是在组织和动态能力的文献上建立起来的。（Teece，Pisano & Shuen，1997）。产品平台流派是平台文献中最广泛的研究领域，比如 Simpson（2004）和 Jiao 之前的综述以及 Gawer（2009）提出的内部平台和供应链平台的概念（Meyer & Utterback，1993；Wheelwright & Clark，1992）。市场中介平台流派认为,平台使得市场存在 (尤其是基于网络的市场),并创造了双向市场的效率。市场平台提供了连接供与需的工具,并建立和利用了市场的作用 (Rochet & Tirole,2006)。平台生态系统流派指出,平台是一套在组织领域下共享的核心技术和技术标准,通过专门化和补充产品支撑着价值的共同创造。这个流派是基础最深厚的,而且是异质的,汲取了多种理论角度,包括产业社区、经济外在性和资源依赖理论角度 (Cusumano,2010;Cusumano & Gawer,2002)。平台理论的文献总结详见表 2-4。

表 2-4　平台理论的文献总结

项目	组织平台	产品平台	市场中介平台	平台生态系统
平台变体	平台组织;平台投资;平台技术	产品平台;内部平台;供应链平台	多边平台;双边平台	产业平台;技术;平台
结构描述	动态能力 平台作为可达成更优绩效的组织能力	产品族 产品族作为稳定核心导向衍生产品	多边市场 平台作为两个或多个市场参与者间的中介	平台生态系统 平台作为系统或架构支持补充财产
分析层面	公司	产品	产业	系统/产业
核心学科	合作策略	产品发展	产业经济	技术策略
主要概念	核心能力;动态能力	产品架构;模块化;共通性	网络外部性;标准;多边市场	网络外部性;创新;标准;模块化
价值创造	灵活性;适应性	灵活性;节约成本;创新	市场效率;定价结构;市场势力	灵活性;节约成本;创新;外向型;学习;市场势力
价值占用	不可用	所有权;架构控制	所有权;机构机制	架构控制;要素所有权;合法性
实证研究举例	咨询;外包;计算;生物科技	汽车;机械工具;消费性电子产品;快速消费品	在线拍卖;比价;信用卡;电信;在线广告	信息技术;因特网
主要作者	Ciborra,1996;Kim & Kogut,1996;Kogut & Kulatilaka,1994	Meyer & Lehnerd,1997;Meyer & Utterback,1993;Robertson & Ulrich,1998	Armstrong, 2006;Caillaud & Jullien,2003;Rochet & Tirole,2002,2003,2006	Bresnahan & Greenstein,1999;Gawer & Cusumano,2002;Gawer & Henderson,2007;West,2003

资料来源:Thomas,Autio & Gann,2014。

2.3.2　平台组织的双边市场特征

Cibbora (1996)将"平台组织"定义为能够灵活重组资源和能力到新的组织结构以应对新兴的商业机会和挑战的组织。为共同管理组织的日常事务,交易平台组织不仅从组织内部,还通过更广阔的网络重新结合了能力,而正是在这个网络中,能力和相关的组织架构的重建得以完成(Ciborra,1996)。平台组织是由资源和能力组合而成的,它们可以使得一个组织灵活地应对市场巨变。文献中的特殊的组织能力由专门的技术能力组成,使组织能够专攻共享技术平台(Kim & Kogut,1996)。

1. 平台理论的双边市场视角

自 21 世纪初开始,就有产业组织文献开始研究和发展平台理论。文献中的研究对象一般称为"双边市场"、"多边市场"或"多边平台"(Rochet & Tirole,2003,2006;Evans,2003;Rysman,2009)。

Armstrong(2006)将"双边市场"定义为与两组通过平台沟通的代理商,其中一组加入平台获取的利益依赖于平台内的另一组代理商。Evans 和 Schmalensee(2008)认为,双边平台是定价和其他商业策略都受到平台双边中间接网络的强烈影响的贸易。Eisenmann 等(2009)将平台定义为有供求双方用户的多边网络。由于平台价值主要是来自平台的一边或另一边,采用平台的问题就是怎样使多边参与进来(Evans,2003;Rochet & Tirole,2006)。

Gawer(2014)总结了视平台为双边市场和技术平台的两种流行观点,发展了新的平台理论架构,并最终以对平台的新认识结束。平台是在一系列的组织集合中操作的,包括了公司、供应链和产业生态系统,并得出了平台创新与竞争模式。为了促进技术平台的管理研究,而提出了整合框架,来架起两个理论角度之间的桥梁:视平台为双边市场,以及视平台为技术架构的工程设计。经济角度帮助我们理解了平台竞争,而工程设计角度则帮助我们理解了平台创新。研究认为,平台可以看成是演进中的组织或元组织:(1)它协调可以创新或竞争的组成单元;(2)它通过产生和利用供或求的规模经济创造价值;(3)它涵盖了由核心和外围组成的模块化技术架构。

Rochet 和 Tirole(2006)曾做过关于平台中介流派的综述,Gawer(2009)视之为"双边市场"。在这里,平台作为两个或更多个市场或生产者群体或使用者群体之间的联系或促进者。当中介可以通过对市场的另一边收更高的费用或降低另一边的费用来影响交易量,市场就是双边或多边的(Rochet & Tirole,2006)。

多边市场平台的主要定义是,两个或多个代理通过中介进行交易的地

方（Armstrong，2006）。在多边市场平台上，一般是由特定组织或平台所有
者提供服务和产品。这里，产品或服务的特有设计使得多边市场中介成为
可能（Belleflamme & Toulemonde，2009；Martin & Orlando，2007；
Rochet & Tirole，2006）。

2.平台理论中平台的"网络效应"视角

在经济学上大部分关于多边平台的定义中，相当重要的一点就是市场
双边之间"网络效应"的存在（Evans，2003；Rochet & Tirole，2003，2006；
Armstrong，2006）。网络效应有时是供求双方中"求方"的规模经济（Katz
& Shapiro，1986）。平台本身由产品系统的稳定核心构成（Baldwin &
Woodard，2009）。

3.平台理论中平台的开放性视角

Boudreau（2014）研究了开放技术平台的两种不同途径以及这两种途径
对创新的不同影响。第一种途径是开放平台的入口，以此来为平台周围的
补充组件开放市场。另一种途径是放弃对平台的控制，通过使用 21 个便携
式计算系统（1990—2004），研究发现授予自由软件发展公司更高的准入级
别，可以产出高达新便携式设备发展的 5 倍速度。这主要依赖于准确的准入
程度和该措施是如何实施的。如果操作系统的平台所有者继续放弃控制，
新设备发展的增长效应依旧会呈现正增长，但是数量却会逐渐变小。产业
证据和理论结果都暗示着不同的开放方式对经济机制的驱动作用。

2.3.3　平台组织的模块化内涵

平台研究的相关文献中最多的是有关产品平台理论的。对于这个流派
的显著影响包括产品发展（Ulrich & Eppinger，1994）、产品创新
（Utterback & O'Neill，1994）、架构创新（Henderson & Clark，1990）、模块
化（Baldwin & Clark，1997；2000）和大量定制（Pine & Davis，1999）。
Wheelwright 和 Clark（1992）认为，平台理论的核心是领先客户的需求。

在产品平台理论中，最主要的文献类型是模块化产品平台，在产品平台
中服务和功能的实现通过交替组合的模块来实现（Meyer & Utterback，
1993）。

学者们已经以许多不同的方式探讨过模块化产品平台了，大部分概念

采取了架构的角度（Meyer & DeTore，2001；Muffatto & Roveda，2002），包括诸如共同架构（Meyer，1999）、中心产品设计（Tatikonda，1999）和组件间界面（Halman，Hofer & Vuuren，2003)的产品特点。这些角度强调了平台优点是如何通过产品的技术架构实现的，如何通过模块化、连通性和界面标准来表达。

最普通和最具影响力的产品平台定义是 Robertson 和 Ulrich（1998）的。他们将其定义为"一组产品共享的资产集合"。这些资产结合是由组件、流程、知识、人及其之间的关系。其他人则根据制造业地点区分了内在平台和供应链平台，认为所有的财产都应当存在于公司内部，有些甚至应通过供应链传送（Gawer，2009）。

Thomas、Autio 和 Gann（2014)研究强调了架构设计、界面和模块化，受到了 Baldwin 和 Clark（2000)的影响，而且这理论逻辑在他们强调优秀业绩对资源的控制时，也效仿了基于资源的观点。平台是由许多组件组成的（Bresnahan & Greenstein，1999），包括分开各自发展的技术部分（Cusumano & Gawer，2002)和在演进的技术系统中的子系统（Gawer & Henderson，2007）。平台使得买卖双方的合作更为方便（Bresnahan & Greenstein，1999)，并且是价值交换的中心（Economides & Katsamakas，2006）。

平台生态系统中的价值创造融合了模块化理论的思想，例如标准和标准设置（West，2003）、授权准入水平（Boudreau，2010)和合作利益主导设计（Suarez，2004）。在平台生态系统中，平台运营商作为模块集成商的角色存在，将产品系统的组件和模块分包给模块供应商。结果，平台生态系统往往会拥有更多的所有权和控制权（Cusumano & Gawer，2002；Gawer & Henderson，2007）。平台的供应商接入平台，通过资源共享，可以从平台系统中获取利益来提高他们的绩效（Boudreau，2012；Ceccagnoli，et al.，2012；Iansiti & Levien，2004）。

2.3.4　物流服务平台的模块化特征

1. 平台的模块化概念

平台由独立的子系统和它们之间的接口组成（Meyer & Lehnerd，1997)，每个子系统包括流程模块和组织模块。它们之间的流程和接口与技术创新和企业的特定资产相关（Meyer & DeTore, 1999）。平台方法可以通过共享服务模块为客户创造价值。然而，一个平台子系统需要紧密了解顾客，并根据他们的需求生产具有价格竞争力的产品。平台思想提出，要提高公司的灵活性和响应能力，以便于从竞争对手那里获得市场份额（Sawhney, 1998）。

2. 物流服务平台的模块化层次

Pekkarinen 和 Ulkuniemi（2008）指出，服务模块化使得顾客能够适度地参与到服务定制的过程中来，顾客作为重要的创新源，有利于服务模块的改进和更为优质的服务方案的开发。Pekkarinen 和 Ulkuniemi（2008）指出，物流服务行业比较适合研究模块化服务，因为它包括了物质和服务要素，同时扮演核心角色。物流服务是根据需求生产的，与物质产品相比，它们需要更少的物质的交付。此外，物质和服务元素的存在可以使物流服务流程更加明显，例如，专业服务。

"勒纳尔效应"指出，瀑布平台上游或下游中无论哪一级别的模块化组织都可以通过竞争而获得领导平台的地位。我们借鉴"勒纳尔效应"来分析物流产业如何克服环境的不确定性和对外部资源的依赖性，厘清模块化的竞争层次，处理好与消费者、供应商、竞争对手等的有关资源流的问题。徐宏玲（2006）把瀑布平台中的组织划分为三类：一是专用模块供应商；二是通用模块供应商；三是模块集成商。在此基础上，我们也做了一些改进，以物流业为例来看物流模块服务商之间的竞争与合作关系，如图 2-3 所示。

图 2-3 表明，供应链服务商即服务模块集成商，大多居于领导地位，掌握着资源的支配权和选择权。在对消费者需求进行充分分析后，对需求进行模块化处理，然后将不同的需求模块依次传递给专用模块供应商（专业物流供应商）和通用模块供应商（通用物流供应商）。专用模块供应商可利用本身内部"隐含信息"的资源优势完成该模块的创建，创造价值，同时进行回路反馈，实现信息共享和知识的传递过程。通用模块供应商也是如此。

通用模块供应商所提供的模块的复杂程度较低、技术较为单一，仅仅在给定的界面标准下进行产品的设计和生产，对资源的获取和吸收能力较弱。专用模块供应商由于拥有技术能力，可以独立进行关键模块的设计，其模块产品具有重要性和独特性。

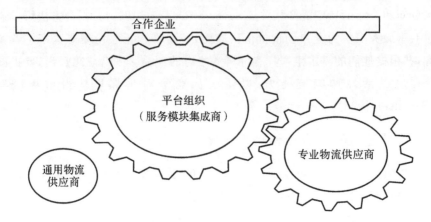

图 2-3　物流平台模块化的层次和各供应商之间的竞合关系

3.物流模块化平台的结构

模块化组织间的知识、资源和信息随着关系结构而流动。从企业社会资本结构维度来看，其主要是包括网络联系强度和网络结构等方面。本研究着重于物流的模块化服务商之间的关系研究，应用关系结构维度中最具代表性的关系强度（党兴华、张首魁，2005)进行研究，如图 2-4 所示。

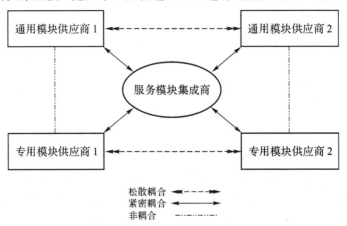

图 2-4　物流模块化平台组织的关系结构

在模块化的物流平台组织中，信息传递是指双向的交互。信息交互的方式很多。显性知识的交流，主要基于信息系统、网络、数据库等；隐性知识的交流，主要采用会议、网上 BBS 交流平台等方式。

2.4　知识转移的相关研究

对知识转移的概念界定并未达成一致。知识转移是知识管理的一个领域，是知识在因专长而形成的各个壁垒间的运动（Carlile & Rebentisch，2003），是知识从一个区域、一个个体或一个主体向另一区域或主体的传递过程。成功的知识转移意味着在知识的接收端积累和吸收了新知识。知识转移是经验从一个单元转移到另一个单元的过程（Argote & Ingram，2000）。

2.4.1　知识转移的概念

1.知识的内涵

早先 IT 领域的研究者对知识、信息和数据进行了区分（Albers & Brewer，2003）。如果知识不存在有别于信息或数据的内容，那么知识管理是没有多大意义的（Fahey & Prusak，1998）。数据是一些原始的数字和材料，信息是经过处理过的数据，而知识是更精练可靠的信息（Dretske，1981；Alavi & Leidner，2001）。Davenport 和 Prusak（1998）认为，知识是经验、价值和概念信息以及专业观点的集合体，有助于形成用于评估和囊括新经验和信息的框架。然而，知识主要来源于人的大脑。知识是人类理解和领悟了的信息，人类用之于其所需要的目的。一般的知识不同于专长或技能。专长是一种专门知识，是在特定领域中的更为深入和被理解的知识，比一般知识更为深奥。知识是一个个体长期的经验、训练和教育所形成的结果，知识最重要的特点在于掌握后将由掌握者所享有（Bender & Fish，2000）。

按照知识的复杂性水平划分，知识在展现上具有两种形式，分别是隐性形式和显性形式（Koulopoulos & Frappaolo，1999）。隐性知识具有不可视的且只可意会难以言传的特征（Polanyi，1962）。隐性知识存在于人们的大脑，但是难以捕捉或梳理成文（Wong & Radcliffe，2000；McAdam & McCreedy，1999），同样也难以扩散（Koulopoulos & Frappaolo，1999；Pederson，2003）。显性知识是可以用语言表达并容易在个体间传播的（Koulopoulos & Frappaolo，1999）。隐性知识对于组织而言更具有价值。

显性知识和隐性知识之间存在相互作用的关系，并同时强化知识的质量，隐性知识形成用以评价和解释显性知识的基础条件（Polanyi，1975）。隐性知识和显性知识间存在的模糊关系意味着个体之间需要具备一定的共同知识才能够更好地进行知识的交流。

Cowan 和 Jonard（2004）提出，在一个空间网络里，知识的交换和增加是在特定网络（有意地建立于重要节点之间）的相互作用下，通过自发的"物物交换"和学习过程来进行的。知识从卓越的一处开始转移，并且其积极影响会向始发点周边的区域扩散（这些地方包括公司、大学和研究中心）。

2. 知识转移的内涵

Hooff 和 Ridder（2004）指出，知识转移是某一主体积极地与其知道的其他主体进行交流或者向其他主体咨询，以达到自我提升的目的。当各个组织或组织中的个体判定知识对它们很重要时，它们将借助知识转移机制去获取知识。知识转移涉及的范围很广泛，包括群体、生产线、部门等层面（Argote & Ingram，2000）。知识转移活动并不容易被理解和实施，特别是因为缺乏明确的界定和难以确定最佳的知识转移方式。

Christensen（2003）指出，知识转移是指已有知识在识别和获取后进一步地应用于新观点的提出或推动已有观点更好、更快或更安全地发挥应有的作用。知识转移不仅关乎如何充分利用已有资源，还关乎如何获取和吸收知识，以便事物能够更加有效地运行和达到最佳的效果。

2.4.2　知识转移的一般模型

成功的知识转移意味着转移的结果是组织成功地创造和应用了新的知识。很多学者提出了知识转移模型，描述了知识转移的过程。Major 和 Cordey-Hayes（2000）回顾了 Cooley（1987）、Cohen 和 Levinthal（1990）等学者所提出的知识转移模型，并将这些模型归为两类（Major & Cordey-Hayes，2000）：其一，节点模型，即描述在知识转移过程中涉及的各个节点以及相关的知识转移的具体步骤；其二，过程模型，描述知识转移中需要经历的各个分过程。

1. 知识螺旋模型（SECI 模型）

日本学者野中郁次郎等（Nonaka & Takeuchi，1995）提出的 SECI 模型指出了知识转移过程的四种不同形态,详见表 2-5。

表 2-5　Nonaka 和 Takeuchi (1995)的知识转移机制

显性知识转移为隐性知识 (方式为内部化,如从报告中学习)	隐性知识转移为显性知识 (方式为外部化,如团队间的对话、问答)
隐性知识转移为隐性知识 (方式为社交化,如团队会议和讨论)	显性知识转移为显性知识 (方式为交流,如用邮件传递一份报告)

资料来源:Nonaka 和 Takeuchi (1995)。

2.知识转移过程模型

这个过程模型应用了 Nonaka 和 Takeuchi (1995)的知识转换模型来描述不同的知识转移模式。这些模式可以是非正式或正式的,私人的或非私人的 (Holtham & Courtney,1998)。"社会化"就是非正式模型的一个例子,在这个模型中个人或组织会有不定期会议、友好讨论等。然而,这样的机制可能会因为缺乏正式的知识记录而包含一些无用信息。正式的转移机制会比非正式的机制更加有效。人员转移是一个正式且私人的知识转移机制。尽管 Alavi 和 Leidner (2001)认为正式转移机制可能会阻碍创造性和创新,要在团队成员中混入其他的队伍成员,这样便可获得合作伙伴的隐性知识储存 (Fahey 和 Prusak,1998)。

知识转移是以来源与接收器间的高参与度为基础的,也需要双方间的紧密联系。如果双方都由于缺乏信任、文化差异和对失去具有竞争力的前沿科技的恐惧,而不愿意分享知识,知识转移过程就会出错。Cranefield 和 Yoong (2005)认为,即使双方都愿意共享知识,双方可能还是会因为任务的内在问题而无法顺利地进行知识转移。人们认为,知识转移只有在组织有能力获取知识,吸收、同化和有效应用知识时,才能成功。

过程模型 (如图 2-5 所示)介绍了知识转移过程的四个前提要素:知识来源、知识共享意愿等。

2.4.3　知识转移的影响因素

影响知识转移和共享的因素有很多。例如,组织因素有:信任程度、信息体系、沟通能力、组织结构以及相应报酬等 (Wasko & Faraj,2000; Connelly & Kelloway,2003;Lin & Lee,2004;Wasko & Faraj,2005; Al-Alawi,et al.,2007)。

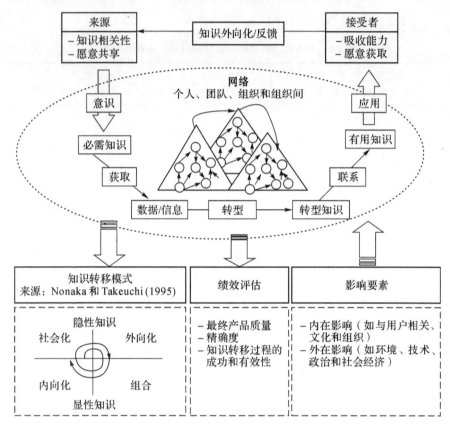

图 2-5　知识转移过程模型

资料来源:Champika Liyanage 等(2009)。

Zhaleh 等(2015)的研究表明,公司总部和分部之间不同程度的内部嵌入水平和外部嵌入水平会带来不同的资源与能力,从而对分部机构在总部中的地位产生影响,并对分部机构的知识转移活动产生作用,同时也影响着其知识转移行为和自身权力维度之间的关系。很多文献也将关注焦点放在了研究分部机构的权力领域,并主要集中在分部机构内部和外部的网络特征这两点上(Andersson, Forsgren & Holm, 2002)。分部机构采取的基于知识水平的行为活动,包括知识发展和知识的逆向转移 (Ciabuschi, Dellestrand & Kappen, 2012;Mudambi & Navarra, 2004),总部对分部机构的关注度 (Ambos,et al., 2010),以及总部对分部机构能力的依赖程度 (Mudambi, Pedersen & Andersson, 2014)。该研究因此指出,分部机构所拥有的知识水平差异导致了不同分部机构对跨国公司总部产生的影响存在差异（Bartlett & Ghoshal，1988；Birkinshaw，1997；Frost，Birkinshaw & Ensign，2002）。

组织结构形式也可以成为影响知识转移的重要因素。Jackson 在 2008 年提出的观点是，在没有层级关系的网络结构或环形结构中，每一个成员都在局部与其唯一的邻近者交换知识（按照顺时针或者逆时针方向），结果知识转移的双轮结构就出现了，在这种结构里，所有的成员都可以互换位置，并且也不存在中心节点。单轮结构仅仅依靠多重的局部链来实现全球性的知识传播。

2.4.4　知识转移的维度

知识转移一般是知识发送体和知识接受体之间相互交流和交互的过程，并非单向流动。知识共享需要借助不同的渠道来实现（Dixon，2000），进而加以整合和内化。本书对知识转移的测量维度分知识共享和知识整合。

Dyer 和 Singh（1998）认为企业间的长期稳定合作有利于形成良好的知识共享惯例，也有利于知识的流动和吸收，进而减少合作冲突，提高互动效率和合作绩效。Reagans 和 Uckerman（2001）研究了网络结构中知识共享和知识转移对组织绩效的重要性。知识整合的效果跟知识共享程度密切相关。组织成员的知识背景、经验、企业文化、人员互动等因素决定了知识共享的速度，最终影响知识整合的效率（陈力、宣国良，2006）。

1. 知识共享

不同的企业组织正在积极提高部门内部以及部门之间的知识共享程度（Berends，2005）。根据 Yoo 等（2007）的看法，知识共享在文献中被赋予了不同的理解。知识共享是个人或团队通过直接或间接的交流创造共有知识（组织中的一些人已掌握）的过程。知识共享包括知识在资源与接受者间流动的过程。在资源与接受者之间，个人或企业可以是来源、发送者、服务商或者传递者。

知识共享导向的是一种组织现象，这种组织现象通过推动、鼓励及奖励员工间的知识交流使员工学有所得（Shahzad & Farooq，2012）。知识共享导向是知识管理的重要维度之一（Vij & Sharma，2004）。知识共享管理实践主要包括以下几个方面：任命服务商以更好地帮助人们表达他们所知道的，这样，其他人便能更好地理解；将知识共享行为作为一个完整的部分纳入绩效评估体系;剥夺不愿共享知识的员工的部分利益;公开表扬愿意共享知识的员工。在这种氛围下,员工将对自己的隐性知识毫无保留。

2. 知识整合

知识转移过程不仅仅是转移知识,还涉及额外的知识,比如如何进行知识转移的知识,即知识整合。如果没有使用恰当的知识传递方法,那么知识输出方向接收方传递的知识就可能缺失或不真实客观,其中的知识转移过程涉及的关键步骤就是知识整合。知识整合指的是一个组织所具有的提出和优化有利于连接现有知识的能力,以及获取和吸收新知识的能力(Zahra & George, 2002)。知识整合可以是简单地对知识进行增减,也包括对同一知识进行不同视角的解释。知识整合也被视为是知识的转化或解析。

2.5　组织绩效的相关研究

企业绩效被视为一种复杂的多维结构。评定绩效的方法可以是客观的(详见财务报表),也可以是主观的。相关研究表明,当无法获得财务报表或企业之间不允许对财务报表进行精确比较时,往往采用主观的评定方法。不仅如此,相关文献表明,客观评定与主观评定存在着密不可分的关系(Dess & Robinson, 1984)。

2.5.1　组织绩效及测量维度

不同的测量绩效方法,比如主观或客观方法、金融或非金融方法,都被用于企业绩效研究中。主观的绩效测量方法比客观绩效测量方法受欢迎。Dess 和 Robinson (1984)发现,通过主观绩效测量方法得出的数据与公司实际运行过程中的销售增长量是一致的。主观绩效的测量方法基于大量的研究,因此与企业绩效的主观评估因素和客观评估因素都有密切的关联(Walker, 2001)。

Neely(1998)认为绩效衡量系统(performance measurement system, PMS)是由 3 个相关的要素组成的:个体衡量、衡量组合以及支持架构。Kennerley 和 Neely(2002)则表明,为了管理严谨和保持 PMS 的有效性,系统的这 3 个要素应该好好管控。Globerson (1985)指出,PMS 应当包括筛选可衡量指标、每个指标的绩效标准、测量每个指标的方式、将实际绩效与标准进行比较的过程和处理实际绩效与预期绩效之间差异的步骤。许多研究者已经强调了在成功发展 PMS 中高级经理扮演的角色(Chan,2004;Kaplan & Norton,1992;Neely,et al.,2002),因此认为高级经理应该也属于 PMS 系统的一部分。Niven(2002)表明,有必要请来"组织变化方面的专家"来提升绩效,衡量团队成员组织变化方面知识的掌握程度,并合作找到针对因为改变而产生的风险的解决方案。Kennerley 和 Neely(2002)指出,组织架构的要素是人、过程、系统与文化。

2.5.2　创新绩效及测量维度

主体间知识转移同样可以提高组织生产的产品的质量和市场份额(Davenport & Prusak,1998)。Hass 和 Hansen(2007)也指出,团队工作完成的质量与个人间的知识转移呈现正相关关系。

Kusunoki 等(1998)、Sarin 和 McDermott(2003)指出,组织绩效主要是指效率和效益(efficiency & effectiveness)。第一个维度是效率,组织效率往往跟合作绩效相关,主要是和产品开发中的时间和成本相联系。耗费的时间是个重要变量,因为如果产品开发花费的时间太长,那么其将导致消费者效用下降,影响消费者购买体验和意愿,从而促使消费者转而向其竞争对手购买产品(Hendricks & Singhal,1997)。同样的,过高的产品开发成本将影响企业对产品的定价能力,由此使得企业在与竞争对手竞争时处于劣势地位。组织绩效的第二个维度是效益,效益与创新绩效相关,指的是产品在销售市场上所取得的成就和市场份额,也就是 Kessler 等(2000)所描述的组织的竞争优势。

创新绩效测量的维度没有统一的表述。用专利密度来表现的局部创新绩效,是由地区特异性的创新输入和知识生产作用共同决定的,并且受到邻区(在地理位置和关系上相近的)的创新绩效的影响。空间自相关现象的计量经济分析在改革问题上得到扩散,并且,技术、制度、社会和组织邻近区的交替对策的使用得到了深刻探讨(Ponds,et al.,2007)。

2.5.3　合作绩效及测量维度

已有文献表明,主体间的知识转移可以通过节约产品开发成本和时间的方式来实现组织合作绩效的提升(Bobrow & Whalen,2002;Brown &

Duguid，2000）。

　　考虑到变化中的商业环境，许多研究者已经提及了升级绩效衡量系统（PMS）的必要性（Meyer & Gupta，1994；Ghalayini & Noble，1996；Dixon，et al.，1990；Winser & Fawcett，1991）。自从1999年以来，40%～60%的美国和欧洲公司已经重新设计了它们的绩效衡量系统（PMS）。1999年在132家"成本控制协会"会员中，55%的成员都在改进它们的绩效衡量系统（PMS），37%正尝试着改进（Frigo & Krumwiede，1999）。克兰菲尔德大学和艾森哲（Accenture）共同做的研究表明，2001年有96%拥有PMS的公司坚信系统需要升级（Bititci，et al.，2006）。尽管已经强调了测量PMS的必要性，但是在文献中测量PMS这个话题却没有得到足够的重视。大部分曾经常尝试展现PM架构或设计系统的研究者只稍稍提到了审核，但却没能全面地解决这个问题。Medori和Steeple（2000）将它们系统维护的7步路线中的最后一步设计成了PMS的主要部分。Winser和Fawcett（1991）的9步方法并不重视升级绩效衡量的周期性检查。

2.6　文献述评

　　上述模块化、平台组织、知识转移与组织绩效方面的研究有以下意义。

1. 模块化理论的应用场景的转换

　　对于组织模块化的研究越来越受到重视，但针对服务产业模块化的研究还不是很多。已有的研究也多集中在保险业、银行业等金融领域，对物流业偶有涉及但不是很多，对于其他服务产业涉及极少。而且研究多集中在模块化的特征和动力机制等方面，有关组织中的模块化特征对组织绩效的影响的研究不多。

　　对于服务业的模块化的研究，逐渐成为模块化理论研究中的重要关注点，也慢慢发展为服务创新领域中的新的研究方向。虽然模块化理论研究已经有了一定的基础，但服务的模块化本身还没有形成一个比较清晰的概念，而且研究比较分散，尚未形成完整的理论研究体系。

2.平台理论研究的局限

目前有关平台的研究主要分为四个主要的流派,其中对基于模块化的产品平台理论和基于双边市场的中介平台理论的研究最为广泛,应用也最广。在对平台理论的研究中,描述性研究和案例研究越来越多,但基于模块化理论来探索平台结构通过知识转移对组织绩效的影响的文献比较少,缺少连贯的理论背景给管理和实践研究带来了极大的限制。

3.知识转移情境的选择

内部网络还是外部网络?与组织内的知识转移相比,组织间的知识转移机制已经有一个比较一般化的分析框架,目前对于知识转移的分析维度很多,包括从知识共享意愿、知识吸收能力和知识转移渠道等三个维度来分析的,也有从知识发送者、知识接受者和接受意愿角度去分析的。但在模块化组织的情境下,结合知识共享和知识整合两个维度来分析知识转移效果的研究还不是很多。

4.组织结构对知识转移的影响机制

知识转移在服务领域中的作用,相比于在传统组织结构中的作用显得更加重要。在模块化的组织结构中,组织形态更加灵活也更加动态化,可以更好地发挥知识转移的优点。模块化的服务平台比制造业组织架构更加灵活,模块化的特征可以发挥不同的作用,更有利于知识转移活动的开展。结合一个具体的服务模块化情境,将具体现象抽象化,形成可以界定的科学内涵,并建立相应的测量指标,对模块化组织间的知识转移构想背后的现象进行分析和测度,有一定的研究价值。

5.知识转移对组织绩效的影响维度

目前对于模块化组织中知识转移对组织绩效的研究不多,对于服务业的研究则更少。知识转移对于组织绩效的影响也多从对企业的核心竞争力和地位提升角度出发来研究,没有从模块化组织主体的层次来探索知识转移的效果和对绩效的提升程度。

知识是组织绩效的基础,知识转移的过程就是提升组织绩效的过程。但对于知识转移在模块化组织的耦合机制影响下究竟发挥什么作用还缺乏系统的研究。与此同时，舵手企业的组织绩效如何通过知识转移来衡量？在模块化组织中，不同企业主体的知识转移吸收能力和知识转移绩效存在差异，知识转移对于组织绩效间的作用还有待探索。

因此，本书以"平台组织"为研究对象，以"模块化"为理论基础，分析服务平台的模块化特征对知识转移的影响机制及通过知识转移对平台组织绩效进行研究。基于实践的快速发展和理论的不匹配，本书定题为"模块化特征、知识转移与平台组织绩效：以物流服务平台为例"，以我国现实中发展迅猛的物流服务业为研究对象。研究旨在突破以往只关注组织内部知识转移的研究思路，在模块化的耦合机制作用下，基于平台组织的一般特点，探索模块化特征与知识转移之间的关系，研究如何深入发掘和转移模块化组织中各个主体之间的隐性知识和显性知识，以及知识转移的行为如何最终影响模块化组织中平台企业的组织绩效，从而提升整个平台组织的组织绩效。

第3章 平台组织的模块化对知识转移的影响机制:案例研究

本章主要基于平台组织模块化的理论背景,通过实际案例的分析和研究,探讨平台组织模块化对知识转移的影响机制。

3.1 研究设计

从组织学习和创新的角度来看,通过企业间的知识转移可以获得跨越企业技术边界的知识,增加其技术知识含量。在模块化的组织中,知识转移与组织绩效之间的关系究竟如何还有待进一步探索和研究。为了充分考虑案例的有效性,研究者基于平台类型的相似性和内容分析的相似性,从调研的几家案例中选取了最为典型的四家平台,即传化公路港平台、苏宁物流平台、快到网平台和56同城平台,进行案例分析。

3.1.1 理论背景

1.模块化的特征

模块化就是把复杂系统分拆成不同模块,并通过标准化接口把各模块动态整合在一起的过程(青木昌彦、安藤晴彦,2003)。Ulrich(1995)区分了集成化架构和模块化架构。模块化架构包括相互对应的匹配,从功能结构中的功能设计到产品设计,并明确界定相互之间的耦合界面。集成化架构包括从功能成分到成分和成分间耦合界面的映射,十分复杂。产品和制造商之间的关系事实上相当紧密,二者之间的关系包括产品架构与产品改变方式的关系,与市场上的产品种类、产品的作用以及产品发展管理的关系。Fixson(2003)指出,模块化广泛应用于系统分析和设计,如复杂的工程产品和组织。同时,模块化是有效解决优化问题的关键。通过联盟组织理论和演化计算原则解决问题的模块化是一个多元的概念（Hoetker,et al.,2007）。模块化的特征可以归纳为以下几点。

(1)模块化的功能特性

模块的功能通常指的是组成要素,可以通过这些组成要素,混合和配对模块来创造新的产品种类。模块化的功能特性包括独立性、标准性和可组合性。独立性,即模块内部结合紧密,但模块间响应度低,界面有利于进行组合（童时中,2000）。标准性,即与模块化紧密相连的概念有通用性、产品平台、产品族或标准化（Fixson,2006）。模块化概念和标准化的相互联系十分紧密（Jacobs,et al.,2007）。模块具备通用化和标准化的特点,使模块从系统中独立出来。可组合性,即模块化的产品具有柔性特点,可按照一定的规则进行灵活的组合,提高组织的适应性。

(2)耦合性

Sanchez和Mahoney(1996)利用"松散耦合"来描述系统中的模块化特征。Weick(1976)的定义中,"松散耦合"是一种描述系统整体的特性,它表示系统的构成模块间既具有响应性,又表现出独特性。Orton和Weick(1990)认为,"松散耦合"是辩证性的概念;在松散耦合的系统中应同时存在着响应性和独特性,"当有响应性而无独特性时,系统是紧密耦合的;当响应性和独特性均存在时,系统才是松散耦合的"（Orton & Weick,1990）。

(3)交互性

基于企业间合作关系的视角,把模块化的交互性,即关系质量的维度概括为承诺、信任、沟通三个方面（Hansen,2002）。承诺促进企业技术与知识,以及人员的专用性投资;高信任关系可以维系良好的互动,加快企业间的知识转移(Dye,2000);沟通在企业联盟中非常重要。

2.平台组织的开放性

平台组织具有不同等级的参与开放性。学者们意识到了平台开放性的重要性,并将其记录到论文里(Boudreau,2010；Eisenmann,Parker & Van Alstyne,2009；Gawer & Henderson,2007)。在这里,开放性与模块化理

论的可见性概念相关（Baldwin & Clark，2000），并且开放性与 Eisenmann
和 Colleagues（2009）的纵向策略类似，因为它考虑了提供功能模块组件的
第三方供应商的参与。开放性是基于价值链的聚合和解散的第三方供应商的
参与程度（Jacobides,et al.，2006）。典型的平台架构不完全由内在关系组成，
也有在供应商、竞争者和客户间的 1 对多、多对 1 以及多对多的关系架构。

3. 平台组织的模块化内涵

Simon（1962）最早开始模块化方向的研究，但没有明确的结果。
Baldwin 和 Clark（1997；2000）的研究才真正让模块化理论进入研究领域。
Sanchez 和 Mahoney（1996）研究表明,产品的模块化需要依托组织的模块化
才能更好地实现。Schilling 和 Steensma（2001）提出,模块化组织具有柔性
特征和松散耦合特征,将以一种新的组织形态存在。他们同时研究了产业
模块化的动力机制。

学者们以许多不同的方式探讨过模块化平台了,大部分概念已经采取
了架构的角度（Meyer & DeTore，2001；Muffatto & Roveda，2002），包括
共同架构（Meyer，1999）、中心产品设计（Tatikonda，1999）和组件间界面
（Halman，Hofer & Vuuren，2003）等的产品特点。这些角度强调了平台优
点是如何通过产品的技术架构实现的,是如何通过模块化、连通性和界面标
准来表达的。

4. 平台组织的模块化与知识转移

模块化的组织属于一种组织情境,模块化组织的耦合机制属于一种组
织间的联系方式。Daft 和 Lewin（1993）指出,模块化组织是一种具有学习
能力的新型组织范式。Nonaka（1991；1995）提出了组织情境和知识移转的
关系,认为组织是一个有机体,知识的转移涉及外显知识与内隐知识在个
体、群体、组织内、组织间转移的复杂交互过程,组织结构本身联结了知识与
组织两部分,是一种超"衔接"的组织结构进而储存知识,形成知识层而有利
于知识的转移。知识体系模块化模型方面的研究认为模块化与知识管理关
系密切。

我们从组织间社会网络的视角来看服务业平台组织模块化机制中的关
系结构和关系质量。Granovetter（1973）提出了弱关系有利于知识转移的理
论,其他很多学者做了类似的研究（Lancaster,2003）。

5. 知识转移与组织绩效

尽管很多文献研究了知识转移的原因（Kankanhalli，et al.，2005），但是关于知识转移的影响，特别是知识转移对组织绩效的影响仍然是相对稀缺的。Van Den Hooff 和 De Ridder（2004）指出，知识转移是某一主体积极地与其知道的其他主体进行交流或者向其他主体咨询以达到自我提升的目的。当各个组织或组织中的个体判定知识对它们很重要时，它们将借助知识转移机制去获取知识。知识转移涉及的范围很广泛，包括群体、生产线、部门等层面（Argote & Ingram，2000）。知识转移活动并不容易被理解和实施，特别是在缺乏明确的界定和难以确定出最佳的知识转移方式的情况下。Kumar 和 Ganesh（2011）选择在制造业公司的产品开发（product development，PD）情境下，研究个体间知识转移对组织绩效的影响，检验了组织新产品生产对知识转移和组织绩效间关系的影响。

知识共享中最大的挑战是如何将隐性知识转化为显性知识（Zack，1999）。隐性知识对知识共享起阻碍作用，显性知识起促进作用。同时，在搜寻和使用新知识的过程中，企业的技术能力得到增强，最终提高了企业的创新绩效（Kogut & Zander，1992）。在模块化的组织中，知识转移与组织绩效之间的关系究竟如何有待进一步探索和研究。

3.1.2　案例选择

多案例研究更倾向于生动的数据带来的影响（Kahnmeman & Tverskey，1973），可以利用案例组织法来尽量克服这个问题（Eisenhardt，1989）。本章在进行案例组织的时候，根据不同平台的类型进行了筛选，最后从访谈过的七个案例（如表 3-2 所示）中选定两个重资产平台和两个轻资产平台作为案例分析对象，其他几个平台不具有典型性，因此舍弃。选用的每个平台用 A、B、C、D 代表，方便后续编码。

3.1.3　数据收集

本书主要的资料和数据收集方式包括二手数据和一手资料两种方法。二手资料的收集包括：（1）与研究主题相关的核心文献资料，主要包括跟平台组织、物流平台、我们要研究的案例相关的主要文章以及从行业或会议、沙龙中选取的发言稿；（2）直接从案例企业获得的内部材料和宣传手册等，尤其是企业内部发布的内部报刊、年度讨论会和其他企业文件;(3)年度报告、代理声明、分析家报告和其他有关企业的材料。

　　一手资料获得方法有四种:(1)课题组成员以行业专家的身份参加各种物流行业年会和专题论坛,了解物流平台的发展情况;(2)到各个物流基地及其竞争对手企业进行实地走访,包括现场访谈、现场观测以及作为客户体验各项服务;(3)与各个物流平台企业的总经理及相关部门经理进行座谈,座谈的主题为物流平台的建设过程,以及与研究主题相关的问题,课题组对访谈全程进行了录音;(4)采取田野调查法,实际参与物流企业的学习、考察、研讨及创新过程。

　　一手资料的具体收集路径,详见表 3-1。

表 3-1　一手资料的采集方式

序号	调研类型	调查内容和时间
1	行业论坛和沙龙	参与论坛和沙龙人员包括物流平台的老总和市场开拓部、信息部门负责人。
2	行业专家的专题讲座和演讲	参加物流平台和云物流的行业专家会议,2015 年 5 月 6 日的第二十届浙江物流经理人沙龙,主题:"互联网＋"时代的物流平台化运作。2015 年 6 月 7 日长三角物流战略发展论坛。
3	参与咨询项目	研究组成员参与包括传化公路港在内的物流咨询规划项目,获取相关的资料信息。
4	行业信息化年会	信息化推广比较好的企业都参加了,传化的副总发表了专题演讲。
5	学习调研	走访不同的平台企业,比如五丰的冷链物流平台、苏宁的物流平台等。
6	观察学习过程	实地参观传化物流基地、五丰的冷链物流基地和苏宁物流基地。
7	竞争者分析	接触、了解、分析竞争对手广东林安等的发展状况。
8	物流基地实地访谈	实地走访多个物流平台的基地和公司,根据访谈提纲进行深入访谈和补充调研。与传化物流集团有限公司的项目拓展部总经理童小明和市场开拓经理方立刚多次当面访谈、电话访谈,进行邮箱和微信补充调研等。五丰冷链基地的沈经理、苏宁物流基地的方总、专线宝科技公司的沈总、快到网的胡总、浙江省物流中小企业信息平台的方总等实地走访调研。

　　本章所选取的案例的访谈情况见表 3-2 和表 3-3。为了充分保证案例的有效性,研究者特地多调研了几家有代表性的案例企业,然后考虑到平台类型的相似性和内容分析的相似性,从调研的几家案例中选取了最为典型的四家平台,即传化公路港平台、苏宁物流平台、快到网平台和 56 同城平台进行案例分析。

表 3-2　本章所选案例访谈的基本信息

平台	访谈对象	访谈地点	访谈时间
传化公路港平台	童总 方经理	萧山传化物流基地	2015 年 5 月 18 日 2015 年 5 月 19 日
苏宁物流平台	方总	杭州湾大酒店 下沙苏宁物流园	2015 年 5 月 6 日 2015 年 5 月 19 日
56 同城平台	朱总 史经理	余杭阿宝物流总部	2015 年 9 月 8 日
专线宝平台	沈总	滨江万轮科技大厦 专线宝总部	2014 年 10 月 25 日 2015 年 8 月 20 日
快到网	总经理胡总 营销总监王总 客户经理李经理	快到网总部矩阵国际 建德营销中心	2015 年 9 月 5 日 2015 年 9 月 6 日 2015 年 9 月 11 日
快货运	市场部经理 周经理	计量大厦	2015 年 9 月 12 日
物流信息平台	董事长赵总 方经理	东清大厦通创总部	2015 年 3 月 20 日 2015 年 6 月 20 日 2015 年 9 月 4 日

表 3-3　访谈案例平台的基本信息

服务平台	平台性质	平台特征	平台运营商	平台资产	成立时间	访谈次数
传化公路港平台	物流园区主导型	信息发布 车辆集散	传化物流	重资产＋＋＋	2000 年	2
苏宁物流平台	物流园区主导型	大件物流	苏宁物流	重资产＋＋＋	2014 年	2
56 同城平台	物流企业主导型	同城配送	阿宝物流	重资产＋＋ 轻资产＋	2014 年	2
专线宝平台	物流信息公司主导型	专线配送平台	杭州网阔科技公司	重资产＋ 轻资产＋＋	2013 年	2

续表

服务平台	平台性质	平台特征	平台运营商	平台资产	成立时间	访谈次数
快到网	网络科技公司主导型	专注区域配送的车货配载平台	杭州灿越网络科技	重资产＋轻资产＋＋	2013 年	3
快货运	网络科技公司主导型	全国性的同城配送平台	杭州快驰科技公司	轻资产＋＋＋	2014 年	1
物流信息平台	物流咨询公司主导型	中小物流企业服务平台	浙江通创智慧供应链公司	轻资产＋＋＋	2005 年	3

3.1.4 数据分析

本书主要采用数据编码和分档归类的方式对资料进行梳理，旨在从定性资料中提炼研究主题，论证理论研究所提出的问题（忻榕等，2004；吴晓波等，2007）。运用 NVIVO 10 质性研究软件进行编码。第一，根据研究调研的内容对资料进行归类，形成案例数据库（Lee, et al., 2009）。第二，根据所选取案例的不同特征，按照"重资产"和"轻资产"划分成两组不同的典型案例组，按照数据来源对现有资料进行归类和编码。案例库中的资料来源主要包括一手资料和二手资料。一手资料编码为 FH(first-hand)，二手资料编码为 SH(second-hand)。第三，采取数据编码和归类表格对案例数据库进行小结(Yan & Gray, 1994)，从访谈中选择典型的功能模块做进一步的内容分析，包括不同案例中设计的相同的功能模块和特殊的功能模块，分别进行对比分析和总结。最后按照不同功能的模块的特性，逐一进行资料分析和编码。在资料编码过程中，本研究借鉴李飞等（2010）、陈剑平（2014)的做法，按照内容分析法，首先把研究小组划分为 2 组，分别对收集到的资料进行全面整理，通读文本，按照相同的分析表格，分别独立进行渐进式编码。编码时，主要以预设构想为编码目标，并按照平台组织的模块化特征（开放性、耦合性和交互性）、平台与用户间的知识转移（知识共享和知识整合）以及组织绩效来编码归类。

通过对不同方式收集到的案例资料按照一、二手资料进行初步分类，研究小组得到一个包含 212 个条目的条目库。

编码和归类的过程包括以下步骤。

第一步，开放式编码。由两个研究小组分别对 212 个条目进行开放式编码。在编码过程中，两个研究小组通过构想编码和测度变量编码得到关键词，与事先预设的关键词进行对比，根据相近程度确定对应的编码结果。在平台组织的模块化特征的开放维度中编入完全开放、高度开放和低度开放；在耦合维度中编入紧密耦合和松散耦合；在交互维度中编入信任、沟通和承诺。在知识转移码库中分别对知识共享和知识整合进行编码；在组织绩效中分别编入合作绩效和创新绩效。此轮编码完成后，两个小组对条目编码的一致性要基本保持在 75％以上。

第二步，按照初步构想进行主轴编码（李靖华、庞学卿，2011），即二级条目库。二级条目库的条目根据平台组织模块化的三个特征、平台与用户间的知识转移、组织绩效进行二级编码，并将二级编码后的条目编入此三个构想编码的文本中。每个层级的编码结束后都要比对两个小组编码的一致性，对两个小组通过讨论仍无法达成一致的条目或存在异议的条目进行剔除。同样要测试条目编码的一致性，要求一致性保持在 85％以上。不一致或不确定的条目，需要两个小组的成员讨论确定是进入构想条目库还是删除。经过此轮编码，212 个条目最终得到 188 个码。

第三步，按照关系主体不同进行编码（分别对应平台组织与供应商、平台组织与客户），并形成条目库。经过三轮的编码检视，最后保留了 156 个有效的条目。

在编码过程中，某些条目和维度有一定的相似之处，本研究采取了一定的措施来减少误差。第一，对于相似之处，严格按照理论回顾部分的定义和构想界定进行归类；第二，对于有些相互重合的条目，就分别归类到两个维度中。在编码过程中本研究还发现，由于公开的二手资料很少涉及知识要素和知识内容，尤其是隐性知识以及企业的内部形象，因此在某些构想编码条目中比较少涉及二手资料的条目。一手数据中的重合条目被提及的频率越高，说明越重要，一定要保留；但二手数据不一样，重合频率高仅仅说明被多次引用和借鉴，要剔除同一数据源的相同条目。

3.2　案例背景

四个案例都具有典型的平台特征，在各种不同的业务领域范围内具有一定的代表性。

3.2.1　传化公路港平台

1. 传化物流简介

浙江传化物流基地定位于"物流平台运营商"。从 2000 年开始，传化物流开始探索有效的公路物流平台发展模式。

2. 公路港平台简介

传化公路港定位于第四方物流集成服务商，是服务公路物流的综合性、平台型物流企业。其目标是打造发展公路物流 O2O 的全新生态[①]。

3. 模块产品简介

传化的功能模块体系主要包括"1234＋6"，这里"1"指的是整体公路港平台，即模块集成商；"2"指的是公路港实体停车功能模块及其配套金融服务模块；"3"指的是传化易配货、传化易货嘀以及传化运宝网三大功能模块；"4"指的是四大金融服务模块，包括支付服务模块、信用服务模块、委托代理模块和资产管理模块；"6"指的是传化的六大基础功能模块。

3.2.2　苏宁物流平台

1. 苏宁物流简介

2014 年 11 月底，苏宁物流云综合信息服务平台正式成为第一批国家认定的 10 家物流信息服务平台之一。2015 年苏宁全面开放了物流云平台，利用平台企业优势向社会开放其仓储资源。

2. 功能模块介绍

苏宁物流功能模块包括供应物流模块、仓配模块、冷链物流模块及跨境物流模块，还有农村电商模块。

---

① 资料来源：传化集团官网。

3.2.3　快到网平台

1. 快到网平台介绍①

"快到网"是基于移动互联网的第四方智慧物流平台。以车货配载交易为切入点，实现司机和物流企业在平台上的信息交互和车货匹配。快到网在全国网上货物配载市场拥有 10％的占有率。快到网的发展经历了几个不同的阶段，2013 年主要推出产品功能模块，2014 年完成车货匹配的信息交互平台，2015 年完成业务交易平台，2016 年打造物流生态链（线上支付牌照——供应链金融、融资租赁、货运保险、燃油维护）。

2. 平台功能

（1）物流企业
线上集中揽货，竞价调车，降低成本，货物自动跟踪，提升服务。
（2）行业
各物流企业间实现了信息互联互通，将具有相互需求的企业连成网状，最大化地节省了物流成本，提升行业竞争力。其交易评价体系促进了物流诚信建设。
（3）货车司机
可实现回城预约，减少空载，提高车辆使用率，直接找货，避免中间交易环节，降低成本。
（4）社会效益
降低社会物流成本，节能减排，降低能耗。大数据挖掘和分析，提升政府对物流业的支持和服务。

3.2.4　56 同城专线平台

1. 企业介绍②

56 同城平台由浙江图众网络科技有限公司开发，公司成立于 2014 年 8

---

① 资料来源：企业内部资料。
② 资料来源：企业提供的资料。

月,利用电子商务和互联网信息技术,运用模块化设计思维,致力于打造开放式、重体验的诚信物流综合性平台。

2.56同城平台介绍①

(1)56地图——最真实的专线及物流资源平台

56同城平台的物流地图是全国第一个解决专线资源和信息匹配的互联网产品,是全国覆盖面最广的专线资源平台,确保所有区县级之间线路可达,是全国最真实的专线及物流资源平台,所有专线信息真实可靠。其物流地图重新构建了全新的物流业务场景,即"线上找资源,线上对接线下,线下运输,线上评价"的生态模式(online to offline to online)。

(2)同城短驳——快速、稳定、专业

56同城平台的同城短驳模块专注于短驳运输,为中小物流企业提供专业的同城短驳服务,提供专业货运车辆,在大件零担运输方面具有绝对的优势。

同城短驳有别于其他撮合型的"货的打车"同城快运产品,它有专业的线下服务团队,在装卸、运输、结算等所有环节,提供专为物流人设计的定制化服务。

(3)专线微网站——您的专属企业名片

作为全国第一个为专线专业定制的产品,56同城平台对专线的时效、服务、价格等信息进行清晰的展示。有别于传统PC端的网站宣传形式,它具有传播速度快、受众范围广、内容更新快的明显优势。

(4)56惠

56惠是基于物流运输服务的电商平台,兼具信息平台和交易平台的功能。平台一端连接制造业、商贸业企业,第三方中介等货源客户,另一端连接中小型物流公司等物流运输服务提供商。

平台产品销售具有折扣、优惠等亮点,具有限时、限量等特色。

专线等公司在平台发布产品,用户在线上选择并完成支付。

---

① 资料来源:企业提供的资料。

3.3 案例分析

基于编码结果，本书对四个不同的物流平台的开放性、功能性和耦合性进行了深入细致的分析和探讨。

在对平台进行编码前，先给定相关构想的测度变量和条目内容（见表3-4），以及相关构想的编码及关键词举例（见表3-5）。

表 3-4 相关构想的测度变量和条目内容

构想	测度变量	条目内容
开放性	全面开放	平台对所有用户开放，没有限制，用户注册即可，不用付费，没有排他协议
	高度开放	平台设有准入机制但比较宽松，没有排他协议。用户实名注册，且付费使用功能
	低度开放	对某一边的用户严格审查，并且由平台企业亲自挑选（即合作伙伴），用户需付费使用功能，且收费较高
功能性	独立	平台根据模块化设计规则设计功能模块，功能模块具有独特性（含无法传递的隐性知识），各自对应客户的具体功能需求
	标准	功能模块可以同时接入多个平台界面，模块组织单元间的接口由标准协议界定
	组合	多个功能模块可以通过组合满足客户需求，根据需要提供一体化或分解的服务，可根据需求增减特色模块
耦合性	紧密耦合	模块之间的组合灵活性强，模块自身独立性相对比较弱化（强响应性、弱独立性）
	松散耦合	模块内部结合强度大（强独立性），而模块间结合强度弱（弱响应性），对关键模块进行修改时无须更改其他模块
交互性	信任	比较容易评价功能模块的服务效果，通过长期合作建立诚信平台，建立用户信用评级，包括长期合同、合作开发等
	沟通	模块组织单元间互动规则得到明确界定，正式和非正式的交流和沟通的渠道，包括书面的纸质文档、电话、网络、会议、沙龙等比较不同的方式，也包括与业内人士直接的经验交流和私下聊天
	承诺	客户可以共享通用模块，实现整合协作

续表

构想	测度变量	条目内容
知识转移绩效	知识整合	客户需求的调研总结,同行竞争信息,新功能模块的开发,用户诚信评价体系,新融资方式（金融模块）,新担保方式（保险模块）,创新收费方式（根据交易量和流量）,适应性调整
	知识共享	新功能模块发布,经验分享,同行评估,接口标准共享,推广宣传,市场需求反馈,客户体验反映
知识属性	显性知识	开发的服务平台,功能模块的说明,订单信息,注册流程,实名认证流程,宣传手册,统一的平台标准和规程,正常文件,报备信息,客户信息,信息反馈,技术支持
	隐性知识	潜在需求,业务经验,接单习惯,付费习惯,APP 使用习惯
组织绩效	合作绩效	成本降低,交易量和平台流量增加,功能模块开发周期缩短,问题反馈及时,意见迅速解决
	创新绩效	同行好评,用户认可,客户满意度提升,新服务模块市场份额较大,新模块更新速度加快,新服务的投入回报很快,增加了市场份额和顾客黏性

表 3-5　相关构想的编码、关键词举例及条目数

编码	二级编码	三级编码	典型关键词举例
平台组织的模块化特征（M）	开放性（O）	全面开放（O_1）	通用模块和专用模块对所有供应商和客户开放,没有准入限制。用户注册即可,不用付费
		高度开放（O_2）	通用模块和专用模块对所有供应商和客户开放,设有准入机制但比较宽松。用户实名注册,且付费使用功能
		低度开放（O_1）	对供应商严格审查,设置过滤机制且极度严格。对客户大部分功能模块付费开放。供应商由平台企业亲自挑选（即合作伙伴）,用户付费使用功能
	功能性（F）	独立（F_1）	平台根据功能需求匹配原则进行功能模块布局;运输模块;仓储模块;配送模块;零担模块;冷链模块等通用模块和转移模块
		标准（F_2）	功能模块的成本、价格、运力等方面
		组合（F_3）	运输模块+结算模块;干线运输+最后一公里;运输模块+保险模块;冷链模块+跨境模块

续表

编码	二级编码	三级编码	典型关键词举例
平台组织的模块化特征（M）	耦合性（S）	紧密耦合（S_1）	合同约定,定期付费,书面交流,文档传递,定期会议,经常走访,各种场合反映,多种渠道,随时联系（强响应性、弱独立性）
		松散耦合（S_2）	合作时间长,相互信任,需要时联系,同行交流,客户询问和反馈机制,不定期讨论（弱响应性、强独立性）
	交互性（I）	信任（I_1）	诚信平台,用户评级,真诚合作,全权委托,相互配合,客户关系很好,合作开发,能力信任,可视化流程
		沟通（I_2）	客户反馈机制畅通,用户意见收集,电话联络,网络互动,文档往来,经验分享,咨询建议,私交甚好
		承诺（I_3）	保险模块,金融模块,信用体系,结算体系
	知识转移（KT）	知识共享（KT_1）	诚信平台,客户需求的调研总结,同行竞争信息,新功能模块的开发,用户评价体系,新融资方式（金融模块）,新担保方式（保险模块）,创新收费方式（根据交易量和流量）
		知识整合（KT_2）	新功能模块发布,经验共享,同行评估,接口标准共享,宣传推广,同行经验,市场需求和客户体验反馈
	组织绩效（OP）	合作绩效（OP_1）	成本降低,交易量和平台流量增加,功能模块开发周期缩短,问题反馈及时,意见很快被解决
		创新绩效（OP_2）	业内好评,用户认可,客户满意度提升,新服务模块份额较大,新模块更新速度加快,新服务的投入回报很快,增加了市场份额和顾客黏性

3.3.1　编码分析

1.传化公路港平台的编码结果

　　传化公路港平台被称为中国公路物流领域最具价值的创新模式,具有典型的双边市场的平台特征。公路港平台具有典型的交叉网络外部性,平台的供应商数量和提供的服务模块质量将影响平台客户的数量和交易量。交叉网络外部性是双边市场形成的一个前提条件。在公路港平台中,服务模块的供应商即物流企业和司机对公路港平台的需求,取决于客户对公路港平台的认可程度,也就是公路港本身的品牌效应和知名度。而客户是否选择公路港平台取决于平台中所包含的功能模块的数量和质量,也就是供应商的数量和质量。公路港平台提供模块化的功能产品,基于模块化组织松散耦合的特性,在高沟通、高承诺和一般信任的前提下实现知识共享和知识整合,开发新的功能模块,提高平台服务质量,提升合作绩效和创新绩效,编码结果如表 3-6 所示。

表 3-6　传化公路港的编码典型引语及编码①

编码	二级编码	典型引语举例	关键词	编码
传化公路港的平台特征和模块化特征	开放性(O)	1.Q:供应商或客户要进入我们的平台是怎样的一个程序? A:官方 APP 可以下载,但是要注册成为我们的会员。成为我们的会员是要进行实名制认证的,和淘宝商户类似,比如司机,是需要身份证、行驶证、营运证这三证的。(O2)——(A-M1-3) 2.Q:有没有一些需要专门付费的模块? A:没有的。(会费)一百元一年,但针对的客户对象有所不同,有针对司机的,有针对企业的。(O2)——(A-M1-2) 3.Q:平台需要费用吗? A:平台费用也是要的,但是很多是免费开放的,因为这个平台的主要作用不在于收费。(O2)——(A-M1-5)	设有准入机制但比较宽松。 用户实名注册,且付费使用功能	高度开放
	功能性(F)	1.Q:一开始的公路港平台和现在的平台在功能上有什么差别? A:大的功能区块差不多,有六大块功能,主要是货、车、货主(人)。(F1)——(A-M1-2) 2.Q:服务模块是怎样逐步增加的? A:一开始基本模块,如智能停车系统,肯定是有的;现在的话,比如 GPS 系统……现在有修车服务。修车还新增了些 4S 店模式。(F3)——(A-M1-3) 3.Q:你们现在大部分的模块还是自主研发的,有没有自己做不了外包给第三方的情况? A:这个也有,比如技术模块方面。(F2)——(A-M1-4)	具有不同的功能模块;自主研发或外包都设有统一的模块设计标准;可以根据用户需求进行模块优化组合	模块化的功能特性明显

---

① 一手资料中,标识规则为首位为企业编号(A,B,C,D),次位为访谈对象编号(M1,M2),末位为逐段编码访谈论断编号。例如(A-M1-3),为 A 企业内 M1 人员访谈材料中编号为 3 的访谈片断。二手资料就直接编码 SH。

续表

编码	二级编码	典型引语举例	关键词	编码
传化公路港的平台特征和模块化特征	耦合性（S）	1. Q：司机的车已经挂靠在物流公司了，他再单独在平台里注册，这样可以吗？ A：可以的，他和挂靠方也是有合作关系的。（S2）——（A-M1-6） 2. 会产生一种品牌效应，每到一个地方，一些驾驶员或物流企业就可能会主动地入驻（传化）。（S2）——（A-M2-1） 3. 司机的诚信会员评价体系、司机之间的互联互通、业务往来，通过信息化（方式运作）。（S2）——（A-M2-2）	弱响应性、强独立性——松散耦合	松散耦合
	交互性（I）	1. 现在信息化是一种很好的传播途径，像这种手机的APP，司机了解了，用习惯了以后，可能会主动到平台里，成为一个会员，客户群体也会有一种内部的传播效应。（I1）——（A-M2-1）	专门的客服系统	信任关系好
		2. 网上结算这块没有完全开发成熟，是试验性的。（I3）——（A-M1-3） 3. 我们自己开发了一个支付软件，但是我也没用过，说不出来是什么。在园区里面现在是一卡通支付，就是一张卡既可以当门禁卡，也可以当考勤卡，还可以当饭卡等。（I3）——（A-M1-3） 4. 金融服务模块是最近开发出来的。（I3）——（A-M1-3）	根据需求开发新的模块	相互合作
	知识转移（KT）	1. 针对某些大型的物流企业，我们有客服经理，上门去和物流企业的经理或者老板进行沟通，了解他们的需求。所有的产品都是根据他们的需求去规划的，往往有些客户自己都不知道他们有什么需求。（KT1）	客户需求调研	知识共享
		2. 我们有个产品研究院，专门聘请了来自阿里巴巴互联网的总架构规划师来（开发产品）。（KT1）——（A-M1-3） 3. 现在大部分的模块还是以自主研发为主的，小部分外包给第三方。（KT1）——（A-M1-4） 4. 线上平台这一块，我们基本上是采用信息化技术手段，自己开发为主，结合自己的业务，形成产品模块，嵌入到各个平台中去，形成线上和线下互动的一种模式。（KT1）——（A-M2-1） 5. 新技术开发为主，产品的构架为主。三个模块：产品架构（产品组合）、产品经理（销售）、技术支持。（KT2）——（A-M1-4）	模块开发方式	知识整合
	组织绩效（OP）	1. 再往后就是目前我们更大范围地整合了，推向市场，原来的信息化可能只是存在于内部，现在我们往外走了，开始面向市场。（OP1）——（A-M2-2）	成本降低周期缩短	合作绩效
		2. 会产生一种品牌效应，每到一个地方，一些驾驶员或物流企业就可能会主动地入驻。（OP2）——（A-M2-1） 3. 可能会主动到平台里，成为一个会员，客户群体也会有一种内部的传播效应。（OP2）——（A-M2-1）	行业好评增加客户黏性	创新绩效

（1）开放性

传化公路港平台打造的是一个开放式的平台，双边用户的数量成正比关系。开放程度越高，进入的供应商数量越多，愿意进入平台的客户也就越多，交易量也越大。传化公路港全国平台网络体系，每天的货运吞吐量已近100万吨，日服务货运车辆20万辆，每年服务的车流量已达3000万辆次，庞大的数据背后潜藏着巨大的商机。2014年传化集团与中国银联率先启动基于线上线下联动的公路物流O2O模式中各类业务的合作，首轮启动的产品和服务包括手机移动支付、在线认证等12项内容。其中，手机移动支付、银联终端POS、代收付等业务最快已于2014年年底开始实施。每一笔承运订单和货运交易的货物数量、运费金额、行驶路线、准点到达率、信誉度，乃至货运司机的住宿、饮食、购物习惯等消费痕迹都会产生大量的数据信息。通过对数据的分析，平台客户、平台供应商（物流公司）、货运司机的发货规律、运输能力、诚信度等知识信息就能一目了然。由此，诚信物流就自然形成了。由此可见，平台开放性直接影响知识共享和知识整合的程度。

> 平台费用（会费）也是要的。但是很多是免费开放的（高度开放），因为这个主要作用不在于收费……主要需要挖掘数据，在于后面的大数据的获取（知识整合）。（A-M1-5，方经理）
>
> 投资上我们会选择自己投资，也可能和别人合资、合作，或者采用收购、兼并的方式（高度开放）。（A-M2-1，童总）
>
> 官方APP可以下载，但是要注册成为我们的会员。成为我们的会员是要进行实名制认证的（知识共享），和淘宝商户类似，比如司机，是需要身份证、行驶证、营运证这三证的（高度开放）。（A-M1-3，方经理）
>
> （会费）一百元一年，但针对的客户对象有不同（高度开放），有针对司机的，有针对企业的。（A-M1-2，方经理）
>
> 传化物流将搭建一个开放性平台，做物流公司、货主企业、社会货运车辆三者的连接。（SH，董事长徐冠巨）

（2）功能性

传化公路港平台具有模块化组织典型的柔性结构特点，开放性的信息和企业人文气息为知识转移奠定了良好的基础。公路港平台通过在实体公路港中构建标准化功能模块，制订各类运输业务标准及相关服务细则等，建立起标准化的运营系统。模块化组织的柔性特征和松散耦合特征，允许根据客户的需求进行模块组合和模块的匹配（Sanderson ＆ Uzumeri，1997）。公路港平台各个功能体系具有独立性、标准化和可组合性的特征。

> 早期，功能模块是一开始就设计好的（模块化）。但那时候还是相对传统一点，客户和我们是简单的租赁关系，业务是他们自己操作为主，我们在中间起到一个管理、服务、支持的作用；久而久之，我们的管理模块丰富了以后，在管理或服务过程中，模块会逐渐增多（知识整合），增加了物业、财务、咨询、法律、品牌等一些模块，这是第二个阶段；第三个阶段就是我们把信息化的模块主动嵌入进去。（A-M2-1，童总）
> 传化物流通过在实体公路港中构建标准化功能模块（功能模块化），制订各类运输业务标准及相关服务细则等，建立起标准化的运营系统。（SH）

(3)耦合性

模块化的组织架构具有耦合的界面（Ulrich，1995），这种模块化组织架构中松散耦合的特性，赋予功能模块的多样化（Sanderson ＆ Uzumeri，1997）。Pekkarinen 和 Ulkuniemi（2008）指出，服务模块化使得顾客能够适度地参与到服务定制的过程中来，顾客作为重要的创新源，有利于服务模块的改进和更为优质的服务方案的开发。服务传递到顾客的过程可以由多个相互连接的流程模块组成，过程模块是由标准的、互不可分的过程步骤组成的。传化物流通过在实体公路港中构建标准化功能模块，制订各类运输业务标准及相关服务细则等，建立起标准化的耦合界面，允许多边用户接入。公路港平台根据前期客户需求调研结果设置六大基础功能模块，然后根据与供应商和客户之间的知识共享、信息交流和知识整合，进行新功能模块的开发和嵌入。

> 一开始基本模块，如智能停车系统，肯定是有的。现在手机普及了，有了手机 GPS 系统。原来有停车场地，现在有修车服务。修车服务还新增了 4S 店模式……增加了轮胎超市、汽修、汽配等模块。除了停车场，其他都是出租给别人来经营的（松散耦合）。柜台上司机自己办理，上面显示物流需求信息，司机增加匹配下单（知识整合）。（A-M1-3，

方经理）

　　司机的车已经挂靠在物流公司了，他再单独在平台里注册，这样可以吗？可以的（松散耦合），他和挂靠方也是有合作关系的（知识共享）。（A-M1-6，方经理）

　　会产生一种品牌效应，每到一个地方，一些驾驶员或物流企业就可能会主动地入驻（传化）。（A-M2-1，童总）

　　司机的诚信会员评价体系、司机之间的互联互通（松散耦合）、业务往来，通过信息化（方式运作）。（A-M2-2，童总）

　　物流企业和我们平台的合同签订周期一般是多长？一年一签。（A-M1-6，方经理）

（4）交互性

交互性的关系质量维度通常通过信任、沟通、承诺三个方面来体现（Hansen，2002）。公路港平台中传化作为平台运营商和模块集成商，与其他模块供应商之间具有合作关系，相互信任可以有效避免投机行为；实名认证可以减少核查信息带来的时间成本；沟通是为了获得对方企业各方面的信息，是伙伴关系活力的源泉（Mohr & Spekman，1994）。客户经理的反馈机制可以降低双方的沟通成本，使知识转移成本更低（Aula，1996）。新金融功能模块和线上结算模块在开发过程中采取自主开发和外包结合的方式，技术人员之间的经验交流和知识转移，通过相互的信任加速平台与模块供应商之间知识的有效转移。

　　针对某些大型的物流企业，我们有客服经理，上门去和物流企业的经理或者老板进行沟通（高沟通），了解他们的需求（知识共享）。所有的产品都是根据他们的需求（高承诺）去规划的（知识整合），往往有些客户自己都不知道他们有什么需求。（A-M1-3，方经理）

　　传统物流企业与司机的交易范式从口头表达、电话联系等传播途径改变为通过电脑、显示屏这些方式（高沟通）。（A-M1-6，方经理）

　　我们自己开发了一个支付软件，但是我也没用过，说不出来是什么。在园区里面现在是一卡通支付（高承诺），就是一张卡既可以当门禁卡，也可以当考勤卡，还可以当饭卡等（高沟通）。（A-M1-3，方经理）

(5)平台与供应商之间的知识转移

公路港平台服务模块集成商、通用模块供应商和专用模块供应商是依据能力和知识的不同来分割的，依靠平台运管商制订的标准接口实现松散的耦合，通过组织结构内部横向和纵向的模块化重构，公路港平台组织结构体现出扁平化、开放性和自组织的模块化特征。通用模块供应商包括物流企业、个体司机等；专用模块供应商包括干线运输企业等。这里的标准接口主要是指组织内部信息的传递和知识的共享。这里的信息传递是指双向的交互。信息交互的方式很多。显性知识的交流主要基于信息系统、网络、数据库等；隐性知识的交流平台主要有会议、网上 BBS 等。

公路港平台大大提升了物流业的运营效率，与银联的银行卡组织的平台经济模式相吻合，双方合作空间很大。双方的这次合作将成为传统物流行业与互联网、金融行业跨界融合的重要标志。（SH，时任中国银联董事长苏宁）

公路物流平台携手银联支付平台，对中国的物流网络而言是一个里程碑，也是一个起点。支付业务合作只是起点，我们还将在中国物流产业金融领域全面合作。（SH，传化董事长徐冠巨）

2014 年传化集团与中国银联率先启动的是基于线上线下联动的公路物流 O2O 模式中各类业务的合作，首轮启动的产品和服务包括手机移动支付、在线认证等 12 项内容。其中，手机移动支付、银联终端 POS、代收付等业务最快将于 2014 年年底开始实施。每一笔承运订单和货运交易的货物数量、运费金额、行驶路线、准点到达率、信誉度，乃至货运司机的住宿、饮食、购物习惯等消费痕迹都会产生数据标签。通过对这些标签的积累和分析，货主、物流公司、货运司机的发货规律、运输能力、诚信度等信息就能一目了然。由此，诚信物流就自然形成了。（SH，传化物流信息事业部总经理、总架构师陈绪平）

传化物流通过在实体公路港中构建标准化功能模块，制订各类运输业务标准及相关服务细则等，建立起标准化的运营系统。

针对我国公路物流行业缺乏诚信体系导致虚假货运信息、"骗货"、拖欠账款等事件时常发生的情况，传化物流通过对物流企业、个体货运司机及个体货运车辆进行交易前身份验证、交易后信用评价等方式对交易各方的信用情况进行记录，形成行业信用数据库，为后续交易提供

参考和指导。(SH)

(6)平台与客户之间的知识转移(领先用户)

顾客主导型属于服务创新的一种类型。顾客主导型表明,顾客参与是服务创新的一个重要特征,顾客是创新产品的合作生产者,服务企业根据顾客需求进行创新。公路港平台中,对于金融模块、线上结算服务等存在需求的客户在一定程度上推动了服务平台的新模块开发和服务创新,这些客户属于领先用户。

> 所有的产品都是根据他们的需求(知识共享)去规划(知识整合)的,往往有些客户自己都不知道他们有什么需求。(A-M1-3)
>
> 货主找过来,信息系统可以调配(知识整合);或者物流企业自己的客户找上来。货主对传化慕名而来(知识共享)。(A-M1-6)
>
> 针对客户反馈的物流运输"最先一公里"和"最后一公里"的普遍问题(知识共享),2014 年 7 月,传化物流又发布了"传化易货嘀"APP(知识整合),即上线了国内首款同城货车电召平台,着力于改善物流运输"最先一公里"和"最后一公里"问题。(SH)
>
> 为了有效降低长途货运市场中货主的成本,传化物流推出了物流信息交易平台,其在线车货匹配模式是将货主的货源信息、车主的运力情况发布到网上(知识共享),并且通过实名认证、货物投保等方式,建立安全可信的在线运力交易平台(知识整合)。(SH)

2. 苏宁物流平台的编码结果

双边平台同时向两类消费群体销售具有相互依赖性和互补性的产品。相互依赖性和互补性的产品是指平台向两类消费群体提供的平台产品或服务,这些平台产品或服务在促成两类消费者达成交易方面是相互依赖和相互补充的,缺一不可(戴勇,2010)。苏宁物流平台可以提供相互依赖性的服务,这对于苏宁物流平台来说涉及平台客户货主和物流服务供应商。目前苏宁平台的物流功能模块主要由平台企业自身提供,30%左右外包给其他的物流承运商。物流承运商的需求主要是获得更多的物流合同,而客户需求是找到高质量的物流服务。在苏宁物流平台中,只有物流承运商和客户企业同时对物流平台有需求时,物流平台服务的价值才存在。物流功能模

　　块供应商和客户对物流平台服务的需求是相互依赖、相互补充的。要使双边用户参与到平台中来,苏宁物流服务平台企业必须向这两类消费群体制定合适的价格,形成合理的价格结构,以吸引他们加入平台并进行交易。这样的服务平台类型更有利于基于模块化的组织结构,提供模块化的功能产品和服务,便于知识的流动。平台与双边用户之间基于高信任、高沟通和高承诺的合作关系,有利于知识共享和知识整合,进而提升合作绩效和创新绩效,编码结果如表 3-7 所示。

表 3-7　苏宁物流平台的编码典型引语及编码①

编码	二级编码	典型引语举例	关键词	编码
苏宁物流平台特征和模块化特征	开放性(O)	1.我们的客户基本上是他们自己来谈的,前两年一直在讲这个业务,但是我们一直没对外开放,所以今年对外开放了,很多客户来和我们谈,价格方面,我们的成本是很高的,但是我们仓储的条件和服务是他们没法比的。——(B-M1-1) 2.我们是以企业为主(对合作客户开放,低度开放),对个人基本上没有开放。我们重点对这些客户进行服务,针对大客户开放。——(B-M1-2) 3.我们目前最大的服务商就是云商,还有实体门店。还是以服务云商为主,比例在 90%,现在我们的最大客户还是它,但是我们已独立出来,经过两三年,比重会慢慢调整。——(B-M1-4)	设有准入机制且有稳定的合作伙伴;用户实名注册,且付费使用功能;主要为固定客户服务	低度开放
	功能性(F)	1.Q:也就是客户接单后,后面的我们都可以帮他们做? A:对,包括代收货款我们也可以的,包括我们在上海谈的飞牛、小麦电视。电视购物的(知识共享),也是一样,他们只负责卖,后面全给我们,干线加最后一公里,我们在全国已经谈了很多业务了。——(B-M1-2) 2.Q:我在网上看到一些资料,比如像企业评级、金融服务这块? A:有很多啊,金融理财、小额贷款。——(B-M1-3) 3.冷链功能模块一个是我们自己的,主要是易购上,做一些冷鲜,超市在销售的,有的需要这种冷藏的,这是我们自己采购的,第二个是我们的跨境商铺,也是在我们的平台上做的。——(B-M1-6)	具有不同的功能模块;自主研发或外包都设有统一的模块设计标准;可以根据用户需求进行模块优化组合	模块化的功能特性明显

---

①　一手资料中,标识规则为首位为企业编号(A,B,C,D),次位为访谈对象编号(M1,M2),末位为逐段编码访谈论断编号。例如(A-M1-3)为 A 企业内 M1 人员访谈材料中编号 3 的访谈论断。二手资料就直接编码 SH。

编码	二级编码	典型引语举例	关键词	编码
苏宁物流平台特征和模块化特征	耦合性(S)	1. Q:那我们现在和创维合作关系是怎样的? 是不是长期稳定的? 比如协议是怎么签的,以一年为周期还是? A:那基本上不是签一年签的,可能是两三年。——(B-M1-6) 2.零配方面,我们有自备车,以及与我们长期合作的经销商,都是长期合作了十多年的。——(B-M1-1) 3. Q:那物流企业承接这种业务也是通过我们的平台上去接? A:这不是,这和我们是签合同的。——(B-M1-8)	合同约定定期付费书面交流	紧密耦合
	交互性(I)	1.他们(华润万家、宜家、美的)自己做不好,他们是通过托运做的,一般只到镇上,要上门提货,这个服务性是非常差的,不过成本上要便宜一点。我们的服务,农村再远我们都能送到,这就是两个不同的概念了,服务方面他们达不到要求,他们做得也不好,就委托给我们。——(B-M1-1) 2.比如说我们有专门的客服对接,对这个货第一时间进行处理,速度快一点。——(B-M1-3) 3. Q:我们的大客户对响应度会有要求? A:主要是时效性,还有服务,要求会比较高一点。(B-M1-5)	专门的客服对接体系	高信任
			对大客户响应度高	高沟通 高承诺
	知识转移(KT)	1. Q:金融功能模块,这个是和银行合作吗? A:不是,我们是自己做的,我们有苏宁银行推金融模块。——(B-M1-3) 2.这个抵押贷款模块是这样的,一些小企业,比如资质比较好的,他主要缺资金嘛,项目好,苏宁根据它的资质贷款,或者做一些风投给他。——(B-M1-4) 3.比如说我们有专门的客服对接,对这个货第一时间进行处理,速度快一点。——(B-M1-3)	客户需求调研	知识整合
			模块开发方式	知识共享、整合
				知识共享
	组织绩效(OP)	1. Q:我们现有的物流平台里的功能模块是我们自主研发的吗? A:全部都是自主研发的,我们的SAP系统是2006年投入使用的,SAP的集成化是非常强的,我们物流和这个是全部绑定在一起的,2012年开始自主研发一个系统,叫OES系统,是我们物流这块的系统,开发出来主要是针对社会开放,对外服务的。——(B-M1-3) 2. Q:经过苏宁运输的一些货,可以作为抵押去贷款吗? A:这个贷款模块是这样的,一些小企业,比如资质比较好的,他主要缺资金嘛,项目好,苏宁根据他的资质贷款,或者做一些风投给他,可以为用户创造新的价值和利益。——(B-M1-4)	成本降低周期缩短	合作绩效低
			行业好评增加客户黏性	创新绩效高

(1)开放性

苏宁物流平台目前属于低度开放的阶段，主要的客户，即服务对象为苏宁云商(占90％)，另外有选择地为一些既定的大合作客户(如华润万家、宜家家居、美的集团等)服务。但最终的目标还是建设成社会化的大平台，苏宁云商成为苏宁物流的一个客户，在物流开放平台上，将有无数个海外品牌代理商、供应商、B2C企业和B2B企业。苏宁物流还做了财务模型与社会化的平台模型，2015年开始逐步实现平台开放。

我们目前最大的服务商就是云商，还有实体门店。还是以服务云商为主，比例在90％，现在我们的最大客户还是它(低度开放)，但是我们已独立出来，经过两三年，比重会慢慢调整(高度开放)。(B-M1-4,方总)

(仓储和配送是一体服务，主要的合作企业)(低度开放)杭州我们有一个是华润万家，大件合作。第二个是宜家家居，现在不是要开业了嘛，在乔司那边。我们现在在谈一个全国的配送业务；还有美的热水器，它们在湖州最后一公里的仓储在我们这里。(B-M1-1,方总)

我们的客户基本上是他们自己来谈的，前两年一直在讲这个业务，但是我们一直没对外开放，所以今年对外开放了(低度开放)，很多客户来和我们谈，价格方面，我们的成本是很高的(低度开放：收费高)，但是我们仓储的条件和服务是他们没法比的。(B-M1-1,方总)

运输这块，车全部自己的；小件调拨，90％基本上是自己做(低度开放)。(B-M1-2,方总)

我们有一个物流网站，需要注册资料(高度开放：实名认证)，我们对外开放有一个物流平台给他们，他们可以在里面做仓储的入库软件，货到付款、代收付款(高度开放)都可以体现出来，所以我们对外有这么一个系统。(B-M1-4,方总)

我们是以企业为主(对合作客户开放，低度开放)，对个人基本上没有开放。我们重点对这些客户进行服务[针对大客户(领先用户)开放，低度开放]。(B-M1-2,方总)

(对承运商的要求)一个是资质，我们都要进行审核的，(低度开放)投标后，我们要对中标企业进行培训，要考试，都是有要求的。(B-M1-8,方总)

（2）功能性

模块化的平台组织是一种虚拟组织,区别于通过资本纽带相联系的实体组织,其运作既要有利于网络整体创新绩效的提高,又要保证结点模块的独立性。

苏宁物流平台属于逐步开放中的社会化平台,开放度低,但功能模块化特征明显。苏宁物流平台组织中各个功能体系相互独立,具有统一的平台服务标准,要求比较高;可根据客户需求定制功能模块,并提供组合功能服务,以满足客户的要求。

> 我们以小家电配送为主。空调、黑电、厨卫、冰箱都有(功能模块化)。我们仓储和配送是搭在一起的服务区域(功能组合性),这是一种,还有一种从我们这里发往全国的,全国零配(功能独立性)。通过我们的干线,接过货来,发往全国,我们进行分拨,我们有支撑,我现有的资源,第一是零配、仓储,第二,全国的网络也有了,卡班车,还有发往全国的干线运输(功能模块化),这就是我们的平台。(B-M1-1,方总)

> 客户接单后,后面的我们都可以帮他们做。包括代收货款(功能模块化)我们也可以的,包括我们在上海谈的飞牛、小麦电视。电视购物的(知识共享),也是一样,他们只负责卖,后面全给我们,干线加最后一公里,(功能组合性)我们全国已经谈了很多业务了。(B-M1-2,方总)

> 我们对外开放有一个物流平台(高度开放)给他们,他可以在里面做仓储的入库软件,货到付款、代收付款(功能组合性)都可以体现出来,所以我们对外有这么一个系统。(B-M1-2,方总)

> 我们现在应该是很强的,第一我们有自己的仓储(高标准的功能模块),这是很大的优势,第二我们有自己的最后一公里的运输,全国的干线运输(功能组合性)。(B-M1-3,方总)

> 我们有很多(产品)啊,金融理财、小额贷款(功能模块化)。(B-M1-3,方总)

> 冷链功能模块(专用功能模块)一个是我们自己的,主要是易购上,做一些冷鲜,超市在销售的,有的需要这种冷藏的,这是我们自己采购的;另一个是我们的跨境商铺,也是在我们的平台上做的。(B-M1-6,方总)

（3）耦合性

模块化系统内"看不见的信息"和"看得见的信息"使各模块之间既独立又统一。在苏宁物流平台组织中，一方面平台与各个功能模块结点间必须进行某种形式的耦合，另一方面各结点也保持较高的独立性。因此，苏宁物流平台可以作为一个有机的、内部关系可重新进行组合的、松散形式的模块化组织。

苏宁物流平台与客户之间处于长期稳定的合作关系。在高信任的基础上，虽然通过一定的合同约定，但基于对苏宁品牌的信任和认可才开展深入合作，除了销售，后续物流服务全部委托给苏宁物流平台提供一体化服务，并不定期地进行意见交流和反馈，因此属于松散耦合的联结方式。苏宁物流平台通过招标和考核方式找物流承运商，并以合同方式约束，属于紧密耦合方式。

> 零配方面，因为我们有自备车，和与我们长期合作的经销商，都是长期合作了十多年的（紧密耦合）。（B-M1-1,方总）
>
> （我们和创维的合作）那基本上不是签一年的，可能是两年、三年（长期稳定合作）（紧密耦合）。（B-M1-6,方总）
>
> 比如说我们有专门的客服对接，对这个货第一时间进行处理，速度快一点（客户反馈机制:松散耦合）。（B-M1-3,方总）
>
> 对合作的物流模块供应商的评价标准。一个是投诉率，服务不好顾客会投诉（反馈机制:松散耦合），另一个是送货完成率，我们现在叫统投率，还有一个回来的销单情况，顾客签收的情况，还有送货过程中的坏件率等。（B-M1-8,方总）
>
> 我们与物流企业的合作，是签合同的（紧密耦合）。（B-M1-8,方总）

（4）交互性

交互性的关系质量维度包括信任、沟通、承诺三个方面（Hansen,2002）。苏宁物流平台与客户之间具有长期稳定的合作关系，相互高度信任可以更好地降低沟通成本，有利于全面了解客户信息并更好地为客户服务；及时有效的客户经理反馈机制可以有效降低沟通成本，使得顾客参与创新的知识转移成本降低；固定的大客户服务机制，有利于及时掌握客户需求的变化，有利于知识共享和知识整合，更快地开发出新的功能模块提高服务水平。

在经验交流和意见交换的过程中,可以有效提高知识转移的水平。

> 零配方面,因为我们有自备车,与我们合作的经销商都是长期合作了十多年的(高信任)。(B-M1-1,方总)

> 他们(华润万家、宜家家居、美的集团)自己做不好,都是通过托运做的,一般只到镇上,要上门提货,这个服务是非常差的,不过成本上要便宜一点。我们的服务,农村再远我们都能送到(高承诺),这就是两个不同的概念了,服务方面他们达不到要求,他们做得也不好(高信任)。(B-M1-1,方总)

> 前两年一直在讲(物流平台)这个业务,但是我们一直没对外开放,所以今年对外开放了,很多客户主动来和我们谈(高沟通,高信任)。(B-M1-2,方总)

> 我们的快递点、快递员都是自己的,没有外包给别人,因为我们要保证我们的服务。不像其他的快递,货到了,门口一扔,我们必须送到客户手上的,所以我们送一台货花的时间和他们是不一样的,我们对员工有一定的要求,我们对服务满意度都要进行考核的(高承诺)。

> 比如说我们有专门的客服对接,对这个货第一时间进行处理,速度快一点(高沟通,高承诺)。(B-M1-3,方总)

> 可视化功能模块:你在苏宁易购上买的东西,整个单子的流程都是可视化的(可视化管理:高信任)。整个物流过程都可以看得到。(B-M1-3,方总)

> 还有快递员,工作牌上有头像、工号以及手机号等(高信任,高承诺),对客户来讲,会感到比较安全(高信任)。(B-M1-3,方总)

> 我们的大客户对响应度会有要求,主要是时效性,还有服务,要求会比较高一点(高信任,高承诺)。(B-M1-5,方总)

(5)平台与供应商之间的知识转移

苏宁物流平台依靠平台运管商制定的标准接口实现松散的耦合,与功能模块供应商之间有严苛的准入标准和界面接口,这里的界面标准和接口主要指信息传递和知识共享,具体来说就是对承运商资质的审核,包括运力、规模、准点到达率等。后期的知识整合包括投标后对中标企业进行培训和考试,通过后才能成为合格的承运商。

　　金融功能模块，我们是自己做的，我们有苏宁银行推金融模块（知识整合：跟苏宁银行共同开发新功能模块）。（B-M1-3，方总）

　　这个抵押贷款模块是这样的，一些小企业，比如资质比较好的，主要缺资金嘛，项目好，苏宁根据它的资质贷款（知识共享），或者做一些风投给它（知识整合）。（B-M1-4，方总）

　　物流相关的服务模块，第一大类是和我们的匹配性接近的，第二大类涉及我们后期特殊需求（知识共享：客户需求调研），我们可能会做一些调整，市场都是会变化的，所以肯定是会调整的（知识整合：根据客户需求变化开发新的功能模块）。（B-M1-7，方总）

（6）平台与客户之间的知识转移（领先用户）

领先用户的概念是由埃里克·冯·希普尔（Eric von Hippel）最先提出的。他在《民主化创新：用户创新如何提升公司的创新效率》一书中指出了领先用户的特征：第一，他们具有超前的需求；第二，他们预计可以从自己需求的解决方案中获得相对较高的收益，所以他们可能会去创新或参与创新。苏宁物流平台的客户大多属于大客户（领先用户），具备了参与创新的能力。平台与客户之间的知识共享和知识整合，可以更好地优化平台的功能设置，提高平台的服务水平，进而提高合作绩效和创新绩效。

　　代收货款我们也可以的，包括我们在上海谈的飞牛、小麦电视购物的（知识共享），也是一样，他们只负责卖，后面全给我们，干线加最后一公里（知识整合）我们全国已经谈了很多。（B-M1-2，方总）

　　苏宁的物流平台和其他的平台有合作，比如跟天猫平台对接（知识共享），天猫上有些货也是由我们这里送的。（B-M1-2，方总）

　　比如说我们有专门的客服对接，对这个货第一时间进行处理，速度快一点（知识共享，客户反馈）。（B-M1-3，方总）

　　跟创维的合作收费就是按服务量、业务量来结算的（知识共享）。（B-M1-6，方总）

3. 快到网车货配载平台的编码结果

快到网车货配载平台致力于打造一个整合信息流、业务流、资金流的全新车货配载模式,依托互联网实现实时跟踪和可视化管理。司机和物流企业在平台上实现信息交互和车货配载,实现业务交易和资金流转,生产商贸企业、物流公司、收货方全程物流可视化交互,全面推广"互联网+"的模式。

快到网车货配载平台属于典型的双边市场中介平台,通过促进彼此之间的交易,缓冲买方和卖方的资源短板(Hagiu,2006),并通过提高市场效率,提升买卖双方的价值,例如交易量、资源分配效率等,加强供与求之间的信息互通。双边市场平台一般是特定组织或平台所有者提供的服务和产品(Belleflamme & Toulemonde,2009;Martin & Orlando,2007;Rochet & Tirole,2006)。作为双边市场,快到网具有典型的交叉网络外部性,平台的绩效受到双边用户数量和交易量的影响,并相互促进。从快到网的发展历程来看,一开始的 APP 下载量比较低、用户数量少、用户活跃度低,到现阶段的双边用户注册数量激增,货源发布数和交易量大增,快到网平台通过丰富双边市场平台特定的产品或服务来吸引用户进入,维持供求平衡,并制定相关的收费策略(Boudreau & Hagiu,2009;Evans,Hagiu & Schmalensee,2006)。比如根据用户实名注册的程度开放不同的权限,从而区分不同的客户等级,以便于后期定向维护客户。快到网平台中的货主企业是平台的重要端点,平台企业专门成立营销部门进行客户开发和维护,承接货主企业的业务分包,运力不足时社会车辆作为线路补充。平台中的客户和货源越多,越能吸引零担物流公司和社会车辆接入平台;同样平台中能提供零担服务的供应商越多,越能吸引新客户进入。平台的用户即物流企业和司机对快到网平台的需求,取决于客户对快到网平台的认可程度,也就是快到网本身的品牌效应和知名度。而客户是否选择使用快到网平台取决于平台中所包含的服务商数量和质量。快到网平台提供模块化的功能产品,除了车货配载模块、供应链金融模块、货车租赁模块、货运保险模块和燃油、配件、维修模块等,还基于模块化组织松散耦合的特性,在高沟通、高承诺和一般信任的前提下实现知识共享和知识整合,开发新的功能模块,提高平台服务质量,提升合作绩效和创新绩效,编码结果如表 3-8 所示。

表 3-8　快到网平台的编码典型引语及编码①

编码	二级编码	典型引语举例	关键词	编码
快到网平台特征和模块化特征	开放性(O)	1.平台对所有的用户开放,使用手机号注册即可。如果想获取更多的权限,司机凭驾驶证、行驶证进行实名认证,物流公司凭营运资格证进行认证,就可以浏览更多的业务信息。——(C-M1-1) 2.关于平台的用户活跃率我们目前的统计情况是这样的:日活跃率15%;周活跃率25%～28%;月活跃率50%～60%。——(C-M1-1) 3.在建德总部有专门的营销团队,负责对外的宣传和推广。2014年12月APP下载量为3万个;到2015年5月份统计,下载量为10万个;到2016年年底的目标是注册用户达到50万。——(C-M2-1)	对物流企业开放;用户实名注册,权限分等级开放	完全开放
	功能性(F)	1.根据供应商的需求,与中石油合作开发燃油模块,主要帮助服务商降低成本,提高服务质量。——(C-M1-1) 2.我们有20多个研发团队,通过前期对司机的调研,开发所有的功能模块。——(C-M1-3) 3.根据客户的需求变化,推出金融模块、保险模块和燃油模块。其中保险模块是与人保合作的,已经准备推出上线。——(C-M1-1)	自主开发核心模块;外包非关键功能模块;可进行模块组合选择,比如保险模块	模块化的功能特性明显
	耦合性(S)	1.建德的营销团队会通过QQ群和微信群的方式跟司机沟通,了解想法。——C-M2-4) 2.我们在建德总部有专门的呼叫中心,负责收集用户的反馈。——(C-M2-3) 3.客户在货源承运过程中,若对于货物的运输节点有任何疑问,都可以通过APP点击查看,承运商完成每一个环节也需要拍照上传并确认。——(C-M1-3)	弱响应性、强独立性	松散耦合
	交互性(I)	1.我们建德的营销团队主动跟货主企业(客户)联系,承接分包业务,增加客户的黏性。——(C-M2-4) 2.正在推出官方微信公众号,会在上面进行活动发布、业务功能介绍、找货和新功能模块使用等。——(C-M1-4) 3.我们有完善的用户评价体系,利用APP的特点,从(货主)在线订车—(货主)预付运费—(承运商)确认装车—(收货方)收货确认—(承运商)回单上传—(货主)尾款结算,都要求实施确认,并在线监督,平台对双方都全程跟进。——(C-M1-4)	营销团队推广 微信公众号 用户评价体系	高沟通高承诺 高沟通 高信任

① 一手资料中,标识规则为首位为企业编号(A,B,C,D),次位为访谈对象编号(M1,M2),末位为逐段编码访谈论断编号。例如(A-M1-3)为A企业内M1人员访谈材料中编号3的访谈片断。二手资料就直接编码SH。

续表

编码	二级编码	典型引语举例	关键词	编码
快到网平台特征和模块化特征	知识转移（KT）	1. 开发出新服务模块，会推出给用户试用，并收集意见改进。（C-M1-4） 2. 业务在我们平台上完成之后，要求完成双方互评。（片段 C-M1-4）	新模块试用用户互评	知识共享
		3. 我们有专门的营销团队服务客户维护和沟通，建立 QQ 群和微信群，里面包括我们的供应商司机、货主客户和我们的客服人员。——（C-M2-3）	数据分析	知识整合
	组织绩效（OP）	1. 对货主企业而言，选择我们的平台可以提升他的服务品质和绩效。比如物流企业在招标的时候，可以利用平台作为服务保证，提高中标率。——（C-M1-5）	成本降低提升品牌	合作绩效
		2. 为了更好地帮助货运司机和物流公司控制风险，引入货运险，可以更好地保障平台用户的利益。——（C-M1-1）	提升客户价值	创新绩效

（1）开放性

快到网平台目前属于完全开放的阶段，拥有 1 万多家的注册客户和 10 万多个下载了 APP 的承运商。平台用户进入平台完全免费，只需使用手机号注册即可。承运商即司机通过实名认证，以及驾驶证、行驶证等资质通过认证后，可以拥有更高的权限，可以浏览更多的货源信息。平台客户即物流公司，需要提供营运资格证等相关证件进行认证，以获取更多的浏览权限。

我们的平台对所有的用户开放（完全开放），使用手机号注册即可。如果想获取更多的权限，司机凭驾驶证、行驶证进行实名认证，物流公司凭营运资格证进行认证，就可以浏览更多的业务信息。（C-M1-1，胡总）

平台在建德总部有专门的营销团队，负责对外的宣传和推广（全面开放）。2014 年 12 月 APP 下载量为 3 万个；到 2015 年 5 月份统计，下载量为 10 万个；到 2016 年年底的目标是用户注册用户达到 50 万。（C-M2-1，汪总）

平台用户活跃率我们目前的统计情况是这样的：日活跃率 15%；周活跃率 25%～28%；月活跃率 50%～60%（活跃率高，开放度高）。（C-M1-1，胡总）

（2）功能性

快到网平台经历了产品原型时期，其实就是（业务）模块化的过程，即把复杂的技术和业务产品拆分成各个模块，使这些模块之间能够在标准结构中通过标准化接口实现"即插即用"。司机和物流企业在快到网平台上实现信息交互和车货匹配，司机提供的运输模块要求符合平台的性能标准，具有承运资格，完成业务交易。在快到网平台中，标准化的产品模块不一定要求具有完全一致的技术标准，只是要求各类模块在功能和服务上能满足客户的需求，即具有接口上的兼容性。

　　我们有 20 多个研发团队，通过前期对司机的调研，开发所有的功能模块（功能性）。（C-M1-3，胡总）

　　根据客户需求的变化，推出金融模块、保险模块和燃油模块（知识整合）。其中保险模块（功能性）是与人保合作的（知识共享），已经准备推出上线。（C-M1-1，胡总）

　　根据供应商的需求，与中石油合作开发燃油模块（功能性），主要帮助服务商降低成本，提高服务质量。（C-M1-1，胡总）

　　为了更好地帮助货运司机和物流公司控制风险（知识共享），引入货运险（功能模块），可以更好地保障平台用户的利益（创新绩效）。（C-M1-1，胡总）

（3）耦合性

松散耦合结构是一个有弹性的组织结构，模块化设计规则可以帮助实现产品多样化。这种松散耦合的分析方法，同样适用于模块化组织的关系结构。对于物流业的模块服务商而言，这种松散的耦合显得尤为重要。快到网平台将数量庞大、相互关联度很低的社会车辆和司机通过平台集合，设立一定的规则和标准，通过客户评价体系和平台诚信系统来规范承运商的服务标准，建立和谐稳定的良性关系。与传化公路港平台和苏宁物流平台等重资产的平台相比，轻资产平台与承运商之间的约束力很弱，关系强度更低，合作关系不稳定，属于弱响应性的松散耦合关系。

　　我们在建德总部有专门的呼叫中心，负责收集用户的反馈（松散耦合）。（C-M2-3，汪总）

　　客户在货源承运过程中，若对于货物的运输节点有任何疑问，都可以通过 APP 点击查看，承运商完成每一个环节也需要拍照上传并确认（松散耦合）。（C-M1-3，胡总）

　　建德的营销团队会通过 QQ 群和微信群跟司机沟通，了解他们的想法。（松散耦合）。（C-M2-4，汪总）

（4）交互性

快到网处于业务交易的第三个发展阶段，平台用户的注册量和活跃度都达到了一个新的高点。快到网已经在行业内树立起良好的品牌效应和口碑，下载量排名在前三位，与承运公司之间的关系开始慢慢稳定。完善的评价体系和反馈机制帮助平台降低核准的成本，全面了解承运商信息，提高承运商的服务质量，吸引更多的货主企业进入平台，从而建立高信任的关系。

　　在建德总部有专门的呼叫中心，负责收集用户的反馈（高沟通），以便于改进服务产品和进行客户的维护（知识整合）。（C-M1-3，胡总）

　　我们建德的营销团队主动跟货主企业（客户）联系（高沟通），承接分包业务（高承诺），增加客户的黏性（合作绩效）。（C-M2-4，汪总）

　　正在推出官方微信公众号（高沟通），会在上面进行活动发布、业务功能介绍、找货和新功能模块使用等（知识整合）。（C-M1-4，胡总）

　　对货主企业而言，选择我们的平台可以提升他的服务品质和绩效（高承诺）。比如物流企业在招标的时候，可以利用平台作为服务保证（合作绩效），提高中标率。（C-M1-5，胡总）

　　我们有完善的用户评价体系（高信任），利用 APP 的特点，从（货主）在线订车—（货主）预付运费—（承运商）确认装车—（收货方）收货确认—（承运商）回单上传—（货主）尾款结算（高沟通），都要求实施确认，并在线监督，平台对双方都全程跟进。（C-M1-4，胡总）

（5）平台与供应商之间的知识转移

营销团队在 QQ 群、微信群及时进行信息沟通，有利于知识共享和知识整合，更快地开发出新的功能模块，提高服务水平。在经验交流和意见交换的过程中，可以有效提高知识转移的水平。

　　我们有完善的用户评价体系（知识整合），利用 APP 的特点，从（货主）在线订车—（货主）预付运费—（承运商）确认装车—（收货方）收货确认—（承运商）回单上传—（货主）尾款结算（知识共享），都要求实施确认，并在线监督，平台对双方都全程跟进。(C-M1-5,胡总)

　　我们一旦开发出新服务模块，就会推出给用户试用（知识共享），并收集意见进行改进（知识整合）。(C-M1-4,胡总)

　　在我们平台上完成业务之后，要求完成的双方互评。（知识共享）。(C-M1-4,胡总)

(6)平台与客户之间的知识转移

处于发展期的企业，顾客参与的重要性就更加明显。如果无视客户的需求变化，不积极引导客户参与，平台就会处于独自研发的情境，这无异于闭门造车。平台如果期望快速发展，就需要考虑激励用户，使之产生或提高其参与倾向，从而提高用户参与度（何国正，2008）。快到网目前正处于快速发展时期，客户注册量已经超过 10000，且正在以更快的速度增加。

　　目前以业务模块为主，后期会外接入社交模块（知识共享），提高平台用户的满意度，吸引更多新客户进入平台（创新绩效）。(C-M1-6,胡总)

　　目前开始尝试拓展到专业市场物流，开启浙江汽配城项目，向上游进行业务拓展（知识转移），承接物流企业（客户）的分包业务。(C-M1-6,胡总)

　　正在推出官方微信公众号（高沟通），会在上面进行活动发布、业务功能介绍、找车和新功能模块使用等（知识整合）。(C-M1-4,汪总)

　　我们有专门的营销团队进行客户维护和沟通（知识共享），建立 QQ 群和微信群，里面有我们的供应商司机、货主客户和我们的客服人员。(C-M2-3,汪总)

4.5 56 同城平台车货配载平台的编码结果

56 同城平台是一个物流企业的智能营销平台，做专业的物流资源的专线平台。56 同城平台具有双边平台的相互依赖性和互补性。物流专线平台的客户（货主企业）对平台供应商（专线企业）提供的产品和服务存在需求。

同样，专线企业对货主企业有业务依存的关系。只有双边用户同时对所提供的产品和服务产生需求时，平台企业的产品和服务才具有价值，否则只有一方有需求或双方均无需求，平台企业的产品和服务将不具有价值。平台接入与传统的重复购买的分析不同。Armstrong(2006)指出，为了能享受更大的另一边用户规模的网络效应，允许一边用户多平台加入。56 同城平台中的专线企业就是多平台接入的单边用户。为了获取更多的信息和业务资源，一般的物流企业都会选择多平台接入。56 同城专线平台目前推出的第一版是以信息发布为主，即将上线的第二版就有比较完整的功能模块了，有9 个频道要上线，包括网点频道、园区频道、联盟频道、落地配频道，甚至还有车源频道、增值服务频道等(模块功能性)。

56 同城专线平台提供模块化的功能产品，基于模块化弱关系(松散耦合)的特性，在高沟通、高承诺和高信任的前提下实现知识共享和知识整合，推出保险、支付等新的增值模块，通过云客服提高平台服务质量，提升合作绩效和创新绩效，编码结果如表 3-9 所示。

表 3-9　56 同城专线平台的编码典型引语及编码①

编码	二级编码	典型引语举例	关键词	编码
56 同城专线平台特征和模块化特征	开放性(O)	1.做物流的朋友去谈了一个很好的支付结算费。我就说把你这块嵌入到我的平台吧，我们一起做……我就是想像搭积木一样，搭的是一个操作系统，里面的功能模块就找别人现成的产品插进去就好。所以我只是插线板。(D-M1-3) 2.物流专线企业的信息、地址、联系人和电话等真实的信息都要上传到平台，平台起到宣传推广的作用。云客服定期联系沟通，及时更新信息。——(D-M1-1) 3.现在杭州我们已经覆盖得差不多了。浙江省已经在推，宁波已经开始有合作伙伴在进行推广(我们的平台)。前期我们基本上都是通过地推进行市场推广活动的。整个浙江我们预计会有 5000 多条专线。——(D-M1-1)	对专线物流企业开放；用户实名注册	高度开放

①　一手资料中，标识规则为首位为企业编号(A，B，C，D)，次位为访谈对象编号(M1，M2)，末位为逐段编码访谈论断编号。例如(A-M1-3)为 A 企业内 M1 人员访谈材料中编号 3 的访谈片断。二手资料就直接编码 SH。

续表

编码	二级编码	典型引语举例	关键词	编码
56同城专线平台特征和模块化特征	功能性（F）	1.物流这个行业有这么丰富的环境，有足够多的盈利的方式，比如你所有的车贷、车险、二手车交易、车辆的维修维护。这种构建延伸出来的增值模块，都会带来很多价值。——(D-M1-3) 2.我们第一个阶段的盈利点出来的时候是什么，就是增值服务模块，现在第一块就是互联网保险，我们现在规划的是8个险种，这次活动主推的是3个险种，即车险、货运险、承运人责任险，这几个主要的险种我们都比较有优势，都是为我们定制的，要么是费率最低，要么是条款最好。——(D-M1-2) 3.基于我这里面的基础的用户的关键字段，你去做你的定制。然后把你的这种定制产品作为增值产品，嫁接到我的平台上，提供给平台上的所有的用户去用。——(D-M1-3)	功能模块的布局基本完成，自主研发或外包都设有统一的模块设计标准；可进行模块组合选择，比如保险模块	模块化的功能特性明显
	耦合性（S）	1.互联网行业有两大代表性的企业，一个是阿里，一个是腾讯。阿里善于做交易，腾讯善于做社交。我更喜欢社交。现在微信带来的一个新的学问叫社群动力学，讲的是强关系和弱关系，交易是强关系，社交是弱关系，弱关系更有优势，强关系代表了目的性。——(D-M1-5) 2.云客服挖掘出来的数据量，是一种我们前面讲的叫弱关系下的大数据。——(D-M1-2) 3.我们平台可以一方面讲交易，一方面讲社交。因为社交是把专线和平台的关系、专线和专线的关系、专线和货主的关系、货主和平台的关系，都通过云客服串起来。这样的话，我现在的关系是离散的。所以我非常重视我的云客服模式。——(D-M1-2)	弱响应性、强独立性——松散耦合	松散耦合
	交互性（I）	1.我们的每一条专线都是地推人员进去探讨过的，有协议。询问物流企业是否愿意接入我们的平台，三个人一组，然后一个人在旁边拿着iPad，当面就通过平台后台输进去数据，再帮物流企业生成其自己的宣传页和微名片。专线的微名片可在公众号上看到，你可以随时推送给别人，介绍给别人。——(D-M1-1) 2.这个数据保证每条都是真的。因为一个客服负责三五十条专线。大概一个星期他就会再重新确认一圈，有更新。它会出现什么呢，比如某个专线跑路了，不做了，关门了，我们很快就能知道。——(D-M1-2)	地推采集数据 云客服模式	信任关系好 沟通顺畅

续表

编码	二级编码	典型引语举例	关键词	编码
56同城专线平台特征和模块化特征	知识转移（KT）	1.我们的云客服可以获取客户的信息，这一方面可以完善我们平台上的数据量，另外一方面当客户有业务时可以帮他们去做对接和反馈。这样的话，我们平台可以一方面讲交易，另一方面讲社交。因为社交是把专线和平台的关系、专线和专线的关系、专线和货主的关系、货主和平台的关系，都通过云客服串起来。所以我非常重视我的云客服模式。——（D-M1-2）	需求调研	知识共享
			整合数据	知识整合
		2.根据我们的数据采集，太平洋保险愿意给我们定制保险。——（D-M1-3）		
	组织绩效（OP）	1.我们现在我的外包企业基本上是上海和深圳的。为了更顺畅地交流和沟通，我们要求他们要驻场开发。——（D-M1-4）	成本降低周期缩短	合作绩效
		2.刚开始的时候我们做过外包的尝试。但是我们发现完全外包不行。后来我们就考虑把其中局部一小块内容剥离出来，再把小模块拿出来去外包。以前我花了将近9个月来做线上第一个频道，但是现在他们基本上用20多天时间做出了剩下的8个频道。——（D-M1-4）	行业好评增加客户黏性	创新绩效

（1）开放性

56同城专线平台打造的是物流专线企业的专业信息交互平台，平台上的专线企业已经有600家，还在飞快地增加中。目前平台上已经有包括信息服务、落地配模块、保险模块和支付模块在内的9个系列的功能布局。通过建立详细的信用评价体系和云客服模式，架构起与平台供应商和平台客户之间的知识共享和知识整合。同时通过地推和云客服采集的离散的数据信息进行知识共享和知识整合，基于数据资源与第三方保险企业和银行金融企业合作开发新的增值模块，进而提高创新绩效和合作绩效。可见，平台开放性直接影响知识转移的效率和组织绩效的提升。

现在杭州我们已经覆盖得差不多了。浙江省已经在地推（完全开放），宁波已经开始有合作伙伴在进行推广（我们的平台）。前期我们基本上都是通过地推进行市场推广活动的。整个浙江我们预计会有5000多条专线。（D-M1-1，史总）

物流专线企业的信息、地址、联系人和电话等真实的信息都要上传

到平台(高度开放)，平台起到宣传推广的作用。云客服定期联系沟通，及时更新信息。(D-M1-1，史总)

刚好另外一个做物流的朋友去谈了一个很好的支付结算模块(功能模块)，我就说把你这块嵌入到我的平台吧，我们一起做(高度开放)……我就是想像搭积木一样，搭的是一个操作系统，里面的功能模块找别人现成的产品插进去就好。所以我只是插线板(D-M1-3，史总)。

(2)功能性

模块化组织具有功能的独立性，功能与模块一一对应。模块化组织中知识流和物质流通过交互流动产生协同效应，最终实现价值创新。模块化设计规则可以提供自由组合并共享共通的模块产品，降低大规模定制产生的成本，依托模块化组织的柔性特征，满足大量定制化的需求。(Pine，1993)

我们还在设计油品，还有一块太保(太平洋保险公司)跟我们已经谈好了，只跟我们做的，信誉保障险(功能性)。我们第一个产品现在还在设计，跟油品相关的关于油品的信贷支付(功能性)。(D-M1-4，史总)

所以我说我们第一个阶段的盈利点出来的时候是什么，就是增值服务模块(功能模块)，现在第一块就是互联网保险，我们现在规划的是8个险种，这次活动主推的是3个险种，即车险、货运险，承运人责任险，这几个主要的险种我们都比较有优势，都是为我们定制的，要么是费率最低，要么是条款最好。(D-M1-2，史总)

其实我觉得像上次赵会长过来的时候给我们讲的一个叫集配中心的概念，做的是基础的整合。其实最后基础的整合完成了之后，就需要专业的整合。我们现在在这个平台上搞联盟频道(模块组合)。(D-M1-5，史总)

所以我觉得未来物流这个行业有这么丰富的环境，有足够多的点去想盈利的方式。你比如说所有的资源都在平台上面，包括所有的车贷、车险、二手车交易、车辆的维修维护。这种构建延伸出来的增值模块(功能模块)会带来很多价值。(D-M1-3，史总)

我就是想像搭积木一样，搭的是一个操作系统，里面的功能模块找别人现成的产品插进去就好。所以我只是插线板(总线模块化)。(D-M1-3，史总)

　　我还是讲我是一块主板，显卡、内存、网卡都可以插上来。或者说我是一个插线板，我有十几个插口，各种电器都可以往上插。我是标准结构，无论是 TMS 软件还是车货匹配的 APP，都可以接进来。你可以基于我这里面的基础的用户关键字段去做你的定制，然后把你的这种定制产品作为增值产品，嫁接到我的平台上，提供给平台上的所有的用户去用（模块化）。（D-M1-3，史总）

　　刚开始的时候我们做过外包的尝试，但是我们发现完全外包不行。后来我们就考虑把其中局部一小块内容剥离出来，再把小模块拿出来去外包。（D-M1-4，史总）

　　首先要有模块化的理念，然后你能够真正合理、科学地找到一条模块化的路径。我当时就在说所有物流行业里面，做平台的人的梦想都是一样的，讲出来都是惊人的相似，都是做物流交易平台、车货智能匹配平台，降低车货空载率。（D-M1-4，史总）

（3）耦合性

模块化组织架构的标准构件界面连接了分散的模块提供商，使其能够相互协调成为一个松散耦合的组织架构（Sanchez & Mahoney，1996）。松散耦合的模块化组织通过标准界面组件完成最终产品，提高产品的多样性，降低生产耗费的时间和成本。松散耦合是一种弹性的产品结构，在各子系统之间的良性互动下，具有相互依赖、相互协调、相互促进的动态关联性（Fischer，2002）。56 同城专线平台中平台企业与各个专线企业之间、与客户之间处于一种离散的弱关系。目前平台没有交易产生，通过前期地推和后期云客服来维持与供应商和客户的关系，属于典型的松散耦合关系。

　　我们平台可以一方面讲交易，一方面讲社交。因为社交是把专线和平台的关系、专线和专线的关系、专线和货主的关系、货主和平台的关系，都通过云客服串起来。这样的话，我现在的关系是离散的（松散耦合）。所以我非常重视我的云客服模式。（D-M1-2，史总）

　　云客服挖掘出来的数据量（知识共享），是一种我们前面讲的弱关系（松散耦合）下的大数据。（D-M1-2，史总）

　　我说我们互联网行业有两大代表性的企业，一个是阿里，一个是腾讯。阿里善于做交易，腾讯善于做社交，我更喜欢社交（弱关系：松散耦合）。现在微信带来的一个新的学问叫社群动力学，讲的是强关系和弱

关系，交易是强关系，社交是弱关系，弱关系更有优势，强关系代表了目的性。（D-M1-5，史总）

（4）交互性

组织间合作关系对组织绩效有正向作用。组织间的关系质量对双方的信息和知识交互有明显作用，对合作绩效有着直接的影响。因此，组织间良好的交互性，能够保证合作中所需知识的有效转移并提高组织绩效。56 同城专线平台与平台用户之间的交互性非常好，有畅通的沟通渠道即云客服模式，建立了对于专线物流企业的信用评价体系，依托大数据采集和分析积极开展与第三方合作，开发新的功能模块。

> 我们的每一条专线都是地推人员进去探讨过的（沟通），有协议的（承诺）。询问物流企业是否愿意接入我们的平台，三个人一组，然后一个人在旁边拿着 iPad，当面就通过平台后台输进去数据（知识共享），再帮物流企业生成其自己的宣传页和微名片（知识整合）。专线的微名片可以在公众号上看到，你可以随时推送给别人，介绍给别人。就是这样一个效果。（D-M1-1，史总）

> 我们这个信用模型（承诺）实际上是我们自己在后台在这样做的。每条专线都有一个信用报告（知识整合）。信用报告就是根据我们拥有的信息来写的（信任）。信用报告需要 30 多个信用要素，这些都体现在我们前端。我们也有整套的采集表。当然这个采集表不是让用户填的，是我们的采集员跟客户进行沟通交流的时候自己填的（沟通）。（D-M1-1，史总）

> 我们这个数据保证每条都是真的。因为一个客服负责三五十条专线（交互性；沟通），大概一个星期他就会再重新确认一圈，会有更新。它会出现什么呢？比如某个专线跑路了，不做了，关门了，这些我们很快就能知道。（D-M1-2，史总）

> 我们会定期每周推送一条短信（交互性；沟通），那是你在这个平台上的搜索量。（D-M1-2，史总）

> 太平洋保险愿意给我们定制保险（功能模块），是太平洋保险跟我们合作（交互性；信任），给我们的货运险（承诺）是万分之二的费率，因为我们有这个信用体系，9 月 20 号我们有一个保险增值产品的发布会。

（D-M1-3，史总）

我们不是也有一个同城短驳产品嘛，但那只面向我们自己的客户（承诺），不公开的，只面向我们平台专线企业。因为我们当时就想满足我们的用户（信任），适应他们的要求（沟通）。（D-M1-5，史总）

（5）平台与供应商之间的知识转移

Zhaleh 等（2015）的研究表明，总部和分部之间不同程度的内部嵌入水平和外部嵌入水平，会带来不同的资源与能力，从而对分部在总部中的地位具有影响，并对分部机构的知识转移活动产生作用，同时也影响着其知识转移行为和自身权力维度之间的关系。平台组织也是一样。平台与供应商企业之间所拥有的知识水平差异导致了不同供应商企业对平台企业产生的影响存在差异（Bartlett ＆ Ghoshal，1989；Birkinshaw，1997；Frost，Birkinshaw，＆ Ensign，2002）。56 同城专线平台通过微名片和公众号等方式发布供应商信息；通过新模块产品的推介和发布与供应商企业之间进行知识共享，收集反馈信息，进行知识整合，改进新模块产品。

我们的每一条专线都是地推人员进去探讨过的（沟通），有协议的（承诺）。询问物流企业（平台供应商）是否愿意接入我们的平台，三个人一组，然后一个人在旁边拿着 iPad，当面就通过平台后台输进去数据（知识共享），再帮物流企业生成其自己的宣传页和微名片（知识整合）。专线的微名片可在公众号上看到，你可以随时推送给别人，介绍给别人。（D-M1-2，赵经理）

我们这个信用模型（承诺）实际上是我们自己在后台在这样做的。每条专线都有一个信用报告（知识整合）。信用报告就是根据我们拥有的信息来写的（信任）。信用报告现在需要 30 多个信用要素，这些都体现在我们前端。我们也有整套的采集表。当然这个采集表不是让用户填的，是我们的采集员跟客户进行沟通交流的时候自己填的。（D-M2-2，赵经理）

我们定期每周会推送一条短信（交互性；沟通），那是你在这个平台上的搜索量（知识共享）。该信息是同类的，或者同区域的。比如都是河南省的专线，在杭州我们的搜索排名上排到第几（知识共享）。每一条专线其实在我们后台里还有给他们的信用评分（知识整合）。（D-M2-

3,赵经理)

　　我们现在还在做物流地图的阶段(知识共享),初步形成了很多大数据的东西。有车商来找我们。我们把保险和车商的数据统计出来(知识整合:开发新的功能模块)。(D-M1-5,史总)

(6)平台与客户之间的知识转移

许多平台企业将用户集成到产品开发过程中,通过平台企业与平台用户之间的知识共享,充分发挥客户的能动性,以客户选配产品、客户定制设计、客户参与设计等方式满足客户的个性化需求,提高组织竞争力(Chen & Tseng,2005)。将客户意见转化为产品的解决方案,则需要通过知识整合的过程,这一过程容易导致信息的失真(王开明、万君康,2000),因此,通过良好的客户维护进行知识共享和知识整合就尤为重要。

　　我们的云客服可以获取客户的信息(知识共享),这一方面可以完善我们平台上的数据(知识整合),另一方面,当客户有业务时可以帮他们去做对接和反馈。这样的话,我们平台可以一方面讲交易,一方面讲社交。因为社交是把专线和平台的关系、专线和专线的关系、专线和货主的关系、货主和平台的关系,都通过云客服串起来。这样的话,我们现在的关系是离散的(松散耦合)。所以我非常重视我的云客服模式。(D-M1-2,史总)

　　我们说交易是动态数据,可以通过交易来判断你的静态数据的真实性。评分其实一定是通过静态数据去做的(知识整合),比如说他判断你的消费能力,他通过这么多的交易只不过为了得出你的消费层次,他通过你的快递的地址,能获取到你有这么多地址。(D-M1-4,史总)

5.案例比较

表 3-10 对传化公路港平台和苏宁物流平台的编码结果进行了比较。表 3-11 对快到网平台和 56 同城平台的编码结果进行了比较。

表 3-10 传化公路港平台和苏宁物流平台的编码结果比较

研究对象	传化公路港平台		苏宁物流平台	
关系主体	平台与供应商	平台与客户	平台与供应商	平台与客户
开放性	平台免费开放;会员付费制;企业比司机的权限大	平台免费开放;主动促销吸引客户进入	平台需考核承运商资质,只向物流企业开放会员付费制度	只向固定合作伙伴提供服务,少量功能对外开放
	高度开放	完全开放	低度开放	低度开放
耦合性	可同时选择多个物流平台挂靠;同时为多个功能模块提供服务	客户可以同时选择多个平台;可同时选择多个功能模块	合作时间长,相互信任,不定期交流	合同约定,专项服务,合作关系稳定
	松散耦合,弱响应性,强独立性	松散耦合,弱响应性,强独立性	松散耦合,弱响应性,强独立性	紧密耦合,强响应性,弱独立性
交互性	意见反馈;业务凭证;电话联系;APP下载	意见反馈;业务凭证;售后服务;保险服务	长期合作,信用评级,金融体系,提供融资	客户关系稳定,可视化管理,信用系统,反馈系统
	低信任,高沟通,高承诺	低信任,高沟通,高承诺	低信任,高沟通,高承诺	低信任,高沟通,高承诺
知识转移	服务传递,经验共享,改进建议	需求提供,参与开发,大客户会议	信用评级,资质评价,经验共享	需求调研,参与开发,改进建议
	知识分享高,知识整合低	知识分享高,知识整合低	知识分享高,知识整合高	知识分享高,知识整合高
组织绩效	品牌效应提升,规模效应激增,服务模块开发周期缩短	品牌效应提升,规模效应激增,服务模块开发周期缩短	品牌效应提升,承运商参与招标,规模效应激增,新模块开发周期缩短	大客户主动合作,客户满意度高
	创新绩效高,合作绩效一般	创新绩效高,合作绩效一般	创新绩效高,合作绩效一般	创新绩效高,合作绩效一般

表 3-11 快到网平台和 56 同城平台的编码结果比较

研究对象	快到网平台		56 同城平台	
关系主体	平台与供应商	平台与客户	平台与供应商	平台与客户
开放性	平台完全免费开放;根据实名认证信息完善程度不同,权限不同	平台免费开放,手机号注册;专门的营销团队主动宣传吸引客户进入	平台只接入专线物流企业,实名注册多平台接入	向所有客户开放
	完全开放	完全开放	高度开放	完全开放

续表

研究对象	快到网平台		56同城平台	
关系主体	平台与供应商	平台与客户	平台与供应商	平台与客户
耦合性	可同时选择多个物流平台挂靠；同时下载多个APP	客户可以同时选择多个平台；合作关系还不稳定	云客服不定期交流；弱关系	专项服务；合作关系；不稳定
	松散耦合；弱响应性；强独立性	松散耦合；弱响应性；强独立性	松散耦合；弱响应性；强独立性	松散耦合；弱响应性；强独立性
交互性	呼叫中心；回单凭证；QQ、微信联系；保险服务	意见反馈；售后服务；评价体系；代收货款；实时跟踪	长期合作，信用评级；保险产品，支付体系；沟通频繁	信用系统；反馈系统
	低信任；高沟通；高承诺	低信任；高沟通；高承诺	低信任；高沟通；高承诺	高信任；高沟通；高承诺
知识转移	客户维护；试用体验；改进建议	需求提供；参与开发；大客户会议	信用体系；云客服维护；经验交流	地推调研；反馈意见
	知识分享高；知识整合低	知识分享高；知识整合低	知识分享高；知识整合高	知识分享低；知识整合低
组织绩效	用户注册量大增；平台交易量提高；新服务模块开发周期缩短	品牌效应提升；规模效应激增；服务模块开发周期缩短	品牌效应提升；规模效应激增；新模块开发周期缩短	客户满意度高
	创新绩效高；合作绩效一般	创新绩效高；合作绩效一般	创新绩效高；合作绩效高	创新绩效高；合作绩效一般

3.3.2　模块化对知识转移、平台组织绩效影响机制初步分析结果

首先进行重资产类型平台的编码分析，即对公路港平台和苏宁物流平台两个案例的平台组织模块化、知识转移及组织绩效进行综合分析。

在传化公路港平台中，平台组织的开放属于高度开放、强独立性和弱响应性的松散耦合模块化耦合关系，高沟通、高承诺和低信任的良好交互性，对应的知识共享和整合水平也较高，最终平台组织的创新绩效很高，合作绩

效一般。

在苏宁物流平台中，平台组织的开放属于低度开放，与供应商之间呈现强独立性和弱响应性的松散耦合关系；与客户之间表现出弱独立性和强响应性的紧密耦合关系，高信任、高沟通和高承诺的交互性。由于低度开放的关系，平台与用户之间的交流相比传化公路港的开放式平台更为频繁，知识共享内容广，知识整合水平比较高，最终平台组织的合作绩效和创新绩效都比较好。

再看轻资产类型平台的编码分析。在快到网车货配载平台中，平台组织的开放度属于完全开放，允许所有的供应商和客户进入平台并且免费使用平台功能。与供应商之间还没有形成长期稳定的合作关系，以松散耦合的关系联结；与客户之间处于主动营销阶段，逐步承接客户的分包业务，逐步开始向长期合作关系发展，目前阶段还是松散耦合关系联结；呈现出高沟通、高承诺和低信任的交互性。由于完全免费开放，主动营销力度增强，从2015 年 2 月开始，无论是供应商、客户的注册量，还是货源发布量都呈现大幅度的增长趋势，快到网也顺利完成从产品原型平台到业务交易平台的转换。快到网处于快速发展时期，与供应商的交流频繁，客户维护渠道广泛，推出新模块使用服务等，知识共享内容广，知识整合力度大，最终表现出比较好的组织创新绩效；公司拥有 20 多个研发团队，功能模块的开发基本自主完成，因此合作绩效一般。

从 56 同城平台的编码分析来看，目前入口战略时期以信息发布为主，业务交易为辅。平台对专线物流企业和客户完全开放，允许所有的供应商和客户免费进入平台，并免费帮助供应商制作微名片进行推广和宣传。以云客服模式与平台用户进行联系，属于离散的弱关系；以地推方式继续吸引供应商和客户进入平台，呈现高沟通的特征；信息发布为主的平台模式容易获得供应商和客户的高信任，与保险和中石化等第三方合作推出高承诺的新模块产品。56 同城平台的入口战略时期已经完美收官，并正在进入增值战略时期，开始主动进行新模块产品的推介和反馈意见收集，知识共享和知识整合程度高，合作绩效一般；利用平台大数据进行知识整合，为供应商建立翔实的信用评价体系，用以推出新服务模块吸引新客户，创新绩效好。

不同类型的平台之间的综合比较分析结果见表 3-12。

表 3-12   不同类型平台之间的综合比较分析

平台类型	关系主体	平台组织的模块化特征				知识转移		组织绩效	
		开放性	功能性	耦合性	交互性	知识共享	知识整合	合作绩效	创新绩效
传化公路港平台	平台与供应商	★★★	★★★	★	★★★	★★★	★★★	★★★	★★★
	平台与客户	★★★	★	★	★★★	★★	★★	★★	★★
苏宁公路港平台	平台与供应商	★	★★★	★	★★★	★★	★★★	★★★	★★★
	平台与客户	★	★★	★★★	★★★	★★★	★★★	★★★	★★★
快到网平台	平台与供应商	★★★	★★★	★★★	★★★	★★★	★★	★★	★★
	平台与客户	★★	★	★★	★★	★	★	★★	★★
56同城平台	平台与供应商	★★★	★★★	★	★★★	★★	★★	★★	★★★
	平台与客户	★★★	★★★	★	★★	★★	★★	★★	★★★

注：表中"★★★"表示程度高；"★★"表示程度一般；"★"表示程度低。

由对传化公路港平台和苏宁物流平台两个全国性的物流园区型的重资产平台的对比分析，以及对快到网车货配载平台和 56 同城专线平台的轻资产平台对比分析可知，平台组织的模块化特征（开放性、功能性、耦合性、交互性）与平台和用户间的知识转移（知识共享和知识整合）、组织绩效（合作绩效、创新绩效）之间存在正向关系，如图 3-1 所示。

3.3.3   模块化对知识转移、平台组织绩效的影响机制优化模型

1. 平台组织的模块化对知识转移的影响分析

在平台组织的模块化网络中，模块设计包括模块内所含的内隐性知识信息和公开的界面标准（青木昌彦，2003）。在传化公路港平台中，平台的准入机制、用户实名认证和会费的标准是一个通用的标准，跟其他的平台组织相比基本一致，这样才能吸引足够多的供应商和客户接入平台接口。但每个平台组织的系统结构都进行了明确的设定，确定了平台组织的构成要素（即传化公路港的六大基本功能模块、3＋2 运营模块和金融模块等）以及各

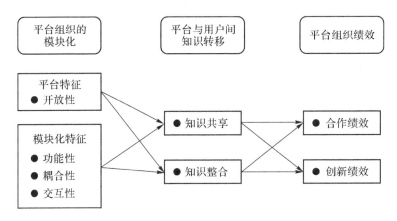

图 3-1　平台组织的模块化对知识转移、组织绩效的影响机制初步分析结果

个不同的功能模块发挥作用的机制。各个功能模块的具体设计方案由每个供应商成员企业自身按照界面标准和"接口"要求自行设计，带有"背对背"竞争的性质。对平台供应商而言，所提供的质优价廉的功能模块就是竞争力所在。

(1)平台开放性对知识转移的影响

在平台模式中，对于用户"边"的定义，是其拥有开放性的特征(陈威如、余卓轩，2013)。传化公路港具有典型的平台特性，开放性是平台的一个明显指标。平台组织要在共性模块和特殊模块之间找到一个平衡。因此，模块化平台规划服务设计要求组织进行结构调整。同时，在服务生产中引入模块化平台是一个挑战(Pekkarinen & Ulkuniemi，2008)。平台模式中的网络效应包括同边网络效应和跨边网络效应。跨边网络效应指，一边用户的规模增长将影响另外一边群体使用该平台所得到的效用(陈威如、余卓轩，2013)。

双边平台的另外一个特征是双边用户的多平台接入(multi-homing)。这也是体现平台开放性的另一个方面。只有基于平台的高度开放性，才有多平台接入的可能。Armstrong(2006)提出了用户的多平台接入问题。对平台而言，双边用户的多平台接入可以更好地扩大知识共享的来源，提高知识整合的效果。对多平台接入的用户来说，平台企业可以成为另外一种增加其业务量的方式。传化公路港平台通过机制体系来过滤用户，属于高度开放的平台，虽设置了一些准入机制，但不是特别严格。其要求供应商进行身份鉴定；供应商之间可以互相监督，看彼此是否有违规行为；客户使用平台后可以进行反馈和打分。高度开放的平台与供应商之间的知识共享和知识整合水平一般，与专用模块供应商之间的交互性比较高，与通用模块供应商之间的交互性较低。平台同时也允许供应商和客户多平台接入，但通过提升平台的品牌效应和服务质量来增加用户黏性，提高合作绩效和服务绩效。

苏宁物流平台则属于低度开放的平台，其正处在逐步对外开放的过程中，目标是在近两到三年内实现高度开放（即对外服务占比90%）。苏宁物流平台对承运商的选择非常严苛，通过招标和考核等多种方式来筛选。平台与供应商之间的知识共享和知识整合水平较高，可以根据平台标准和客户要求不断改进功能模块，提升服务质量。苏宁物流平台的客户是相对比较稳定的合作伙伴，除了服务商"苏宁云商"，其他都是一些长期稳定的客户。基于高信任、高沟通和高承诺的合作关系，平台与客户之间的知识共享和知识整合水平都比较高，可以及时了解客户需求，开发新的功能模块以满足客户的要求，提升合作绩效和创新绩效。

通过手机即可下载快到网平台APP并注册，其属于完全开放的平台。如果用户想要增加权限等级，可提交营运证、身份证等有效证件进行实名注册，增加平台使用权限。完全开放的平台为了吸引更多的平台用户，会利用各种不同的渠道增加与平台用户的交互，因此与供应商和客户之间的知识共享和知识整合水平较高；但供应商之间和客户之间的交互性偏低，知识的共享和整合程度也比较低。完全开放的平台允许供应商和客户多平台接入，同时会通过提升平台的品牌效应和服务质量来增加用户黏性，提高合作绩效和服务绩效。

56同城平台通过地推方式开发用户，开放度很高。一旦进入平台后即采用云客服模式对平台用户进行更新和维护，不断提高用户接入量，基于大数据的采集和分析，形成用户的信用评价体系，并与第三方合作开发有新功能的产品。新产品推出前进行客户的推介和试用反馈，知识共享和知识整合程度高。平台允许供应商和客户多平台接入，但通过平台的口碑效应和价值体现来增加客户满意度，提高合作绩效和服务绩效。

（2）功能性对知识转移的影响

模块化组织的柔性和动态的结构、网络平台的开放信息和企业文化为知识转移奠定了良好的基础，提供了联系渠道、网络平台和推动力。具有双边市场特征的平台模块化组织间交换的信息往往带有很强的不确定性和隐含性，平台与用户尤其是模块供应商之间的交流与合作往往难以通过标准化的界面或接口技术来实现。传化公路港平台具有所有客户所需的通用功能模块，也有根据领先用户需求开发出来的金融模块、线上结算体系等专用功能模块，必要时可以根据客户需求组合使用。

苏宁物流平台中多个功能模块都是自主研发的，比如 2006 年投入使用的 SAP 系统。SAP 系统的集成化是非常强的，跟全部的物流功能捆绑在一起。2012 年苏宁开始自主研发一个系统，叫 OES 系统。这个系统开发出来主要是针对社会开放，是对外服务的。其 2013 年上线，里面包含了一些复合型的模块，如 WMS 系统、智能仓储管理系统，还有配送的 GPS 系统，这些模块独立于其他的系统，有利于更好地开展对外的物流服务。

56 同城平台有 20 多个研发团队，通过前期对司机的调研，开发所有的功能模块，后期将特定功能模块外包。其与第三方合作，邀请了八大保险公司和专线物流企业开产品研讨会，根据平台的特点给整个平台定制一些险种。同时推出增值服务产品，包括互联网保险，规划了 8 个险种，包括物流企业最看重的车险、货运险和承运人责任险。其以最开放性的组织形态打造自由、开放、诚信、公平的综合性物流平台。

（3）耦合性对知识转移的影响

模块化组织架构的标准构件界面连接了分散的模块提供商，使其能够相互协调成为一个松散耦合的组织架构。常常把模块化组织与松散耦合组织等同起来，并且把紧密耦合看成是与松散耦合相对的概念（Sanchez & Mahoney，1996）。松散耦合属于模块化的典型特征，松散耦合的特征有利于模块供应商之间的知识共享和整合。在高信任和高承诺的关系下，经验的分析和客户意见反馈更方便快捷，更容易得到解决。因此，松散耦合的特点有利于平台组织间的知识转移。

在传化公路港平台和苏宁物流平台两个案例中，传化公路港平台的开放度更高，松散耦合的关系更为明显，平台与供应商之间的同行交流、信息交互和基于信任关系的业务合作关系更多。在传化公路港平台组织中，在平台企业与核心模块供应商之间的控制耦合关系中，对于显性知识的交流主要基于松散耦合的弱联系，如信息系统、通信网络、共享数据库等方法；而对于隐性知识的交流，可以通过定期与不定期会议、行业沙龙和讲座等交流平台实现（党兴华、张首魁，2005）。传化作为模块集成商即平台企业处于主导地位，而模块供应商处于被动与从属的位置。双方的信息沟通建立在合同和费用的基础上。这里的合同与耦合规则都是协商谈判的结果。苏宁物流平台相比较而言开放度更低,虽然双边开放但基本上只与合作伙伴合作。尤其是平台与客户之间的合作时间长,客户反馈意见和参与创新比较多,知识共享和知识整合水平更高,紧密耦合关系更明显。

56同城平台旨在通过社交把专线和平台、专线和专线、专线和货主、货主和平台都串联起来。这其中最重要的就是云客服模式,通过畅通有序的沟通把松散耦合状态下的组织架构和关系维护好。

(4)交互性对知识转移的影响

在传化公路港平台组织中,专线运输企业与平台企业是典型的合作伙伴关系,通过招标形式和付费模式成为专线模块的供应商,彼此信任度高;公路港平台设有专门的客户经理对接物流企业,有问题及时反馈并解决,沟通机制顺畅。在公路港平台发展过程中,根据客户需求的变化,逐步开发推出金融服务模块,实现满足用户需求的承诺。在苏宁物流平台中,承运商的选择标准比较严苛,要通过统一招标,中标后还要统一培训和考核等,基于高信任、高沟通和高承诺的良好交互性,有利于后期的知识共享和知识整合。苏宁物流平台与客户之间的知识共享和知识整合的频次也比较高,由于平台处于初步开放过程中,现在合作的客户都是大客户,都是长期合作的关系且比较稳定,相互之间的知识流动比较频繁,有利于提高合作绩效。快到网的营销团队用微信和QQ群、公众号等方式把平台与平台用户的沟通机制建立起来,方便后期的跟进、维护和推广。56同城平台的云客服模式是一种典型的创新模式,基于高沟通和高承诺,建立起与平台用户之间的高信任关系,有利于推出新的功能模块和产品服务,吸引更多的客户进入平台。平台组织的模块化特征对知识转移的影响详见表3-13。

表3-13　平台组织的模块化特征对知识转移的影响引语举例

序号	构想之间的关系	引语举例
1	开放性与知识共享	我们平台对所有用户开放,采用手机注册,全部都是免费的(完全开放),根据后期跟进登记的信息的完善程度(知识共享),逐步开放功能权限。(C-M1-1)
2	开放性与知识整合	平台费用(会费)也是要的。但是很多是免费开放的(高度开放),因为这个主要作用不在于收费……主要需要挖掘数据,在于后面的大数据的获取(知识整合)。(A-M1-5)

续表

序号	构想之间的关系	引语举例
3	功能性与知识共享	第三个阶段我们把信息化的模块主动嵌入进去(模块组合)……只是表达方式的一些改变,最传统的信息化(知识共享)开始起步了。(A-M2-2)
4	功能性与知识整合	代收货款(功能模块)我们也可以的,包括我们在上海谈的飞牛、小麦电视。电视购物的,也是一样,他们只负责卖,后面全给我们(知识整合),干线加最后一公里。(B-M1-2)
3	松散耦合与知识共享	司机的车已经挂靠在物流公司了,他再单独在平台里注册,这样可以吗? 可以的(松散耦合),他和挂靠方也是有合作关系(知识共享)的。(A-M1-6)
4	松散耦合与知识整合	一开始基本模块,如智能停车系统,肯定有的;现在的话,手机普及了,有了手机 GPS 系统。原来有停车场地,现在有修车服务。修车服务还新增了 4S 店模式……增加了轮胎超市、汽修、汽配等模块。除了停车场,其他都是出租给别人来经营的(松散耦合)。柜台上司机自己办理,上面显示物流需求信息,司机增加匹配下单(知识整合)。(A-M1-3)
5	交互性与知识共享	针对某些大型的物流企业,我们有客服经理,上门去和物流企业的经理或者老板进行沟通(沟通),了解他们的需求(知识共享)。(A-M1-3)
6	交互性与知识整合	我们在建德的总部有专门的呼叫中心,负责收集用户的反馈(交互性),以便于改进服务产品和进行客户的维护(知识整合)。(C-M1-2)

2.平台组织与平台用户之间的知识转移分析

(1)平台与模块供应商之间的知识转移

物流模块化平台组织给企业提供了快速发展的时机。企业首先应该根据自身资源能力状况选择合适的类型或层次。比如传化公路港,最初是从企业的配套物流起步的,最初拥有的资源属于基本的技术和原始的资金等初级资源,对外部资源依赖程度很高,需要在模块化组织中被动接受模块规则体系,如定时、定量、低成本地完成一般的功能模块,竞争也比较激烈。通用模块供应商通过核心技术的提升和规模的扩张,可以慢慢地向专业模块供应商转变。专业模块供应商,像苏宁物流,本身可以提供主要的大件运输,已经逐渐转型成为新兴的现代物流服务供应商。通过专注自身品牌优势的构建，敏捷地捕捉市场需求信息，获取社会重要资本的控制权，就可以逐步转化为模块化组织中的"舵手"，即模块集成商，主导设计规则。苏宁物流平台目前主要为苏宁云商服务，但逐步开始转换，最终目标是成为社会化的物流服务平台，依靠平台运管商制定的标准接口实现松散的耦合，与功能模块供应商之间有严苛的准入标准和界面接口，包括对模块供应商资质的审核和交易量等的统计，知识整合包括投标后，对中标企业进行培训和考试，通过后才能成为合格的模块供应商。

（2）平台与客户之间的知识转移（领先用户）

顾客主导型属于服务创新的一种类型。服务创新过程的一个重要特征是顾客参与。在这种创新模式中顾客发挥拉动作用，顾客是创新产品的合作生产者和最终使用者，而服务企业则是根据顾客的需求进行创新，并负责创新的实施与传播。领先用户的概念是由 Eric von Hippel 最先提出的。服务创新的"顾客导向性"就是指有领先需求的客户融入整个创新过程中，推动创新快速发展（陈晓华，2008）。

在传化公路港平台中，对于金融模块、线上结算服务等存在需求的客户在一定程度上推动了服务平台的新模块开发和服务创新，他们属于领先用户。苏宁物流平台的客户包括华润万家、宜家家居、美的家电、创维电器等，其大多属于大客户，本身的需求往往代表了行业的领先水平，具备了参与创新的能力。平台与客户之间的知识共享和知识整合，可以更好地优化平台的功能设置，提高平台的服务水平，进而提高合作绩效和创新绩效。

3. 知识转移对组织绩效的影响分析

第一，平台组织建立了明确的准入机制和用户过滤机制，使得组织中模块供应商能更加有效地创造、合并和转移知识。第二，平台组织中的模块供应商依赖模块集成商的社会资本和平台资源，有利于隐性知识的流动，各个供应商企业中的企业管理者或员工通过行业会议和培训等建立起转移隐性知识的机制。第三，模块化的平台组织建立了促进隐性知识转移的"编码"，即模块的界面标准，逐渐形成知识流动的正规渠道。第四，模块化的组织架构有利于知识的吸收，并促进知识在网络组织中的转移。第五，功能模块本身就是"被浓缩的信息模块"，包含丰富的隐性知识，模块组合和模块匹配本身就是知识流动和转移的过程。

模块化的平台组织中知识转移和流动的过程，包括在外部网络环境与需求信息的作用下，发掘出新的技术知识，通过各种渠道在各模块供应商之间转移和传播，进而实现新的技术知识在平台用户之间的共享和整合。知识转移对组织绩效的影响见表 3-14。

表 3-14　知识转移对组织绩效的影响引语举例

序号	构想之间的关系	引语举例
1	平台与供应商之间的知识共享与合作绩效	现在信息化是一种很好的传播途径（知识共享），像这种手机 APP，司机了解了以后，用习惯了以后，可能会主动加入到平台里，成为一个会员。客户群体也会有一种内部的传播效应（合作绩效）。（A-M2-1）
2	平台与供应商之间的知识整合与合作绩效	会产生一种品牌效应（合作绩效），每到一个地方，一些驾驶员或物流企业就可能会主动地入驻平台（知识共享）。从整个市场运营角度来讲，我们的产品是服务，比较概念化，我们会有一些主动的营销方式（知识整合）。（A-M2-1）
3	平台与客户之间的知识共享与合作绩效	我们建德的营销团队主动跟货主企业（客户）联系（知识共享），承接分包业务（知识整合），增加客户的黏性（合作绩效）。（C-M1-4）
4	平台与客户之间的知识整合与合作绩效	杭州我们有一个华润万家是大件合作（知识共享）。另一个是宜家家居，现在不是要开业了嘛，在乔司那边。我们现在在谈一个全国的配送业务。还有美的热水器，它们在湖州最后一公里的仓储在我们这里（合作绩效）。（B-M1-1）
7	平台与供应商之间的知识共享与创新绩效	这个贷款功能模块是这样的，一些小企业，比如资质比较好的，它主要缺资金嘛，项目好，苏宁根据它的资质贷款和企业评级（知识共享），或者做一些风投给它（创新绩效）。（B-M1-4）
8	平台与供应商之间的知识整合与创新绩效	冷链功能模块一个是我们自己的，主要是易购上，做一些冷鲜，超市在销售的，有的需要这种冷藏的，这是我们自己采购的，另一个是我们的跨境商铺，也是在我们的平台上做的（知识整合），有了冷链功能模块可以大大降低成本（创新绩效）。（B-M1-6）
9	平台与客户之间的知识共享与创新绩效	客户接单后，后面的我们都可以帮他们做（知识共享），包括代收货款（创新绩效）我们也可以。（B-M1-2）
10	平台与客户之间的知识整合与创新绩效	为了更好地帮助货运司机和物流公司控制风险（知识共享），引入货运险（功能模块），可以更好地保障平台用户的利益（创新绩效）。（C-M1-1）

　　基于上述分析，可对图 3-1 的模型进行修正，提出平台与用户间知识转移的几个不同的方面。平台与用户间知识转移的分析通过平台与供应商之间、平台与客户之间的知识共享和知识整合来进行，可以修正得到如图 3-2 所示的优化模型。平台组织的开放度越高，模块化程度越高，平台与供应商之间松散耦合的特征就越明显，知识转移水平越高，创新绩效也更高，合作绩效一般，如传化公路港平台；平台组织开放度越低，模块化程度越高，平台与客户间的交互性越高，知识共享和知识整合水平越高。平台开放性和模块化特征对知识转移影响比较明显。

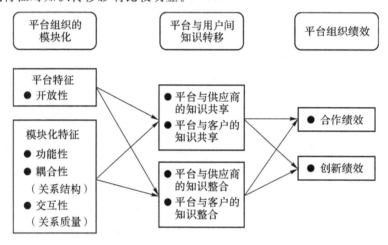

图 3-2　平台组织的模块化、平台与用户间知识转移、
平台组织绩效的影响机制优化模型

3.4　本章小结

　　第一，本章通过多案例研究，分析了平台组织中的模块化特征对知识转移、组织绩效的影响。经过研究和分析，进一步刻画了平台组织的模块化特征，即平台开放性、模块的功能性、耦合性和交互性对知识共享、知识整合的影响，以及知识共享和知识整合对组织合作绩效、创新绩效产生的影响。其中，模块化耦合性特征对知识的共享和知识整合作用不明显。

　　第二，本章对多个案例中的知识转移进行了比较。首先，不同类型的平台中知识转移的程度和表现有差异。相比于重资产平台，轻资产平台的知识转移活动形式更为丰富，知识共享和知识整合的程度也更高，对采集所得的知识和数据的整合效率更高,推出新服务模块产品的速度更快。其次,对于知识转移效果的评价有差异。轻资产平台更注重对于知识转移效果的评价,比如新功能产品的推介发布、新产品的试用和意见收集、大数据采集和分析后进行产品开发转化的程度等,都比重资产平台要高。

第三,通过对两种不同类型、四个不同的平台的模块化特征、知识转移的比较,发现平台的开放性、模块化特征对于知识转移水平和组织创新表现出一定的相关性。模块化特征与知识转移、知识转移与组织绩效、模块化特征与组织绩效的相关性,需要通过大样本统计分析进一步验证。

第4章 模块化特征、知识转移与平台组织绩效:理论模型

通过前面章节的案例研究,可以认识到平台组织的模块化结构对知识转移、组织绩效的影响机制。本章将基于模块化视角对平台组织影响知识转移的内在机理以及两者对组织绩效的影响做理论研究,进一步分析三者的关系和理论分析框架,并提出相应研究假设和实证检验模型,进行实证设计。

4.1 理论分析框架

本章基于前两章案例分析中对于平台组织的模块化结构、知识转移和组织绩效关系的初步认识,从理论层面再进一步剖析。理论分析包括平台组织的模块化结构特征与组织绩效关系、知识转移与组织绩效关系、平台组织模块化结构特征与知识转移的关系以及三者之间的整合关系。以平台组织为研究对象,在考虑模块化特征与组织绩效之间关系的时候,把平台特征的维度也作为一个分析维度来考虑。这里仅选取平台开放性特征来分析。

4.1.1 模块化特征与平台组织绩效

1.模块化与组织创新绩效

现有的研究主要从创新成本优化、顾客满意度等方面对组织模块化与创新绩效的关系进行研究。首先,模块化组织中的服务产品通过模块共享

获得规模经济性(Mikkola & Gassmann,2003)。这一方面可以满足客户多样化的需求;另一方面不额外增加库存和物流成本(Persona,et al.,2007)。其次,模块化组织中的流程模块化可以有效降低协调成本、交易成本和生产成本(Tanriverdi,et al.,2007)。

Sanchez 和 Mahoney 指出,模块化设计范式对组织创新具有重要意义,在模块化结构中标准化的界面降低了组织模块间人为协调的必要,从而使各模块可以独立、自主地解决局部问题。张钢和王宇峰(2012)做了组织模块性、知识基础与创新绩效的实证研究,发现界面规则和创新效率之间的直接效应在 0.05 的水平上显著,这是由于企业各模块之间的界面规则越明晰,模块间需要的沟通就越少,各模块可以并行地进行创新,从而可以极大地提升企业的创新绩效。因此"组织模块性程度越高,其创新绩效越高"的假设得到验证。

模块化流程间界面的内在协调机制,可以大大降低管理成本;模块供应商间流程的相互依赖程度较低,当模块供应商出现机会主义行为时,企业可以同时在多家模块供应商之间进行选择,模块供应商也可以同时为多个客户提供服务,交易成本容易控制(Baldwin,2008)。模块化的组织结构给顾客提供了更加多样化的选择,并可以根据客户需求进行功能匹配和模块组合,提高了使用者最终产品的功能和性能(Schilling,2000),进而提升顾客满意度和创新绩效。

2.模块化与组织合作绩效

模块化就是将一个组织解构成若干小的模块化单位,并在这些模块化单位之间实现关系契约化(Schilling,2000)。模块化组织适用于模块化产品的生产,产品设计的模块化也要求组织设计的模块化(Sanchez & Mahoney,1996)。所有的组织都具有耦合的特征(松散或紧密),系统中的组件很难完全分开或结合,只要是系统就具有"模块性",只是程度不同,模块性较高的系统称为"模块化系统"或模块化组织(Schilling,2000)。

模块化组织具有独立完整的功能,模块一般是封装的。Anand(2007)指出了组织模块化设计的原则:(1)将产品或服务分解为可管理的模块;(2)设计标准的界面,允许不同模块集聚;(3)将非核心功能模块外包;(4)组织设计聚焦于集成和配置由模块供应商提供的模块。组织模块化的典型特点就是由内外部分包商所提供的可分解的产品模块的集成,即功能性(张钢,

2011)。模块化的设计规则有利于促进产业组织优化,降低创新成本,增强企业间合作,提高组织绩效,同时对产业格局的重新分配有重要作用(胡晓鹏,2005)。

3. 平台开放性与组织绩效

当平台运营商寻求利用不同的影响力和开放平台允许他人加入时,平台的演化就开始了。Gawer(2009)认为平台所有者可以允许他人参加。从公司内部到多对一架构,平台可以基于相同的影响力逻辑,逐渐开放界面和标准。对于平台生态系统,平台体现了关于模块化等级的决定,以及界面开放性和信息公开(Richard & Devinney,2005)。平台背景下的系统拥有不同等级的参与开放性。越来越多的学者们意识到了平台开放性的重要性,并发现开放性与模块化的可见性概念相关(Baldwin & Clark,2000)。

Katz 和 Shapiro(1986)研究了开放技术平台的两种不同途径以及这两种途径对创新的不同影响。第一种途径是开放平台入口,以此来为平台周围的补充组件开放市场;另一种途径是放弃对平台的控制。研究发现,平台准确的准入程度和实施效果可以明显提高设备的发展速度。例如,如果操作系统平台所有者放弃控制,新设备的发展速度会呈现正增长。产业证据和理论结果都暗示着通过这两种不同的开放方式,不同经济机制都得到了驱动。创新率和平台所有者的自由之间呈现倒 U 形的关系。

Boudreau(2010)对移动手持设备平台进行了研究,发现了创新和开放平台之间的倒 U 形关系,当互补方之间的竞争进展到一定程度后,平台开放性与创新绩效呈负相关。

4.1.2 模块化特征与知识转移

模块化组织本身具有柔性结构的特征,可以搭建起一个丰富的知识网络。具有模块化特征的平台组织,相当于建立了一个知识网络,它一方面可以及时获取外界环境变化的信息,另一方面可以通过平台进行知识和信息的分享和交流。平台模块化组织中的知识共享的过程本身就是一个组织学习的过程,平台中的企业对合作企业的知识、技术和能力等资源具有依赖性。组织成员之间的知识共享,可以帮助企业扩展知识库,同时提高组织及成员的竞争力和创新力。模块设计师(平台企业或舵手)共享知识可以提高成员企业之间的信任感,增强协作能力,提高网络组织的凝聚力和创造力。

首先,在模块化的组织架构中,企业更容易对现有的知识体系进行分解,并调整知识模块,形成自己的竞争力和特色;其次,模块化组织结构使得知识自由流转成为可能,并基于相似的知识结构更好地转化和整合知识(冯增田等,2013)。

组织结构变量是影响知识转移的一个重要的影响因素。本研究中探讨的模块化就是组织间的一种联结关系,直接影响组织的结构变量。模块化组织具有独立完整的功能,功能与模块一一对应。由于功能的独立性,模块一般是封装的,对知识转移有一定的影响。模块化的组织特征有利于知识的扩展、吸收和整合(余东华,2007),同时它改变了组织知识创新的方式。传统组织主要依赖于组织内部创新,但模块化组织的知识创新不是某子模块个体所能完成的,它需要各子模块之间的协同演进,是一种集成性、系统性的创新。组织结构模块化程度越高,模块内的隐性知识就越独立,相互之间更加需要通过知识转移来提高组织绩效(金中坤、王卿,2010)。

随着模块化程度的加深,企业知识共享和整合内涵的过程会变得越来越简单(冯增田等,2013)。在知识结构和产品模块越来越普遍的情况下,企业可以更加方便地对现有的知识结构进行分解和重组,并根据需要来整合或改变某些知识模块,以利用内隐性的知识模块塑造独立性。

模块化组织间的合作对于有效知识转移非常重要。社会资本理论认为,组织单元之间的联结关系影响着企业的资源获取与合作创新绩效,是企业获取信息和知识资源的重要渠道和方法(Peng & Heath,1996;Tsai & Ghoshal,1998)。交互性维度主要包括信任、沟通、承诺三个方面(Hansen,2002)。信任可以避免投机行为;沟通在企业联盟中非常重要,通过它可以获得对方企业各方面的信息,是伙伴关系活力的源泉(Mohr & Spekman,1994);承诺依托技术进步和知识整合,提高企业间知识转移的效果(Dye,2000)。

本研究基于平台组织的模块化特征,探索组织间的这种模块化耦合关系(关系结构)和交互性(关系质量)对知识共享和知识整合的作用机制,探索如何提高知识转移效果和组织绩效。

4.1.3　知识转移与平台组织绩效

对于绩效的衡量指标,很多学者都有不同的研究。不同的测量绩效方法,比如主观或客观方法、金融或非金融方法,都被用于企业绩效研究中(Vij

& Bedi,2012)。主观的绩效测量方法比客观绩效测量方法受欢迎,因为企业往往不愿意提供客观的金融数据,这些数据是不对外公开的,这就影响了对财务数据的精确判断(Covin & Slevin,1989)。Dess 和 Robinson(1984)发现用主观绩效测量方法测量出的数值与公司实际运行过程中的销售增长量是一致的。Sveiby(1997)和 Bontis(2000)提出了衡量企业绩效的三个指标,包括财务绩效、创新能力和运营绩效。在本书的研究中,基于前期研究的成果,结合模块化组织的特点,采用创新绩效和合作绩效这两个指标来表示。

在实证研究方面,Shenkar 和 Li(1999)根据跨国公司在越南的调查数据,对在越南的子公司与国外母公司间的知识转移与企业绩效之间的关系进行了实证研究,验证了两者之间的正相关关系。Murry 和 Chao(2005)也证实了知识获取与企业绩效之间的正相关关系。Noman(2004)对高科技战略联盟企业之间的知识获取、知识流失和满意度进行了研究,认为参与联盟的企业的知识获取与满意度之间正相关。已有的研究结果表明,企业间的知识转移对企业创新绩效有正向影响作用。

有学者认为知识转移与平台组织绩效之间是非线性的关系(Gomes & Ramaswarny,1999)。Kotabe 等人(2003)在研究美国制药企业的跨国知识转移时发现,企业的创新绩效与跨国知识转移间呈倒 U 形关系,即中低水平的跨国知识转移使企业创新绩效得到提高,但是当水平较高时,创新绩效出现边际递减效应。如果已经共享的知识未得到及时更新,创新能力会受到影响,进而影响创新绩效(Gersick & Hackman,1990)。

已有文献表明,主体间的知识转移可以通过节约产品开发成本和时间的方式来实现组织合作绩效的提升(Bobrow & Whalen,2002;Brown & Duguid,2000)。合作绩效的测量比较困难(Zollo,Reuer & Singh,2002),模块化组织中的企业合作也是如此。合作是企业相互联系的重要方式之一(Bae & Gargiulo,2004),竞争力也是重要指标(Simonin,1997;Zollo,Reuer& Singh,2002)。知识转移与合作绩效的相互作用已经引起很多学者的关注。Dyer 和 Singh(1998)提出,稳定的合作关系有利于形成相似的知识分享习惯,进而提高合作绩效。Reagans 和 Uckerman(2001)通过对网络架构中组织绩效的影响因素的分析,指出知识共享的重要性。Ingram 和 Roberts(2000)分析了旅馆企业的管理者之间的知识密集网络与企业的经营绩效的关系,认为管理者之间的密集网络促进了知识转移与共享。

4.1.4　模块化特征、知识转移与平台组织绩效

平台组织与领先用户的交流可以帮助平台企业获得改进服务的思维和服务概念雏形(Hippel,2005)。外部知识获取主要表现在市场信息、行业动态和业务信息方面。

首先,物流平台中的企业可以将获取的新客户需求、新行业技术、新竞争格局等行业外部信息,经过知识吸收和知识整合,转换为企业内部的新知识,并应用到新的模块开发和新项目中。平台服务模块化创新活动中所创造的知识可以划分为架构知识和模块知识两类(Henderson & Clark,1990)。架构知识主要描述物流服务模块化系统由哪些功能模块组成,有哪些模块供应商,模块之间如何连接和交流。架构知识创造模块化的设计规则,有了预先明确规定的架构知识,模块知识属于各个模块的"隐性知识"。对于物流平台中的企业来说,架构知识可以帮助企业向模块化的模式转变,在物流服务产业网络中扮演舵手企业的角色,制定和主导设计规则(Jacobides,2005)。

其次,物流平台中的企业在发现新的发展时机时,可以通过企业间合作和知识共享等方式获取现有的信息和知识,加快服务开发的进程,提高服务创新绩效,并解决创新中的关键性问题(Smith, et al. ,2005)。

再次,物流服务模块化平台的知识整合包括平台组织内部和平台组织外部两部分。在平台组织内部,"业务流程重组"是一种企业内部资源重构的典型形式(Allen,1994)。平台组织外部的知识整合主要表现在,行业大环境的变革带来行业发展模式的变革,一旦平台组织发现一种新兴的服务模块有潜在价值,就可以通过将其与自身原有的知识进行整合,提升服务功能,这样的知识整合往往会催生出新的物流服务模块,带来平台服务绩效的提升。

模块化的设计规则给使用者最大的选择空间,可以通过自由组合模块来提高服务质量,保证企业的经济效益。(Sanchez & Mahoney,1996;Cooper,1999)。Tanriverdi 等(2007)认为,模块化设计有利于降低成本。标准化界面的存在,使得管理的成本大大降低。模块的独立性导致相互之间的依赖程度降低,可以根据成本切换供应商,交易成本比较稳定(Baldwin,2008)。表 4-1 和表 4-2 列出了与本研究分析框架相似的文献,以及核心文献的来源和出版时间。

表 4-1　与本研究分析框架相似的文献及其构想

作者	文献标题	分析框架与构想测量			文献来源	发表年份
		解释变量	中介变量	被解释变量		
王晓辉	模块化价值网络中知识转移对企业营销绩效的影响研究	模块价值网络 ▲网络中心性 ▲网络中间性 ▲网络规模 ▲关系质量 ▲关系强度 ▲关系稳定性	知识转移 ▲认知 ▲获取 ▲吸收	企业营销绩效 ▲财务绩效 ▲市场绩效 ▲创新绩效	山东大学博士学位论文	2010
冯增田，郝斌，俞珊	模块化、吸收能力与企业创新绩效关系实证研究	模块化 ▲耦合度 ▲界面标准 ▲依赖关系	知识吸收能力 ▲员工交流 ▲定期沟通 ▲分工明确	创新绩效 ▲开发速度 ▲新产品数量 ▲新技术比重	南京理工大学学报	2013
金中坤，王卿	模块化组织间隐性知识流动影响因素的实证研究	模块化程度 ▲文化距离 ▲交流技术水平 ▲交互记忆水平	组织规模	知识共享水平 知识内隐性	情报杂志	2010
冯增田，郝斌	模块化对产品创新影响的实证研究——组织学习和关系网络的调节效应	模块化 ▲模块化设计	组织学习 （调节变量） ▲探索性学习 ▲开发性学习	产品创新 ▲模块创新 ▲架构创新	技术经济	2014
戴勇，朱桂龙，肖丁丁	内部社会资本、知识流动与创新——基于省级技术中心企业的实证研究	社会资本 ▲结构 ▲关系 ▲资本	知识流动 ▲知识整合 ▲知识分享	创新绩效 ▲新产品利润 ▲专利数 ▲新产品产值	科学学研究	2011
余东华，芮明杰	基于模块化网络组织的知识流动研究	模块化组织 ▲结构扁平化 ▲边界模块化	知识流动 ▲知识吸收 ▲知识整合	知识流动绩效	南开管理评论	2007
L. HU，A. E. RANDEL	Knowledge Sharing in Teams：Social Capital，Extrinsic Incentives， and Team Innovation	社会资本 ▲结构 ▲关系 ▲资本	知识共享 ▲显性知识共享 ▲隐性知识共享	团队创新绩效 ▲创新产品数量 ▲创新产品质量 ▲团队技术绩效 ▲团队响应能力	Group & Organization Management	2014

表 4-2 核心文献的来源和出版时间

作者	篇名	来源	出版时间
穆 胜	模块化组织中知识共享对议价能力和运营绩效的影响机制研究	重庆大学博士学位论文	2013
R. Sanchez, J. T. Mahoney	Modularity, flexibility, and knowledge management in product and organization design	*Strategic Management Journal*	1996
王晓辉	模块化价值网络中知识转移对企业营销绩效的影响研究	山东大学博士学位论文	2010
冯增田、郝斌、俞珊	模块化、吸收能力与企业创新绩效关系实证研究	南京理工大学学报	2013
林娟娟	服务业模块化组织中的知识流动研究	山东经济学院硕士学位论文	2010
章垚鹏	组织模块化与交互记忆对知识共享的影响研究	浙江大学硕士学位论文	2008
王 卿	模块化组织隐性知识流动的机理与障碍研究	南京师范大学硕士学位论文	2005
杨 玲	科技传播——基于模块化和知识流视角	东南大学硕士学位论文	2010
余东华、芮明杰	基于模块化网络组织的知识流动研究	南开管理评论	2007
盛 革	模块化价值网及其知识管理研究	外国经济与管理	2009
金中坤、王卿	模块化组织间隐性知识流动影响因素的实证研究	情报杂志	2010
S. Pekkarinen, P. Ulkuniemi	Modularity in developing business services by platform approach	*The International Journal of Logistics Management*	2008
Henderson RM, Clark KB	Architectural innovation: The reconfiguration of existing product technologies and the failure of established firms	*Administrative Science Quarterly*	1990
方智勇、张荣耀	基于服务模块化的服务型供应链研究	物流工程与管理	2013
李新宁、吴春旭、李兆琼	第三方物流与第四方物流知识共享激励机制研究	科技管理研究	2008

表 4-1 中第一篇是博士学位论文《模块化价值网络中知识转移对企业营销绩效的影响研究》,其主要的理论框架是"模块化价值网络—知识转移—企业营销绩效"(如图 4-1 所示)。

这篇博士学位论文从模块化价值网络的网络结构特征和网络关系特征两个维度来描述模块化价值网络,以网络中心性、网络中间性、网络规模作为网络结构特征的测量构面,以关系质量、关系强度和关系稳定性作为网络

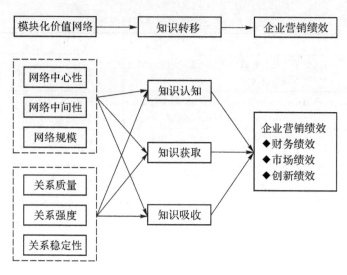

图 4-1　论文研究框架

资料来源：王晓辉（2010）

关系特征的测量构面，以财务绩效、市场绩效和创新绩效作为企业营销绩效的测量构面，并基于"结构—关系"的网络分析方法，衡量模块化价值网络特征对于知识转移中知识认知、知识获取和知识吸收三个阶段的影响。通过知识转移，模块化价值网络中不同层次的模块成员企业之间有效实现了"知识认知—知识获取—知识吸收"这一完整的过程，促进了外部知识的获取和内部知识的流动和创新，使知识在使用中实现价值，提高了企业的动态环境适应性和核心能力，并最终实现企业良好的战略营销业绩。

该文从模块化的全新视角来研究知识转移对企业绩效的影响，有一定的研究价值和意义，但在构想测量上存在一些问题。首先，其模块化价值网络的测量构面并没有突出模块化的典型特征，仅仅从网络特征来测量，略显简单且不够全面，缺乏代表性；其次，其在营销绩效测量中某些题项的设计有些简单，与"组织绩效"没有做明显的区分。

4.2　理论假设的提出

基于前面的理论分析，组织结构特征对于知识转移和组织绩效的影响作用很大。因此，本书借鉴平台组织的产品平台流派，基于模块化的理论基础，将平台组织的模块特征归纳为功能性、耦合性、交互性以及平台开放性四个维度。本书中知识转移的变量因子为知识共享和知识整合。

知识共享（knowledge sharing）是发生在人与人之间的行为（Ryu, et al.，2003），包含了对新知识的供给和需求。Nonaka 和 Takeuchi（1991）指出，知识共享是知识转移的关键程序。在组织间层面的知识共享主要包括个体层面的知识交换。知识共享是指知识共享的过程，即组织学习的过程，基于对其他成员企业的知识、技术、信息等资源的依赖，通过知识共享，成员企业可以在吸收和利用新知识的同时，提高本企业的学习能力和创新能力。

知识整合是以创新为目标，充分运用各种有效的知识共享和融合的手段，将组织内部和外部各种不同来源的知识创造性地整合在一起，开发出新产品（张喜征，2005）。Huang 和 Newell（2003）强调知识的吸收和应用是知识整合内涵的重要活动。知识转移不仅仅是转移知识的过程，它还需要掌握额外的知识，比如如何进行知识转移的知识，即知识整合。如果没有使用恰当的知识传递方法，那么知识输出方向接收方传递的知识就可能缺失或不真实客观，其中的知识转移过程涉及的关键步骤就是知识整合。整合指的是一个组织所具有的提出和优化有利于整合现有知识的能力，以及吸收和转换新知识的能力（Zahra & George，2002）。知识整合可以是简单地对知识进行增减，也可以是对同一知识进行不同视角的解释。知识整合也被视为是知识的转化或解析。

关于组织绩效测量的指标，很多学者都有不同的研究。Globerson（1985）指出，组织绩效系统应当包括筛选可衡量指标、每个指标的绩效标准、测量每个指标的方式、将实际绩效与标准进行比较的过程以及处理实际绩效与预期绩效之间差异的步骤。在本书的研究中，基于前期研究的成果，结合模块化组织的特点和从易于采集和统计的方面考虑，组织绩效的指标采用创新绩效和合作绩效。

4.2.1 模块化与平台组织绩效的关系假设

1.模块化的功能性与组织绩效关系假设

Sundbo（1994）以丹麦服务企业为研究对象，详细分析了服务模块化的行为，认为通过把模块化引入服务流程设计过程，有利于进行服务创新。Sanchez（1999）指出，企业采取模块化产品架构和流程有利于更好地管理过

4.2.2　知识转移与组织绩效的关系假设

1. 知识共享与知识整合关系假设

知识共享是一种批判性的方法，通过这种方法，职员能够达到提高自我隐性知识与显性知识的目的，并将知识应用于创新能力，最终提升企业竞争力。

Demsetz(1991)认为，通过知识共享有效获取知识、进行知识运用，是将新知识与原有知识结合在一起的过程，就是知识整合。Kout 和 Zander (1992)指出，知识整合就是发掘具有潜力的知识的能力，整合渠道包括共享文化和经验、在进行数据分析后进行整合等。杨学勤和林凤（2006）提出知识整合就是对不同类型的知识进行梳理和吸收，利用整合归类分散的知识体系，优化自身的知识架构。Grant(1996)指出，组织间知识整合与组织间合作的紧密程度有关，合作越紧密，知识共享程度越高，知识整合效果越好。

知识整合的效果跟知识共享程度密切相关。组织成员的知识背景、经验、企业文化、人员互动等因素决定了知识共享的速度，最终影响知识整合的效率(陈力,2006)。

由此提出假设如下。

H9：知识共享对知识整合有正的显著影响。

2. 知识共享、知识整合与创新绩效关系假设

知识共享与组织绩效息息相关，不同维度的知识共享对业绩的影响不同。偶然的因素，比如活动的集合、结构性的调整及高层管理特性，都会影响知识共享及企业绩效的关系。Glazer(1991)认为，合作是组织间最重要的交互关系，企业通过学习、经验分享和咨询等方式获取新的知识，更新自身知识体系，扩展知识网络，进而提高组织创新绩效。知识共享与企业绩效之间有必然的联系，因此企业需要利用知识共享的优点进行整合创新 (Hoffman,et al.，2005)。在企业联盟中显性知识的流动和共享过程，可以帮助企业提高知识吸收能力，从而促进企业的内部创新。成功的知识转换要求具有强烈的接受动机，只有这样，知识寻求者与知识接受者才能心无芥蒂地共享知识。动机因素与知识共享都是影响企业绩效的主要因素 (Akram & Bokhari，2012)。Weber 和 Christiana(2007)以德国的风投企业

作为研究对象,对风投企业与成员企业之间的知识转移进行分析,发现总部与成员企业之间的知识转移有利于提高总部的经济效益,并可以带来战略性的根本性创新。

由此提出假设如下。

H10:知识共享对平台组织创新绩效有正的显著影响。

H11:知识整合对平台组织创新绩效有正的显著影响。

3.知识共享、知识整合与合作绩效关系假设

Dhanaraj 等人(2004)研究了在合资企业中知识转移对企业绩效的正向影响。Kougt(1988)认为,知识转移可以通过企业间的稳定合作来实现,知识转移的绩效越高,企业的竞争力也越强,合作关系越稳定。因此,知识共享和知识整合程度的提升可以有效提高合作绩效。Iansiti 和 Clark(1994)认为,知识整合是通过企业间的相互合作和交流,基于原有的知识架构,对新流入的知识源进行梳理和整合,并将新知识应用到项目当中,提高项目执行效率,因此,组织间的知识整合将会影响合作开发的新产品绩效。

Dyer 和 Singh(1998)认为,企业间的长期稳定合作有利于形成良好的知识共享惯例,也有利于知识的流动和吸收,进而减少合作冲突,提高互动效率和合作绩效。Reagans 和 Uckerman(2001)研究了网络结构中知识共享和知识转移对组织绩效的重要性。

由此提出假设如下。

H12:知识共享对平台组织合作绩效有正的显著影响。

H13:知识整合对平台组织合作绩效有正的显著影响。

4.2.3　知识转移对平台组织模块化与组织绩效的中介作用假设

1.知识共享对平台组织模块化与组织绩效的中介作用假设

平台的组织流派理论提出,平台是可以储存知识和能力的组织架构。平台越开放,可以吸收和共享的知识和信息就越多。这个流派是建立在核心竞争力(Prahalad & Hamel,1990)、组织知识(Kogut & Zander,1992)和动态能力(Eisenhardt & Martin,2000; Teece,et al.,1997)的文献之上的。

平台所有者可以同时改变影响力逻辑和架构开放,意味着从架构开放性的一个阶层演进到另一个阶层并不需要在同一个影响力的逻辑范围

内。例如，内部平台可以通过知识的共享将创新传递到另一个平台，这里包括开放界面和标准，并且包括了创新引导的影响力。产品平台定义是"一组产品共享的资产的集合"。这些资产包括组件、流程、知识、人，以及它们之间的关系（Robertson & Ulrich,1998）。平台定义中本身就包含了知识的元素，平台开放性越高，其间的知识网络也就越大，越有利于知识的扩展和共享。

由此提出假设如下。

H14：平台组织模块化的开放性对组织间的知识共享有正向作用。

模块化组织的功能性越强，越有利于组织间的知识共享（金中坤、王卿，2010）。平台模块化组织的功能性越强，各个功能模块的独立性越强，响应度就越强，各个模块之间松散耦合，依赖关系稳定，有利于平台组织的有序运行，也有利于促进知识的传递和共享。要想实现知识在模块化组织中的顺畅流动，就要求各组织模块职责明确，并且模块间能实现完全的功能匹配。一旦知识在平台模块化组织中流通不畅，整个平台就会陷入"模块化陷阱"和"路径依赖"中，关键功能模块和服务环节的运行就会出现问题。对于平台模块化组织的扁平化柔性结构来说，各个服务模块之间分工明确，能各自满足客户的需求。当客户需求发生变化时，可以通过对关键模块的调整，并进行模块组织来满足客户需求。模块化的功能性对知识共享有正向作用。

由此提出假设如下。

H15：平台组织模块化的功能性对组织间的知识共享有正向作用。

从模块化组织的视角来看，企业间的关系是一种模块之间的耦合关系（张首魁、党兴华，2005）。模块化组织的耦合性是衡量模块化程度第一个重要指标。当模块间呈现强烈的相互连接或依赖时，模块间是高耦合（Stevens,et al.,1974）或紧密耦合的；否则，模块间就是低耦合或松散耦合的。

关于模块单元之间的强弱关系对知识转移的影响的讨论，最早是基于Granoverrerd 的研究，他指出松散的关系更有利于知识转移。松散的弱关系由于不经常联系，反而更容易获得比较新的、有价值的信息。相反，紧密的关系（强关系）则容易产生重复信息。由于相似的组织背景使得知识和信息的交流比较频繁，知识重叠性比较高，对于高绩效的平台组织来说，需要保持内部的强联结和外部模块单元之间的弱联结。松散耦合关系更有利于模块单元之间进行知识共享，分享一些新信息和知识。

由此提出假设如下。

H16：平台组织模块化的耦合性对组织间的知识共享有负向作用。

模块化组织间的交互性的维度主要包括信任、沟通、承诺三个方面。Anderson 等在合作伙伴关系模型中将沟通、信任、合作作为主要变量。信任是组织间知识转移与知识共享的基础。建立在高信任关系上的企业之间的知识交互更加频繁，也更愿意接受和吸纳他人的知识，降低知识转移的成本（Aulakh，1996）。

信任在企业间的知识共享中起着巨大的作用（2008；Renzl，2008；Staples & Webster，2008；Holste & Fields，2010）。在企业间的知识共享与知识迁移中，信任扮演着先导的角色（Holste & Fields，2010）。个人的态度以及共享知识的倾向性都是影响知识共享的主要因素（Chatzoglou & Vraimaki，2009）。信任通过企业文化及关系影响知识共享，并扮演重要的先导角色（McNeish & Mann，2010）。Kim 和 Lee（2006）发现绩效奖励体系、集中管理以及社会关系网都是可变量，这些可变量影响着公众或私人企业的知识共享能力。

组织间知识转移的前提是合作，显性知识包括经营理念、服务水平、整合能力、企业刊物等的转移通过组织间交互得以实现。通过企业间的合作共享知识，相应地也能提高组织的新功能模块开发能力，提高组织绩效（Powell，1987）。基于高信任关系的合作属于组织间交互的一个重要体现，可见模块单元之间的合作过程本身就是一种知识共享的过程，有利于提高工作经验和水平（Dyer & Singh，1998）。同时，通过合作也可以共同开发新知识和新产品。组织间合作可以促进学习、知识共享、创造创新（Kogut & Zander，1992）。Day 和 Dougherty（1998）认为，组织与合作企业之间的知识共享和技术转移可以有效帮助企业创新。Glazer（1991）认为，组织间的合作可以通过有效沟通获取合作伙伴的知识，通过知识分享来更新自身知识库并提高组织的内部创新能力。

沟通对信任和合作具有显著的作用（Anderson，2002）。在平台组织中，平台企业和用户企业处在一个动态的双向沟通的过程中，沟通是组织间知识转移的主要方法。组织间的沟通渠道越畅通，信任度越高，合作意愿就越强，越有利于组织间的知识转移。

承诺是资源交易过程中双方相互依赖的一个重要基础。研究表明，基于资源和能力的承诺是交互性的重要维度；承诺与信任也相互影响。承诺促进企业进行知识、技术和人员的专项投资，并基于高信任关系，促进与合作企业的有效知识转移和创新。日本企业通过持续关系专用性投资承诺，获得了更低的交易成本和更高的联盟价值（Dyer，2000）。

由此提出假设如下。

H17：平台组织模块化的交互性对组织间的知识共享有正向作用。

2. 知识整合对平台组织模块化与组织绩效的中介作用假设

《平台战略》一书将安卓系统与苹果系统进行了比较，发现开放程度更高的安卓系统可以更好地利用用户之间的知识共享，通过知识的吸收和整合开发新的功能模块，实现创新（陈威如、余卓轩，2013）。

开放性是价值链的聚合和分解，以及产业背景下第三方供应商的参与（Jacobides，et al.，2006）。这种平台架构概念的逐渐开放与 Gawer 和 Cusumano（2014）的对内在和外在平台概念相吻合。当平台供应方限制放开时，平台架构可以是半开放的（Eisenmann，et al.，2009）。产品族流派中包含多对一开放性，Gawer（2009）把多对一开放性定义为，在"供应链平台"中当平台的供应方向第三方参与者开放时，知识的流动便开始了，这种多对一的架构就会出现，知识的吸收和整合也随之产生。

由此提出假设如下。

H18：平台组织的开放性对组织间的知识整合有正向作用。

模块化组织的结构维度对知识整合同样有影响。Grant（1996）强调工作内容的结构化和模块化程度对有效的知识整合的重要性。Volberda 等（1999）则认为，组织结构设计应该与企业的知识整合能力相匹配。平台组织的双边用户之间的相互联系和互动为知识的开发和获取创造了条件。用户在知识共享的过程中可以不断学到新知识，并与已有知识进行整合。（Henderson & Cockburn，1994）。虽然平台提供信息共享服务，但由于自身资源和能力的限制，加上信息不对称等外部原因，平台组织中的模块单元之间的知识交互和整合就显得尤为重要。模块化的界面接口有利于整合前期的共享知识，以利于部门后期优化功能模块和服务属性。

由此提出假设如下。

H19：平台组织模块化的功能性对组织间的知识整合有正向作用。

紧密的联结关系使得知识转移更加频繁（Hansen，1999），松散的弱联系有利于获得新知识和新的信息(Hansen，1999)。具有模块化特征的平台组织要保持高绩效必须交互使用强弱联结关系，平台组织中的模块单元之间保持一定的紧密耦合关系，有利于知识整合；与平台组织外部单元保持松散耦合的弱关系(周密、赵文红、姚小涛，2007)，有利于知识共享。

由此提出假设如下。

H20：平台组织模块化的耦合性对组织间的知识整合有正向作用。

已有的研究表明模块单元之间的信任关系使得交互性更强，有利于知识的整合。信任可以使得知识转移的主体更乐意接受改变，可提高彼此之间信息和知识交流的及时性和准确度(Zand，1972)。不信任关系是知识转移的障碍，验证了其对知识转移的消极作用(Szulanski，1996)。基于已有的信任关系，可以有效降低信息过滤和筛选的成本，更有效地吸收和整合他人的知识(Tsai & Ghosha，1998；Mayer，Davis，& Schorman，1995)。

组织间的沟通渠道越畅通，信任关系越好，合作意愿更强，有利于组织间的知识转移。承诺是交互性的重要维度；承诺可以提高对于资源和人员的专项投入，促进与高信任关系合作企业的有效知识转移。

在物流平台组织中，合作是平台企业与各个模块供应商交互的基础，一方面平台企业通过了解供应商的资源和能力，结合平台的服务理念设计合理的功能模块，选择合适的模块供应商；另一方面，在服务过程中，根据客户的反馈提高功能模块的服务水平。在整个知识整合的过程中，交互性起到关键作用。

由此提出假设如下。

H21：平台组织模块化的交互性对组织间的知识整合有正向作用。

4.2.4　理论模型构建

基于理论分析框架和理论假设推导，本书实证概念模型如图4-2所示。

4.3　变量测量

本节分别对理论框架模型中的解释变量、中介变量、被解释变量和控制变量的测度题项进行分析和测量。

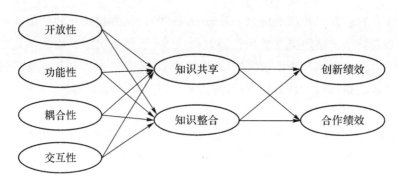

图 4-2　基本理论框架模型

4.3.1　解释变量——平台组织模块化

1. 平台开放性

平台组织的开放性特征作为一个影响因素来考虑，平台组织具有不同等级的开放性。学者们意识到了平台开放性的重要性，并将其记录到论文里（Boudreau，2010；Eisenmann，Parker & van Alstyne，2009；Gawer & Cusumano，2002；Gawer & Henderson，2007；West，2003）。在这里，开放性与模块化理论的可见性概念相关（Baldwin & Clark，2000），研究开放性的时候往往会考虑到提供功能模块组件的第三方供应商的参与。价值链上的第三方供应商的参与程度决定了开放性（Jacobides，et al.，2006）。典型的平台组织不完全由内在关系组成，也存在与供应商、竞争者和客户间的一对多、多对一以及多对多的开放关系架构。

当平台的供应方向第三方参与者开放时，这种多对一的架构便会出现。若平台供应方限制放开，则平台架构可以是半开放的（Eisenmann，et al.，2009）。产品族流派中包含了多对一开放性，并且多对一开放性被 Gawer（2009）定义为"供应链平台"，详见表 4-3。

表 4-3　平台开放性的测度题项

构想	预调编号	调研编号	测度题项	题项来源或依据
开放性	KF1	KF1	所有用户都可以进入平台	Eisenmann, et al.（2009）；Jacobides, et al.（2006）；陈威如、余卓轩（2013）
	KF2	KF2	使用平台需要实名注册	
	KF3	KF3	一个企业可以同时接入多个平台	
	KF4	KF4	同类型的企业进入平台没有任何限制	

2.模块化特征

Sinha 和 van de Ven(2005)提出组织模块化的一个重要特征就是结构扁平化。Mikkola(2006)提出,可以从模块的耦合程度、模块的替换程度以及产品架构的特征这三个方面来设计产品模块性的指标。Worren 等(2002)通过对家电行业的研究,提出用产品功能分解程度、对关键模块进行修改时是否需要重新大改其他相关模块、组件可以被重新使用的程度、组件可以被替换的程度四个指标测量产品的模块性,其量表的 Cronbach's α 系数为 0.64。

Lin(2004)提出贵公司的新产品常采用模块化的设计策略、子系统可以被重新利用、模块可以在不降低整个系统绩效的情况下被互换使用、子系统和模块可以被重新组合、联结子系统之间的界面是标准化的几个条件来测量产品模块性,其量表的 Cronbach's α 系数为 0.89。Sanchez(1999)认为,模块性是指业务流程(功能模块)的松散耦合、成熟和标准化程度,其意味着某流程模块能与企业其他的流程模块相分离,并能独立执行和无功能损失地再组合的程度。Galunic 和 Eisenhardt(2001)认为,组织模块具有独特功能、责任、资源、共同的文化和价值观,可以为创造新的生产实体和适应快速变化的环境而重新加以配置。Helfat 和 Eisenhardt(2004)认为,在模块化的组织结构中,组织单元具有较强的自治能力。组织的整合能力和动态团队构建也是组织模块化的明显特征(Sanchez & Collins,2001;Tu,et al.,2004)。

基于学者的研究成果,同时结合在前面章节的案例研究中以及实地调研中出现的题项,本书使用以下题项来测量平台组织的模块化特征,见表4-4。

表 4-4　模块化特征的测度题项

构想	预调编号	调研编号	测度题项	题项来源或依据
功能性	GN1	GN1	根据客户具体需求设计功能独立的服务模块	Drew(1995);Schleimer,Shulman(2011);Worren,et al.(2002);Storey & Kelly(2001)
	GN2	GN2	平台根据模块化设计规则设计功能模块	
	GN3	GN3	服务模块可以进行相互组合以满足客户需求	

续表

构想	预调编号	调研编号	测度题项	题项来源或依据
耦合性	OH1	OH1	平台中关键服务模块进行调整时不需要对其他模块进行修改	Sanchez(1999)
	OH2	OH2	平台中增加新的服务模块对其他功能模块没有影响	张钢(2006)
	OH3	OH3	可以根据客户需要增减特殊功能模块	
交互性	JH1	JH1	比较容易对服务效果和供应商绩效做出评价	Mikkola(2006);党兴华、张首魁(2005)
	JH2	JH2	可以共享通用的服务模块	
	JH3	JH3	模块单元之间的互动规则得到明确界定	

4.3.2 中介变量——知识转移测量

知识转移是指组织间知识或技术(技能或能力)或组织外围具有价值的大数据的转移(Gupta & Govindarajan,1991)。知识转移是一个主体被另一个主体影响的过程(Argote & Ingram,),这个过程包括个体间知识转移、部门间知识转移、企业间知识转移三个层次(冀明飞,2010)。知识转移一般是知识发送体和知识接受体之间相互交流和交互的过程,并非单向流动。知识共享需要借助不同的渠道来实现(Dixon,2000),进而加以整合和内化。本书对于知识转移的测量维度分知识共享和知识整合。

知识共享是个体与他人分享共同关注的信息、技术、观点和数据等(Bartol & Srivastava,2002),知识共享并不是一个单独的过程,当知识共享发生时,根据知识接收方的差异,必然存在一个知识重构的过程(Hendriks,1999)。知识共享可以看成是相互交换知识的过程,是知识整合的前奏(戴勇、朱桂龙、肖丁丁,2011)。平台组织中的成员通过分享彼此的信息和知识,学习对方的技术和能力。基于模块化的扁平化结构,更有利于知识的共享,最终实现多方共赢。知识共享不仅实现了知识的共享和交换,而且推动了知识创新过程,最终提升了企业的竞争力(孙玥,2007)。而对平台组织整体来说,通过信息和知识的互补共享,彼此的知识结构得到优化,互动关系进一步稳定,进而可提升组织整体绩效。

许多学者利用 Senge 的维度划分进行了实证研究,得到的结果具有很好的测量信度。但他们的量表更加适用于组织内知识转移,不太适用于组织间知识转移。因此本书主要根据 Lee(2001)开发的对于知识共享行为的量表,提出 7 项测量指标,其中 4 个用来测量显性知识共享行为,包括分享报告和文档等显性知识、分享成败的经验和教训、分享行业信息和数据、分享培训技能等;3 个用来测量潜性知识共享行为。宁红英(2010)对供应链上的企业之间的知识转移的有效性从知识转移的广度、密度、速度和交互度四个维度来测量,其中知识共享的测量题项可以参考其中的广度和密度的测量维度,即参与知识共享的人数、范围、渠道、正式沟通的频率、非正式沟通的频率、共同合作开发的频率等六个方面。因此,本研究的问卷基于前人的研究,主要采用宁红英(2010)和 Lee(2001)开发的知识共享的量表,也参考了柯江林、孙健敏、石金涛等(2007)对量表题项的描述,分成知识共享行为的广度、密度和交互度等三个方面,共 9 个测量题项,包括平台发布信息的全面性、参与知识共享的人员数量、对重要知识模块的认知度、非正式沟通的频率、合作开发新服务模块的频率、正式培训和会议的频率、用户反馈机制、用户评价体系和诚信体系、对供应商的培训和考核等方面的内容。

测量项目采用 Likert 五点量表法进行测度,从"非常不同意"到"非常同意",对知识共享的测量维度进行研究。参考郑仁伟、黎士群(2001)的研究,最后形成知识共享的测度指标。各构想的 α 值也显示出理想的信度,详见表 4-5。

表 4-5　知识共享的测量题项

构想	预调编号	调研编号	测度题项	题项来源或依据
知识共享	GX1	GX1	平台发布最新业务信息和行业动态	宁红英(2010);Lee(2001);郑仁伟、黎士群(2001);柯江林、孙健敏、石金涛等(2007)
	GX2	GX2	对平台中服务模块的功能、流程等,平台与用户都很熟悉	
	GX3	GX3	对平台中服务模块的重要性能达成共识	
	GX4	GX4	平台与用户企业员工非正式沟通和交流的机会比较多	
	GX5	GX5	平台用户参加平台企业组织的培训或会议的机会比较多	
	GX6	GX6	平台与用户企业合作开发新的服务模块	
	GX7	GX7	平台有一套完善的用户反馈机制	
	GX8	GX8	平台有健全的用户评价体系和诚信体系	
	GX9	GX9	对供应商有统一的培训和考核	

知识创造是知识转移过程中最关键的。它一般包括信息、知识等资源

的开发创造过程，都需要知识的相互交换和整合两个步骤（Moran & Ghoshal,1996）。知识分享与知识整合自然就成为知识管理中最重要的核心环节。知识整合指转移主体吸收、重构和应用知识的能力（Kogut & Zander,1992）。

Tiwana(2001)开发了包含 4 个测量维度的单维度量表；Smith、Collins 和 Clark(2005)提出了 12 个项目的测量表；柯江林等(2007)提炼出了包含 3 个测量项的量表。从二维度对知识整合进行划分，主要有内部整合与外部整合、知识整合动机和知识整合能力（孙玥,2007）。

目前，对于知识整合的测量学者们还没有形成统一的认知，本研究结合平台组织的结构特征，基于 Tiwana(2001)、孙玥(2007)以及郑梅莲(2008)的成熟量表，采用知识整合的动机和能力两个维度来测度，共 8 个测量项。

三维度方面主要有系统化能力、社会化能力和合作化能力。在这些划分的基础之上，后续学者分别设计了不同的测量量表。虽然对于知识整合的测量，众多学者没有形成统一的测量量表，但目前国内学者在研究知识整合问题时比较普遍使用的是三维度划分，包括社会化能力、系统化能力和合作能力，详见表 4-6。

表 4-6　知识整合的测量题项

构想	预调编号	调研编号	测度题项	题项来源或依据
知识整合	ZH1	ZH1	平台提供的信息和数据可以帮助调整关键的服务模块	Tiwana(2001)；孙玥(2007)；郑梅莲(2008)
	ZH2	ZH2	合作共同开发新服务模块对双方都有利	
	ZH3	ZH3	平台的交易量和客户反馈等数据信息有利于开发新的服务模块	
	ZH4	ZH4	根据客户意见和需求及时开发出新的服务模块	
	ZH5	ZH5	能通过外包或技术合作方式提高服务质量	
	ZH6	ZH6	学到好的经验和技术会应用到新的服务项目中	

在物流服务平台组织中知识转移更多时候属于组织间的。组织间的知识转移形式一般包括两类：一类是在业务往来、合作等过程中无意识产生的知识溢出效应和竞争模仿，这种知识转移的发生具有随机性，不可预期，也无法有效管理。知识溢出属于知识扩散的一种形式，由于知识间存在异质性，故对知识整合能力有一定的要求（宁红英,2010）。在物流业中，由于行业的门槛比较低，各个企业之间的差异并不大，很容易通过获取与学习其他企业的溢出知识以及竞争性模仿实现快速发展，但对于功能模块中最重要

的隐性知识的获取则比较难。另一类是有组织、有规划的学习交流，这一类型的知识转移需要各企业以某种形式紧密地联系起来，在各个功能模块供应商之间的知识流动表现得比较明显。这类知识转移需要通过人员流动、长期合作、培训、系统学习等交互关系才能实现。物流服务平台就是一种战略联盟和创新合作的形式，其知识转移的形式更偏向于第二类。由于知识的隐蔽性和出于自身的考虑，企业比较回避回答类似问题，因此实证数据的采集难度非常大（徐倩，2012）。

4.3.3　被解释变量——组织绩效

Easingwood 和 Storey（1991）从两方面分析金融服务创新绩效：财务指标（成本和利润）和非财务指标（整合能力、市场份额的增长率和销售额增长率）。Drew（1995）指出，新服务开发，绩效测量维度包括开发成功率、盈利水平、市场份额增长率、品牌价值四个方面。Storey 和 Kelly（2001）提出用财务绩效、顾客绩效来衡量新服务开发绩效。Minna 和 Juhani（2013）提出组织创新绩效测量维度包括顾客满意度、领先客户购买额度增长率、顾客数增长率等。

各种不同的绩效测量方法，如主观或客观方法、金融或非金融方法，都被用于企业绩效研究中（Vij & Bedi，2012）。主观的绩效测量方法比客观绩效测量方法受欢迎，因为企业往往不愿意提供客观的金融数据，这些数据是不对外公开的，这就影响了对财务数据的精确判断（Covin & Slevin，1989）。组织绩效的测度题项详见表 4-7。

表 4-7　组织绩效的测度题项

构想	预调编号	调研编号	测度题项	题项来源或依据
创新绩效	CH1	CH1	新服务模块能显著提高顾客满意度	Easingwood & Storey(1991)；Drew(1995)；Avlonitis,et al.(2001)；Storey & Kelly(2001)；Minna & Juhani(2013)；Schleimer,Shulman(2011)
	CH2	CH2	新模块的服务占有较大市场份额	
	CH3	CH3	新服务模块的推出，大大增加了新客户的数量	
	CH4	CH4	新服务模块为客户创造了价值	

续表

构想	预调编号	调研编号	测度题项	题项来源或依据
合作绩效	HZ1	HZ1	新服务模块开发成本大大降低	Simonin(1997); Kougt(1988); 王承哲(2005)
	HZ2	HZ2	新服务模块开发速度更快	
	HZ3	HZ3	新服务模块开发周期更短	
	HZ4	HZ4	新服务模块推出速度快于行业平均水平	

4.3.4 控制变量

平台组织中平台与各个成员单位间知识转移的活动和效果,一般受平台类型、资产属性、行业属性、企业年限等层面的特征影响。本研究通过将调研对象限定为物流行业的服务平台,控制了这些因素。首先,对象同属物流业,平台的运营商、平台供应商和平台客户都以物流企业为主要目标和对象。其次,将平台类型加以区分,可按照不同的属性进行对比分析。比如传化公路港平台和苏宁物流平台同属于物流园区类型的平台组织,重资产类型,组织规模庞大,双边平台特征明显各不相同;56同城平台和专线宝平台都属于轻资产类型的平台组织,组织模块化柔性特征明显,知识转移活动也更加显著和活跃。再次,对于双边平台的供应方和需求方分别进行研究。由于双边平台组织本身具有聚合的效应,物流服务平台组织还比较少,因此通过平台与供应商之间的知识转移、平台与客户之间的知识转移两方面来分析和研究。平台供应商大多为物流企业,平台客户大多为货主企业,平台与双边用户的知识交互并不平衡,因此我们分开进行实证研究后再做对比讨论。

经过分析发现,平台组织的类型对模块化、知识转移和组织绩效的关系有显著的影响,因此把平台类型作为控制变量。

本研究基于案例研究中的两类四个不同的平台类型,选择了重资产类型的两个平台做对比分析。对于轻资产类型,选择了两个不同的平台做两两对比,一个是完全轻资产的,一个是拥有部分实体资产的轻资产平台。在做实证调研分析的时候,设立虚拟变量平台类型作为控制变量。调研问卷回收后,根据受访者所填写的服务平台名称,确定其平台类型。在统计分析中,传化公路港平台赋值为1,苏宁物流平台赋值为2,专线宝平台赋值为3,56同城平台赋值为4,快到网平台赋值为5,快货运平台赋值为6,浙江省中小企业物流信息服务平台赋值为7,其他平台赋值为8。即轻资产程度越高,代表平台类型的虚拟变量值越大。

4.4　预调研分析

为了保证问卷质量，研究设置了预调研的过程。根据预调研的数据因子分析结果，对初始问卷进行修改，获得正式调研问卷。

4.4.1　预调研样本选择、问卷发放与回收

预调研对象为物流服务平台（选取了专线宝平台、快货运平台和物流信息服务平台）、平台供应商（物流企业如传化物流基地入驻企业、八方物流基地内企业和石大路货运市场内的物流企业等）和平台需求方（如苏宁的客户TCL 和创维等）。预调研问卷全部采用直接实地拜访、物流沙龙会议上直接发放的方式取得。每个平台企业发放 5 份问卷，分别选择不同级别的人士填写，最后加权平均。按照等级不同，高层占 40%，中层取平均后占 30%，基层取平均后占 30%，最后得到平台的一份问卷。选择平台的供应商和客户各10 份采集样本问卷，供应商的问卷数比较有效，客户的问卷数回收稍显困难，详见表 4-8。

表 4-8　预调研问卷发放、回收的情况表　　　　单位：份

调研平台	平台问卷数	供应商问卷数	客户问卷数	回收问卷	有效问卷
专线宝平台	5	10	10	23	22
快货运平台	5	10	10	24	23
物流信息平台	5	10	10	23	22
总计	15	30	30	70	67

4.4.2　预调研样本数据分析

进行大样本问卷调研前，通常要先进行预调查，以检验题项的设置是否合理，便于进一步完善量表。本研究将通过预调研发现测量量表中的相关问题，并依据参考文献，制定判断方法和标准，即 Cronbach's α 系数应大于0.7，题项总体的相关系数（CITC）应大于 0.5，将不满足条件的题项删除后重新计算，直到符合标准为止。

通过重测信度法和跨形式信度法对各个题项的信度和相关关系进行分

析，用来完善测量量表。重测信度法就是对相同调研对象采用同一份问卷重复调研，唯一的差别就是时间间隔。跨形式信度法包括访谈后让采访者填写问卷和让被调研对象填写问卷两种方式，详见表 4-9。

表 4-9　各变量预调研信度效度及修正后的信度、效度

预调编号	最终编号	α	CITC	修正后 α	修正后 CITC
开放性		0.656		0.728	
KF1	KF1		0.545		0.566
KF2	KF2		0.637		0.645
KF3			0.324		—
KF4	KF3		0.717		0.737
KF5	KF4		0.453		0.487
功能性		0.782		0.799	
GN1	GN1		0.810		0.831
GN2	GN2		0.803		0.809
GN3	GN3		0.794		0.797
耦合性		0.815		0.832	
OH1	OH1		0.802		0.811
OH2	OH2		0.796		0.833
OH3	OH3		0.785		0.818
交互性		0.799		0.829	
JH1	JH1		0.810		0.833
JH2	JH2		0.804		0.809
JH3	JH3		0.778		0.788
知识共享		0.733		0.758	
GX1	GX1		0.755		0.792
GX2	GX2		0.737		0.750
GX3	GX3		0.748		0.822
GX4	GX4		0.809		0.771
GX5	GX5		0.898		0.828

续表

预调编号	最终编号	α	CITC	修正后 α	修正后 CITC
GX6	GX6		0.765		0.753
GX7	GX7		0.764		0.723
GX8	GX8		0.738		0.762
GX9	GX9		0.729		0.750
知识整合		0.828		0.831	
ZH1	ZH1		0.832		0.857
ZH2	ZH2		0.720		0.798
ZH3	ZH3		0.807		0.718
ZH4	ZH4		0.787		0.787
ZH5	ZH5		0.829		0.848
ZH6	ZH6		0.785		0.849
ZH7	ZH7		0.843		0.893
合作绩效		0.872		0.866	
HZ1	HZ1		0.737		0.856
HZ2	HZ2		0.807		0.748
HZ3	HZ3		0.729		0.793
创新绩效		0.743		0.842	
CX1	CX1		0.889		0.878
CX2	CX2		0.804		0.754
CX3	CX3		0.809		0.818
CX4	CX4		0.747		0.756

由表 4-9 可见,开放性的 α 值为 0.656 略小于 0.7,且这个变量的题项 KF3 的 CITC 系数为 0.324 小于 0.5,依据判定法则,将该题项删除,而后计算出来的 α 值提高到了 0.728,达到了标准,同时,该模块其他题项的 CITC 系数得到了不同程度的提升。其他模块的 α 值和 CITC 值都达到了要求,不需要调整。

对需求方的预调查与供应方采取同样的方法,结果显示各模块均符合要求,因此,未删除任何题项,而预调查的数据也可直接用于正式调查之中。

4.5　数据收集与有效性控制

本研究采取典型调查的方法。典型调查是根据调查目的和要求，在对调查对象进行初步分析的基础上，有意识地选取少数具有代表性的典型单位进行深入细致的调查研究，借以认识同类事物的发展变化规律及本质的一种非全面调查。典型调查要求研究前期搜集大量的第一手资料，分析调查问题的各方面情况，做深入细致的解剖，从中得到管理启示。

4.5.1　样本与调研对象选择

本实证研究的主题是平台组织中的模块化特征对知识转移、组织绩效的影响。物流服务行业比较适合进行模块化服务研究（Pekkarinen ＆ Ulkuniemi，2008）。随着物流业的快速发展，其产业组织结构开始呈现模块化的特点，因此，物流服务平台适合作为主要对象进行研究。区域物流呈集聚与扩散之势，各个模块供应商入驻物流园区和配送中心。浙江省的物流业发展走在全国前列。浙江省内的大型物流平台组织大多覆盖全国，影响力巨大。因此，选择浙江省内的典型物流平台研究具有现实意义。此外，本研究人员在浙江工作，并且近年来参与了大多数的物流行业会议和物流咨询项目，与浙江省内的大型物流企业有较多联系，选择浙江的物流平台和物流企业，具有便利性。从典型性、便利性考虑，大范围调查对象选择了浙江的物流平台和物流企业。

此外，本研究以平台资产类型作为主要的控制变量来对物流服务平台加以区分和对比分析。如传化公路港平台早已是全国闻名的物流服务平台，在全国范围内都有其实体园区，容纳了全国60％以上的公路货运司机和30％以上的物流企业。由于采取复制模式，其在各地的公路港平台虽有不同，但基本架构相似，运营模式相同，选择杭州传化总部进行调研具有典型意义。随着互联网思维的日益发展，"互联网＋物流"模式开始大量涌现，轻资产类型的物流平台如雨后春笋般出现，如快到网、快货运、速派得等，因此，选择具有典型代表性的轻资产物流平台作为研究对象也具有现实意义。另外还有一种平台类型是介于重资产和轻资产之间的，其无法摆脱传统物流的思维，又想借力互联网的力量，如专线宝平台和56同城专线平台等。因此,本研究选择不同资产类型的物流平台作为调研的对象。

由于目前物流服务平台组织数量比较少,本研究通过对平台用户进行数据采集的间接调研方式,调研平台供应商和平台客户,获取调研数据,再根据对从各个典型平台的问卷调研中得到的加权数据,来相互印证研究结果。

物流服务平台作为一种新的物流发展模式,在组织结构上更加扁平化,更加灵活,开发新的服务模块也更加便利。因此,基于以上考虑,本书选择位于浙江省的物流服务平台及其双边用户为调研对象。

4.5.2　问卷发放及回收

问卷发放方式包括上门拜访、委托发放、电话调研和电子邮件。为了保证问卷的填写质量,本研究成立了调研小组,大多以直接拜访为主,了解情况之后和被访者一起完成问卷,尽量保证问卷的有效性。笔者长期在物流行业从事咨询工作,有机会参加各种物流行业会议和协会的年会、沙龙等。2015 年 5 月 6 日的第 22 届物流经理人会议的主题是"互联网＋背景下的物流平台发展模式",笔者刚好有机会参加,因此结识了众多物流平台企业和平台用户企业的经理人,于是当场调研并发放和回收问卷,最后得到了许多高质量的问卷。另外,由于要调研平台用户企业,平台组织也给了笔者很多内部资料,像 56 同城平台和物流信息平台,都把包括平台用户一览表和前期需求调研的结果给了笔者,帮助笔者更好地进行下一步的调研。利用已经掌握的单位资料,本研究也采取了一部分电话访谈。

调研问卷发放对象由三部分组成。第一部分是平台的供应商,这里主要是物流功能模块供应企业,即物流企业。这部分问卷的发放和回收还比较容易。研究者分别到传化物流基地、八方物流基地和石大路的货运市场进行数据采集,很快就完成了公路港平台、苏宁平台、专线宝平台的问卷。根据 56 同城和物流信息平台提供的平台用户信息,研究者通过电子邮件和电话访谈完成了这部分的问卷。通过随机对物流企业和货运司机进行调研,研究者获取了快到网和快货运平台用户的问卷。其他平台部分完成得也比较顺利。通过三种方式共发放问卷 240 份,共回收 195 份,回收率为81.3%。剔除回答不完整以及折中性回答等问卷,有效问卷共 184 份,有效回收率为 76.7%。调研方式以问卷调研和委托方法为主,促成了非常高的回收率。

　　第二部分是平台的客户，即需求方。对传化公路港、苏宁物流平台和物流信息平台的调研完成得比较顺利；跟56同城的地推和云客服一起跟进客户，完成了客户部分的调研；专线宝的客户与笔者之前参与的一个咨询项目的客户重叠，也完成得比较快；快货运和快到网的客户的问卷完成得相对慢一些，因为维护客户的资料库还没有完全形成，只能根据其营销中心提供的一些客户信息一个个跟进访谈，逐块完成调研问卷。通过三种方式共发放问卷240份，共回收187份，回收率为77.9%。剔除回答不完整以及折中心性回答等问卷，有效问卷共180份，有效回收率为75%。调研方式以问卷调研人员跟进调研和电话调研为主，回收率稍差些。

　　第三部分是平台企业的部分，每个平台企业发放10份问卷，最后加权平均后获得平台企业部分的调研问卷。一共发放问卷80份，回收74份，回收率为92.5%。剔除回答不完整以及折中性回答等问卷，有效问卷共68份，有效回收率为85%。问卷调研以面对面访谈后填写和会议上发放后直接回收这两种方式为主，回收率较高。

　　正式调研文件的发放、回收及有效问卷的分布情况如表4-10和表4-11所示。

表 4-10　问卷发放和回收情况(1)

编号	平台名称	性质	发放问卷	回收问卷	有效问卷
1	传化公路港平台	平台供应方	30	29	29
		平台需求方	30	24	20
2	苏宁物流平台	平台供应方	30	25	24
		平台需求方	30	29	28
3	专线宝平台	平台供应方	30	23	22
		平台需求方	30	19	19
4	56同城平台	平台供应方	30	26	23
		平台需求方	30	20	15
5	快到网平台	平台供应方	30	24	23
		平台需求方	30	25	22
6	快货运平台	平台供应方	30	27	25
		平台需求方	30	23	20

编号	平台名称	性质	发放问卷	回收问卷	有效问卷
7	物流信息平台	平台供应方	30	18	16
		平台需求方	30	26	23
8	其他物流平台	平台供应方	30	23	22
		平台需求方	30	25	23
	总计	平台供应方	240	195	184
		平台需求方	240	187	180

表 4-11 问卷发放和回收情况(2)

编号	调研平台	平台属性	平台运营商	平台问卷数	回收问卷	有效问卷
1	传化公路港平台	重资产	物流园区主导型	10	10	10
2	苏宁物流平台	重资产	物流园区主导型	10	10	9
3	专线宝平台	重资产＋轻资产	物流企业主导型	10	8	8
4	56同城平台	重资产＋轻资产	物流信息公司主导型	10	9	8
5	快到网平台	轻资产	网络科技公司主导型	10	9	8
6	快货运平台	轻资产	网络科技公司主导型	10	8	7
7	物流信息平台	轻资产	物流咨询公司主导型	10	10	8
8	其他物流平台			10	10	10
	总计			80	74	68

4.5.3 样本描述性统计分析

样本选择大型物流平台企业和中小型的物流平台企业,通过在发放问卷时控制平台类型来控制受访平台供应商和平台客户类型、企业规模、受访企业成立年限等可能对平台组织与平台用户间知识转移活动造成影响的因素。所选择的重资产物流平台企业都是物流业的领军企业,规模大,成立时间长,影响力广;所选择的轻资产物流平台企业则各有特点,运作模式特点鲜明,是在该领域具有影响力、认可度高的新兴物流企业。

案例研究发现,不同类型平台的模块化特征不同,知识转移的效果也不同,其模块化程度和知识转移需求不同。因此,问卷中设置了填写物流企业使用的平台名称一项,并在回收问卷后,按照平台名称进行分类以了解不同平台的组织特征的异同点。实证研究中按平台类型不同，对回收问卷进行分组。回收问卷的来源分布如表 4-12 所示。

表 4-12　调研问卷来源分布

平台名称	平台供应方问卷数量	占比/%	平台需求方问卷数量	占比/%
传化公路港平台	29	15.8	20	11.8
苏宁物流平台	24	13.0	28	16.5
专线宝平台	22	12.0	19	11.2
56 同城平台	23	12.5	15	8.8
快到网	23	12.5	22	12.9
快货运	25	13.6	20	11.8
物流信息平台	16	8.7	23	13.5
其他物流平台	22	11.9	23	13.5

4.6　本章小结

在前面的模块化特征对知识转移影响的案例分析的基础上，本章构建了平台组织模块化特征对平台组织绩效的影响的实证研究设计方案。

第一，通过基础理论梳理和现有文献比较，确立了包含基于平台理论的模块化结构、知识转移、组织绩效三者的理论分析框架。第二，立足理论分析框架和相关文献综述，提出了包含模块化特征对平台组织绩效影响关系、知识转移对平台组织绩效影响关系、知识分享对知识整合影响关系、知识转移对平台组织模块化与平台组织绩效关系的 18 条假设。第三，基于文献梳理及预调研和分析，明确了平台开放性和模块化特征三维度、知识分享与整合、组织绩效以及控制变量的测量。第四，阐述了正式调研中样本选择、问卷发放与回收的设计，并对回收的样本数据做了初步分析。本章为下一章的实证研究做了充分准备。

第5章 模块化特征、知识转移与平台组织绩效:供应方实证分析

本章主要通过信度和效度检验,验证模块化对平台组织绩效具有正向还是反向的作用,平台开放性对组织创新绩效和组织绩效是正向还是反向作用,以及知识转移的两个维度,即知识共享和知识整合,对模块化特征与平台组织绩效关系是否具有中介作用。

5.1 信度和效度分析

1.信度分析

信度是指问卷的可靠性和稳定性(马文军、潘波,2000),也就是反映实际情况的程度。本研究对量表测量题项的信度、内部一致性、构建信度进行了信度检验。信度分析是用来评价量表的可靠性和稳定性的。量表的信度包括内在信度和外在信度。内在信度分析着重考虑一组评估项目测量的是否是同一个特征,这些项目之间是否具有比较高的内在一致性。外在信度分析是指同一问卷在不同时间对同一对象进行重复测量时,评估结果是否真的具有一致性。外在信度分析包括跨时间的、跨形式的多种信度测量方式。如果两次评估结果具有较强的相关性,那么表明评估结果是可信的(杜强、贾丽艳,2011)。

2.效度分析

效度指测量工具能够准确测量出所要测量的特质的程度。效度主要分为三种类型:内容效度、准则效度和结构效度(黄芳铭,2005)。本书将考察量表的内容效度、准则效度和结构效度。内容效度指测量题项的内容与构想(或构面)的表征是否匹配,本书构建的量表主要来自于相关文献的研究基础,并且在预调研中对部分题项做了微调,所以内容效度上有比较充分的保证。

5.1.1 平台开放性的信度和效度检验

当因子荷载值大于 0.50 时,量表的聚合效度随着因子负荷值增大而增大(Fomell,1981)。本书按照 Anderson 和 Gerbing(1988)的观点,当因子荷载值大于 0.70 时,说明量表具有良好的聚合效度。本书采用 KMO 检验来测算因子分析中变量间的相关矩阵,从而得出变量间的相关程度。根据凯思尔(Kaiser)的观点,各题项是否适合进行因子分析可用 KMO 的大小来判断,当 KMO 值比较大时,表明变量间的共同因子比较多,比较适合进行因子分析。当 KMO 值在 0.9 以上时,非常适合;0.8~0.9,比较适合;0.7~0.79,适合;0.6~0.69,不太适合;0.5~0.59,很勉强;0.5 以下,不适合。本研究主要考察 KMO 是否大于 0.7 这个标准。

这里对平台的供应方(即平台服务模块的提供者)开展调研。平台开放性包括 4 个测量的题项,对这些题项做 KMO 样本测度,得出 KMO 值为 0.745,大于 0.7,因此,平台开放性适合做因子分析。对其做因子分析,得到 1 个特征值大于 1 的因子,与问卷中的开放性部分相对应,这个因子的方差贡献率达到了 63.2%,说明开放性的测量结构效度比较好,并且得出的各因子的载荷系数都大于 0.5,因此,开放性的测量聚合度较高,详见表 5-1。

表 5-1 开放性的各题项因子载荷

题项	因子载荷系数	KMO 值
KF1	0.719	
KF2	0.797	0.745
KF3	0.604	
KF4	0.843	

　　本研究首先对每个评估项目做简单的描述性统计，计算每个项目的相关系数，对内在信度进行初步分析；然后采用各种信度分析系数对内在信度做进一步的研究（张虎、田茂峰，2007）。Cronbach's α 系数主要用于测度量表内部的一致性，而且 Cronbach's α 系数克服了折半信度的缺点，因此采用 Cronbach's α 系数进行检验。一般而言，一份调查问卷至少应该具有 0.7 以上的信度系数值，才比较具有使用价值。一个调查问卷的信度愈高，量表愈稳定。

　　由表 5-2 可知，开放性各个指标题项的总体相关系数（CITC）均大于 0.35，同时变量的 Cronbach's α 系数为 0.743，大于 0.7，因此开放性模块的量表题项之间具有良好的内部一致性。

表 5-2　开放性各变量的信度分析

题项	题项—总体相关系数（CITC）	Cronbach's α 系数
KF1	0.712	
KF2	0.766	
KF3	0.734	0.743
KF4	0.771	

5.1.2　模块化特征的信度和效度检验

1. 模块化功能性的信度和效度检验

　　对于平台的供应方来说，模块化特征的信度和效度越高，其接入平台的标准接口越容易设计，提供标准化的服务也越方便。因此，对各个模块的模块化特征做因子分析，可提高其结构效度。模块化的功能性包括 3 个测量题项，对这些题项做 KMO 检验，得出 KMO 值为 0.802，大于 0.7 这个标准，因此，功能性模块适合做因子分析。对其做因子分析，得到 1 个特征值大于 1 的因子，与问卷中的功能性部分相对应，这个因子的方差贡献率达到了 73.8%，说明功能性的测量结构效度比较好，并且得出的各因子的载荷系数都大于 0.5，因此，功能性的测量聚合度较高，详见表 5-3 和表 5-4。

表 5-3　模块化功能性的各题项因子载荷

题项	因子载荷系数	KMO 值
GN1	0.761	
GN2	0.770	0.802
GN3	0.824	

表 5-4　模块化功能性各变量的信度分析

题项	题项—总体相关系数（CITC）	Cronbach's α 系数
GN1	0.741	
GN2	0.737	0.703
GN3	0.728	

由表 5-4 可知，所有的题项—总体相关系数（CITC）均大于 0.35，同时变量的 Cronbach's α 系数为 0.703，大于 0.7，因此功能性模块的量表题项之间具有良好的内部一致性。

2. 模块化耦合性的信度和效度检验

模块化的耦合性包括 3 个测量题项，对这些题项做 KMO 检验，得出 KMO 值为 0.749，大于 0.7 这个标准，因此，耦合性模块适合做因子分析。对其做因子分析，得到 1 个特征值大于 1 的因子，与问卷中的耦合性部分相对应，这个因子的方差贡献率达到了 70.7%，说明耦合性的测量结构效度比较好，并且得出的各因子的载荷系数都大于 0.5，因此，耦合性的测量聚合度较高，详见表 5-5 和表 5-6。

表 5-5　模块化耦合性的各题项因子载荷

题项	因子载荷系数	KMO 值
OH1	0.758	
OH2	0.739	0.749
OH3	0.701	

表 5-6　模块化耦合性各变量的信度分析

题项	题项—总体相关系数（CITC）	Cronbach's α 系数
OH1	0.752	
OH2	0.709	0.733
OH3	0.763	

由表 5-6 可知，所有的题项—总体相关系数（CITC）均大于 0.35，同时变量的 Cronbach's α 系数为 0.733，大于 0.7，因此耦合性模块的量表题项之间具有良好的内部一致性。

3. 模块化交互性的信度和效度检验

模块化的交互性包括 3 个测量题项，对这些题项做 KMO 检验，得出 KMO 值为 0.752，大于 0.7 的标准，因此，交互性模块适合做因子分析。对其做因子分析，得到 1 个特征值大于 1 的因子，与问卷中的交互性部分相对应，这个因子的方差贡献率达到了 68.9%，说明交互性的测量结构效度比较好，并且得出的各因子的载荷系数都大于 0.5，因此，交互性的测量聚合度较高，详见表 5-7 和表 5-8。

表 5-7　模块化交互性各题项因子载荷

题项	因子载荷系数	KMO 值
JH1	0.656	
JH2	0.721	0.752
JH3	0.804	

表 5-8　模块化交互性各变量的信度分析

题项	题项—总体相关系数（CITC）	Cronbach's α 系数
JH1	0.655	
JH2	0.724	0.801
JH3	0.497	

由表 5-8 可知，所有的题项—总体相关系数（CITC）均大于 0.35，同时变量的 Cronbach's α 系数为 0.801，大于 0.7，因此交互性模块的量表题项之间具有良好的内部一致性。

5.1.3　知识转移的信度和效度检验

1.知识共享的信度和效度检验

对于平台供应方而言,对平台上供应方之间知识共享的各个模块做因子分析,测量结构效度就更好。知识共享包括 9 个测量题项,对这些题项做 KMO 检验,得出 KMO 值为 0.735,大于 0.7 这个标准,因此,知识共享模块适合做因子分析。对其做因子分析,得到 2 个特征值大于 1 的因子,与问卷中的知识共享部分相对应,这 2 个因子的方差贡献率达到了 78.9%,说明知识共享的测量结构效度比较好,并且得出的各因子的载荷系数都大于 0.5,因此,知识共享的测量聚合度较高,详见表 5-9 和表 5-10。

表 5-9　知识共享各题项因子载荷

题项	因子载荷系数	KMO 值
GX1	0.804	
GX2	0.709	
GX3	0.825	
GX4	0.770	
GX5	0.768	0.735
GX6	0.818	
GX7	0.733	
GX8	0.761	
GX9	0.738	

表 5-10　知识共享各变量的信度分析

题项	题项—总体相关系数(CITC)	Cronbach's α 系数
GX1	0.762	
GX2	0.688	
GX3	0.634	
GX4	0.742	
GX5	0.652	0.791
GX6	0.808	
GX7	0.671	
GX8	0.597	
GX9	0.738	

由表 5-10 可知,所有的题项—总体相关系数(CITC)均大于 0.35,同时变量的 Cronbach's α 系数为 0.791,大于 0.7,因此知识共享模块的量表题项之间具有良好的内部一致性。

2. 知识整合的信度和效度检验

知识整合包括 7 个测量题项,对这些题项做 KMO 检验,得出 KMO 值为 0.754,大于 0.7 这个标准,因此,知识整合模块适合做因子分析。对其做因子分析,得到 2 个特征值大于 1 的因子,与问卷中的知识整合部分相对应,这两个因子的方差贡献率达到了 79.2%,说明知识整合的测量结构效度比较好,并且得出的各因子的载荷系数都大于 0.5,因此,知识整合的测量聚合度较高,详见表 5-11 和表 5-12。

表 5-11　知识整合各题项因子载荷

题项	因子载荷系数	KMO 值
ZH1	0.772	
ZH2	0.697	
ZH3	0.741	
ZH4	0.721	0.754
ZH5	0.801	
ZH6	0.825	
ZH7	0.679	

表 5-12　知识共享各变量的信度分析

题项	题项—总体相关系数(CITC)	Cronbach's α 系数
ZH1	0.726	
ZH2	0.715	
ZH3	0.762	
ZH4	0.743	0.833
ZH5	0.814	
ZH6	0.717	
ZH7	0.804	

由表 5-12 可知，所有的题项—总体相关系数（CITC）均大于 0.35，同时变量的 Cronbach's α 系数为 0.833，大于 0.7，因此知识共享整合的量表题项之间具有良好的内部一致性。

5.1.4　组织绩效的信度和效度检验

组织绩效包括合作绩效和创新绩效。平台供应方和平台需求方的该绩效测量维度基本保持一致。

1.合作绩效构想的信度和效度检验

合作绩效包括 3 个测量题项，对这些题项做 KMO 检验，得出 KMO 值为 0.722，大于 0.7 这个标准，因此，合作绩效适合做因子分析。对其做因子分析，得到 1 个特征值大于 1 的因子，与问卷中的合作绩效部分相对应，这个因子的方差贡献率达到了 76.8%，说明合作绩效的测量结构效度比较好，并且得出的各因子的载荷系数都大于 0.5，因此，合作绩效的测量聚合度较高，详见表 5-13 和表 5-14。

表 5-13　合作绩效各题项因子载荷

题项	因子载荷系数	KMO 值
HZ1	0.752	
HZ2	0.777	0.722
HZ3	0.796	

表 5-14　合作绩效各变量的信度分析

题项	题项—总体相关系数（CITC）	Cronbach's α 系数
HZ1	0.803	
HZ2	0.841	0.911
HZ3	0.893	

由表 5-14 可知，所有的题项—总体相关系数（CITC）均大于 0.35，同时变量的 Cronbach's α 系数为 0.911，大于 0.7，因此合作绩效模块的量表题项之间具有良好的内部一致性。

2.创新绩效的信度和效度检验

创新绩效包括 4 个测量题项，对这些题项做 KMO 检验，得出 KMO 值为 0.758，大于 0.7 这个标准，因此，创新绩效维度适合做因子分析。对其做因子分析，得到 1 个特征值大于 1 的因子，与问卷中的创新绩效部分相对应，这个因子的方差贡献率达到了 67.3%，说明创新绩效的测量结构效度比较好，并且得出的各因子的载荷系数都大于 0.5，因此，创新绩效的测量聚合度较高，详见表 5-15 和表 5-16。

表 5-15　创新绩效各题项因子载荷

题项	因子载荷系数	KMO 值
CX1	0.623	
CX2	0.709	0.758
CX3	0.687	
CX4	0.676	

表 5-16　创新绩效模块变量的信度分析

题项	题项—总体相关系数（CITC）	Cronbach's α 系数
CX1	0.858	
CX2	0.739	0.737
CX3	0.654	
CX4	0.748	

由表 5-16 可知，所有的题项—总体相关系数均大于 0.35，同时变量的 Cronbach's α 系数为 0.737，大于 0.7，因此创新绩效模块的量表题项之间具有良好的内部一致性。

5.2　假设检验

5.2.1　相关性分析

本部分将对概念模型中涉及的模块化特征、平台特征、知识转移、合作绩效和创新绩效及控制变量的相关系数矩阵进行计算,考察各研究变量之间是否显著相关,将其作为下一步回归分析的基础。

所研究的变量存在一定程度的相关是进行回归分析的前提。因此,本书首先计算了因变量、自变量、中介变量和控制变量两两之间的简单相关系数。各变量间的相关系数见表 5-17。总体而言,自变量(开放性、功能性、耦合性、交互性)与中介变量(知识共享、知识整合)、因变量(合作绩效、创新绩效)之间均存在显著的相关关系,中介变量(知识共享、知识整合)与因变量(合作绩效、创新绩效)之间存在显著的相关关系,为本书的假设预期提供了证据。接下去采用多元线性回归方法,对各变量之间的关系进行进一步验证。

表 5-17　各变量间相关性分析

变量	开放性	功能性	耦合性	交互性	知识共享	知识整合	合作绩效	创新绩效
开放性	1							
功能性	0.597**	1						
耦合性	0.752**	0.581**	1					
交互性	0.027	0.675**	0.505**	1				
知识共享	0.600*	0.865**	0.909**	0.375**	1			
知识整合	0.626**	0.819**	0.870**	0.257**	0.187**	1		
合作绩效	0.587**	0.647**	0.750**	−0.003	0.785***	0.871**	1	
创新绩效	0.727**	0.840**	0.811**	0.344**	0.943***	0.914**	0.736**	1

注:* 表示显著性水平 $P<0.05$(双尾);** 表示显著性水平 $P<0.01$(双尾);*** 表示显著性水平 $P<0.001$(双尾)。

5.2.2　多元回归分析

1. 多重共线性检验

当解释变量之间相关性较小时,说明这个模型比较适合进行回归分析;但是当变量之间的相关性较强时,这个模型就违背了基本的回归分析前提条件。

以 OLSE 表示最小二乘法估计(ordinary least square estimation),当回归模型存在多重共线性时有:$rk(x)<p+1$,所以 $|X'X|=0$,$(X'X)^{-1}$ 不存在,这样参数向量的最小二乘法估计值 $\hat{\beta}=(X'X)^{-1}X'X$ 也不存在。在实际

问题的研究中，往往存在非常接近共线性的情况。OLSE 的协方差越大，$(\boldsymbol{X}'\boldsymbol{X})^{-1}$ 对角元素的值越大，这样用 OLSE 方程来计算的值偏差更小。方差一直都是影响概率变化的最大的因素，因此我们需要更加精确地计算方差的值，这样得出的结果就越精确，对调查结果的影响就越大（王苏斌、郑海涛，2003），详见表 5-18。

表 5-18　对回归模型做多重共线性检验结果

自变量	特征根	条件指数
开放性	0.22	7.66
功能性	0.35	7.38
耦合性	0.28	6.94
交互性	0.47	7.55
知识共享	0.19	9.07
知识整合	0.54	8.22

由表 5-18 可知，特征根均不为零，并且条件指数均小于 10，说明自变量之间不存在多重共线性，方程回归结果有效。表 5-18 是针对第一个回归方程做的多重共线性检验，对其他的方程所做的多重共线性检验均表明自变量之间不存在多重共线性，这里只写出第一个，其他的在这里就不赘述了。

2. 回归分析

多元回归分析是经济预测中常用的一种方法，它通过建立经济变量与解释变量之间的数学模型，对建立的数学模型进行 R 检验、F 检验和 t 检验，在符合判断条件的情况下将给定的解释变量的数值代入回归模型，从而计算出经济变量的未来值，即预测值（高惠璇，2005）。

（1）自变量和中介变量对于创新绩效的回归结果

首先来看自变量和中介变量对于创新绩效的回归结果。平台开放性特征和模块化特征对于平台组织的创新绩效的作用究竟是否全部都有显著影响？统计结果如表 5-19 所示。

表 5-19　自变量和中介变量对于创新绩效的回归结果

变量	回归系数	P
开放性	0.559	0.04
功能性	0.337	0.005
耦合性	−0.462	0.000
交互性	0.64	0.000
知识共享	1.019	0.001
知识整合	0.219	0.002

模型回归的 R^2 为 0.975,说明模型的拟合度较高,各个变量的 P 都低于 0.05,说明回归的系数显著,其中功能性对创新绩效的回归系数为 0.337,表现为正向作用,假设 H1 通过验证。耦合性对创新绩效的回归系数为 −0.462,表现为负向作用,假设 H3 通过验证。交互性对创新绩效的回归系数为 0.64,表现为正向作用,假设 H5 通过验证。开放性对创新绩效的回归系数为 0.559,表现为正向作用,假设 H7 通过验证。知识共享对创新绩效的回归系数为 1.019,表现为正向作用,假设 H10 通过验证。知识整合对创新绩效的回归系数为 0.219,表现为正向作用,假设 H11 通过验证。

(2)自变量和中介变量对于合作绩效的回归结果

在前面的假设中,自变量和中介变量对平台组织的合作绩效都有显著的正向作用,通过回归分析可以检验假设是否通过。结果如表 5-20 所示。

表 5-20　自变量和中介变量对于合作绩效的回归结果

变量	回归系数	P
开放性	−0.017	0.440
功能性	0.705	0.000
耦合性	0.688	0.000
交互性	0.611	0.000
知识共享	0.695	0.000
知识整合	1.003	0.000

(3)知识共享对知识整合的回归结果

知识共享与知识整合是知识转移的两个测量维度,相互之间的关系非常密切，知识共享是知识整合的基础，知识整合是知识共享的升华。知识共享对知识整合的回归结果如表 5-21 所示。

表 5-21　知识共享对知识整合的回归结果

变量	回归系数	P
知识共享	0.990	0.000

模型的 R^2 为 0.990，说明模型的拟合度较高，知识整合对知识共享的回归系数为 0.990，P 为 0.000，说明回归系数显著，知识共享对知识整合表现为正向作用，假设 H9 通过验证。

（4）自变量对知识共享的回归结果

知识共享作为中介变量，平台组织的开放性特征和模块化特征对知识共享的程度有一定的影响作用，通过数据分析看它们之间的作用是否显著。结果如表 5-22 所示。

模型的 R^2 为 0.899，说明模型的拟合度较高，各变量的 P 均小于 0.01，说明各变量的回归系数均显著，其中开放性对知识共享的回归系数为 0.222，表现为正向作用，假设 H14 通过验证。功能性对知识共享的回归系数为 0.556，表现为正向作用，假设 H15 通过验证。耦合性对知识共享的回归系数为 -0.412，表现为负向作用，假设 H16 通过验证。交互性对知识共享的回归系数为 0.141，表现为正向作用，假设 H17 通过验证。

表 5-22　自变量对知识共享的回归结果

变量	回归系数	P
开放性	0.222	0.001
功能性	0.556	0.003
耦合性	-0.412	0.000
交互性	0.141	0.000

（5）自变量对知识整合的回归结果

自变量对知识整合的回归结果如表 5-23 所示。模型的 R^2 为 0.892，说明模型的拟合度较高，各变量的 Sig 均小于 0.01，说明各变量的回归系数均显著，其中开放性对知识整合的回归系数为 0.245，表现为正向作用，假设 H18 通过验证。功能性对知识整合的回归系数为 0.717，表现为正向作用，假设 H19 通过验证。耦合性对知识整合的回归系数为 0.347，表现为正向作用，假设 H20 通过验证。交互性对知识整合的回归系数为 0.281，表现为正向作用，假设 H21 通过验证。

表 5-23   自变量对知识整合的回归结果

变量	回归系数	P
开放性	0.245	0.000
功能性	0.717	0.000
耦合性	0.347	0.000
交互性	0.281	0.000

5.2.3   结构方程模型

由于对知识转移的中介效应进行实证检验时，由于变量之间的因果关系比较复杂，回归分析方法虽然有效但效果可能不够理想，但其可以为进一步的路径分析提供一个初始模型（Hult，et al.，2007）。因此，本书在多元回归分析基础上，运用结构方程建模的方法（structural equation modeling，SEM）进一步检验变量间的作用路径。

结构方程建模是一种综合运用多元回归分析、路径分析和确认型因子分析方法而形成的统计数据分析工具，可以用来解释一个或多个自变量与一个或多个因变量之间的关系。结构方程模型分析的核心是模型的拟合性，分析提出的变量之间的关联模式是否与实际数据拟合以及拟合的程度如何，从而对研究者的理论研究模型进行验证（侯杰泰等，2004）。要保证基于拟合效果良好的模型来对理论假设进行验证。本书将综合运用绝对拟合指数和相对拟合指数对模型进行评价。由于模块化特征、知识转移与平台组织绩效的作用机制概念模型中的模块化特征、平台特征和组织绩效所涉及的变量主观性强，难以直接度量，度量误差大，因果关系比较复杂，因此比较适合做结构方程模型。

一般而言，验证性因子分析模型的拟合指数受到题项数量的影响，当每个因子用三个题项来表征时，其结构方程最稳定。考虑到中介变量的两个因子知识共享和知识整合包含的题项较多，因此，先用主成分分析法对其进行降维，提取三个主成分，然后在此基础上构建结构方程模型。

1.对知识共享提取主成分

由表 5-24 可知,提取出来的 3 个主成分对 9 个题项解释的累计方差贡献率达到了 86.37%,这 3 个主成分足够代替这 9 个题项。

表 5-24　知识共享的主成分分析

主成分	方差贡献率/%	累计方差贡献率/%
F11	56.08	56.08
F12	22.90	78.98
F13	7.39	86.37

2.对知识整合提取主成分

由表 5-25 可知,提取出来的 3 个主成分对 7 个题项解释的累计方差贡献率达到了 91.79%,这 3 个主成分足够代替这 7 个题项。

表 5-25　知识整合的主成分分析

主成分	方差贡献率/%	累计方差贡献率/%
F21	59.73	59.73
F22	19.30	79.03
F23	12.76	91.79

3.初始结构方程模型

初始结构方程模型如图 5-1 所示,导入数据拟合,得到结果如表 5-26 所示。拟合结果显示,初始拟合的绝对拟合指数(χ^2/df)为 1.672,小于 2;近似误差均方根 RMSEA(root mean square error of approximation)的值为 0.058,接近于 0.05 而小于 0.1。这说明模型的拟合效果较好,但是,初始结构方程模型中有一条路径(功能性到知识共享)系数相应的 CR 值为 1.08,低于 1.96 的参考值,且 P 值小于 0.05,未能达到结构方程模型路径检验的要求,需要进行局部修正。

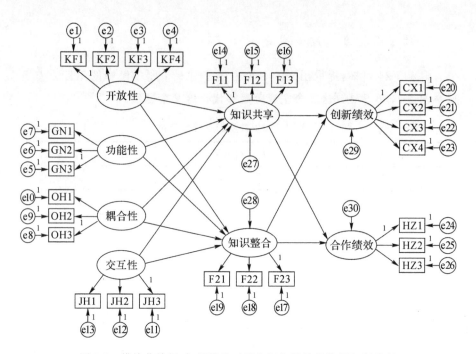

图 5-1　模块化特征、知识转移对平台组织绩效的作用机制路径

表 5-26　初始结构方程模型拟合结果

路径	标准化路径系数	SE	CR	P
知识共享←开放性	0.242	0.115	7.522	0.000
知识共享←功能性	0.531	0.067	1.08	0.313
知识共享←耦合性	−0.432	0.082	6.325	0.001
知识共享←交互性	0.206	0.053	4.654	0.000
知识整合←开放性	0.535	0.097	5.439	0.043
知识整合←功能性	0.724	0.077	7.876	0.034
知识整合←耦合性	0.355	0.125	5.376	0.000
知识整合←交互性	0.209	0.212	5.945	0.038
创新绩效←知识共享	0.908	0.137	4.537	0.023
创新绩效←知识整合	0.319	0.088	5.871	0.028
合作绩效←知识共享	0.623	0.069	4.737	0.019
合作绩效←知识整合	1.065	0.066	6.923	0.000

$$\chi^2/df=1.672 \qquad \mathrm{RMSEA}=0.058$$

4. 模型的拟合与修正

在初始结构方程模型路径图中删除功能性→知识共享这一路径后，得到的修正结构方程模型如图 5-2 所示，导入数据拟合，得到结果如表 5-27 所示。拟合结果显示，修正后拟合的绝对拟合指数（χ^2/df）为 1.725，小于 2；RMSEA 的值为 0.066，接近于 0.05 而小于 0.1，说明模型的拟合效果较好，并且所有路径系数的 CR 值都已达到大于 1.96 的要求，P 值也都小于 0.05，具有显著意义。综合以上各方面的评判指标，对模型的拟合通过检验，模型得以确认。

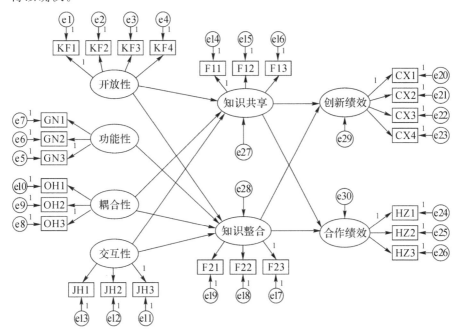

图 5-2　修正后的模块化特征、知识转移对平台组织绩效的作用机制路径

表 5-27　修正后的结构方程拟合结果

路径	标准化路径系数	SE	CR	P
开放性→知识共享	0.335	0.136	6.703	0.000
耦合性→知识共享	−0.355	0.173	4.654	0.000
交互性→知识共享	0.236	0.126	5.439	0.000
开放性→知识整合	0.675	0.236	7.876	0.006

续表

路径	标准化路径系数	SE	CR	P
功能性→知识整合	0.778	0.213	5.376	0.000
耦合性→知识整合	0.876	0.543	5.945	0.000
交互性→知识整合	0.582	0.345	4.537	0.000
知识共享→创新绩效	0.989	0.174	6.934	0.002
知识整合→创新绩效	0.562	0.372	5.667	0.000
知识共享→合作绩效	0.871	0.271	4.342	0.001
知识整合→合作绩效	1.355	0.284	6.452	0.000

$$\chi^2/df=1.725 \quad RMSEA=0.066$$

本小节运用结构方程模型的分析方法，验证平台特征、模块化特征通过知识转移的中介变量对组织绩效的作用机制。代表平台特征、模块化特征的各个变量通过直接或间接路径作用于组织绩效。

5.3　实证分析结果与讨论

通过上述检验对实证结果进行分析和讨论，可以得到以下结论。

5.3.1　实证研究结果

本书基于调研数据和统计分析，通过回归分析和结构方程模型对第 4 章提出的 21 个假设进行了验证。关于平台供应方的实证研究结果如表 5-28所示。除了平台开放性对合作绩效正向作用的假设和平台模块化的功能性对组织间的知识共享的正向作用假设未通过验证，其他假设都通过了验证。

表 5-28　假设验证结果汇总

假设	结果
1.模块化的功能性与组织绩效关系假设	
H1：模块化的功能性对创新绩效有正向作用	通过
H2：模块化的功能性对合作绩效有正向作用	通过
2.模块化的耦合性与组织绩效关系假设	
H3：模块化的耦合性与创新绩效显著负相关	通过
H4：模块化的耦合性与合作绩效显著正相关	通过
3.模块化的交互性与组织绩效关系假设	
H5：模块化的交互性对创新绩效有正向作用	通过
H6：模块化的交互性对合作绩效有正向作用	通过
4.平台开放性与组织绩效关系假设	
H7：平台开放性对创新绩效有正向作用	通过
H8：平台开放性对合作绩效有正向作用	未通过
5.知识共享与知识整合关系假设	
H9：知识共享对知识整合有正的显著影响	通过
6.知识共享、知识整合与创新绩效关系假设	
H10：知识共享对平台组织创新绩效有正的显著影响	通过
H11：知识整合对平台组织创新绩效有正的显著影响	通过
7.知识共享、知识整合与合作绩效关系假设	
H12：知识共享对平台组织合作绩效有正的显著影响	通过
H13：知识整合对平台组织合作绩效有正的显著影响	通过
8.知识共享对平台组织模块化与组织绩效的中介作用假设	
H14：平台组织的开放性对组织间的知识共享有正向作用	通过
H15：平台组织模块化的功能性对组织间的知识共享有正向作用	未通过
H16：平台组织模块化的耦合性对组织间的知识共享有负向作用	通过
H17：平台组织模块化的交互性对组织间的知识共享有正向作用	通过
9.知识整合对平台组织模块化与组织绩效的中介作用假设	
H18：平台组织的开放性对组织间的知识整合有正向作用	通过
H19：平台组织模块化的功能性对组织间的知识整合有正向作用	通过
H20：平台组织模块化的耦合性对组织间的知识整合有正向作用	通过
H21：平台组织模块化的交互性对组织间的知识整合有正向作用	通过

5.3.2　模块化对平台组织绩效影响机制分析

本章验证了模块化对平台组织绩效具有正向作用，无论平台类型如何，模块化组织架构都会对平台绩效有显著影响。

模块化功能性对组织绩效的验证结果显示，功能性和交互性对创新绩效和合作绩效具有正向作用，耦合性对创新绩效有正向作用，对合作绩效有负向作用。回归分析结果显示，功能性、耦合性、交互性对创新绩效和合作绩效的影响在 $P<0.01$ 的水平上显著。耦合性对创新绩效的正向作用更加明显，这刚好与 Granovetter(1973)的"弱联结优势理论"吻合，因为弱关系即松散耦合关系下，组织之间的知识结构和基础不同，往往更容易吸收异质性的知识，转换为创新能力和绩效。研究结果显示，模块化特征对组织绩效有正向作用，但由于平台的类型不同，也会受到如开放性等客观因素的影响。

平台开放性对组织绩效的验证结果显示：开放性对创新绩效具有正向作用，假设 H7 通过；开放性对合作绩效的正向作用不显著，假设 H8 未通过。这刚好跟前面案例问卷的结果一致。以传化公路港和苏宁物流平台为例来说明：由于平台开放性程度不同，传化公路港开放性更高，创新绩效也更显著，新的服务模块和产品更新更快；苏宁物流平台开放性程度偏低，但由于合作比较稳定，合作绩效反而更高。但这并不是说开放性与合作绩效间为反向关系，前提是有稳定合作的大客户和雄厚的资源基础，与平台类型的控制变量有关。

5.3.3　知识转移的中介作用机制分析

本章的实证研究发现，知识转移在模块化特征与平台组织绩效关系中起到中介作用，有进一步探讨的价值。

知识转移的两个维度，即知识共享和知识整合，对模块化特征与平台组织绩效关系都起到了中介作用。在结构方程模型中，"模块化特征→知识整合"的作用路径都成立，因此，知识整合的中介作用在研究中得到了验证。而另外一个维度即知识共享，"模块化特征→知识共享"的作用路径大部分都得到了验证，只有一条"功能性→知识共享"的路径没有成立，但这不影响知识共享的整体中介作用。原因可能是，模块化的结构模糊了知识共享的界限，模块化的柔性结构不利于模块中内隐性知识的共享，导致在平台组织中知识共享对模块化耦合性与组织绩效的中介作用不明显。

在修正过的结构方程模型中，"功能性→知识共享"的标准化路径系数为 $0.531(P<0.001)$，"交互性→知识共享"的标准化路径系数为 $0.206(P<0.001)$，说明物流服务平台模块化功能性、交互性对知识共享的促进作用非

常明显。"功能性→知识整合"的标准化路径系数为 0.531($P<0.001$),"耦合性→知识整合"的标准化路径系数为 0.355($P<0.001$),"知识整合←交互性"的标准化路径系数为 0.209($P<0.001$),说明物流服务平台模块化功能性、交互性对知识整合的促进作用非常明显,与案例平台的调研结论具有一致性:平台的模块化结构越成熟,其与双边用户的知识共享和知识整合程度就越高。

第6章　模块化、知识转移与
平台组织绩效:需求方实证分析

本章主要通过对平台开放性、模块化特征和知识转移、组织绩效信度和效度检验,以及相关性分析、多元回归分析和结构方程模型的假设检验,来验证模块化对平台组织绩效的影响机制和知识转移的中介作用机制。

6.1　信度和效度分析

1.信度检验

信度(reliability)即可靠性,是指采用同样的方法对同一对象重复测量时所得结果的一致性程度(马文军、潘波,2000)。信度主要分为三种:重复信度、内部信度和观察者之间的信度。目前的研究对于问卷的分析以重复信度和内部信度为主。用同一问卷对相同对象进行两次测量,如果两次测量结果一致性很好,则问卷的重复信度比较高。一般用 Kappa 系数来评估重复信度,Kappa 系数为 0.4~0.75 时表示重复信度较好。内部信度代表内部一致性,通常用 Cronbach α 信度系数测量。α 越大表示条目间相关性越强。$\alpha > 0.8$ 表示内部一致性极好,α 为 0.6~0.8 表示内部一致性较好,α 低于 0.6 表示内部一致性较差(马文军、潘波,2000)。这种方法适用于态度、意见式问卷(量表)的信度分析。

2.效度检验

效度(validity)即有效性,指问卷在多大程度上反映它所测量的理论性概念。效度一般分为表面效度、内容效度、准则效度和结构效度。

效度分析有多种方法，其测量结果反映效度的不同方面。本书将考察量表的内容效度、准则效度和结构效度。内容效度指组成量表的条目是否包括想要测量的内容的各方面。准测效度指问卷测量结果与标准测量结果的一致性。结构效度是指测量结果体现出来的某种结构与测值之间的对应程度（黄芳铭，2005）。

评价问卷结构效度常用的方法是因子分析，用于评价属于二级量表的条目是否如预测的那样集中在一个因子中。如果量表的公因子能解释 50% 以上的变异，且每个条目相应的因子有足够强度的负荷（大于等于 0.4），则认为量表具有较高的结构效度（马文军、潘波，2000）。

6.1.1　平台开放性的信度和效度检验

这里对平台的需求方，也就是平台的使用者开展调研。平台开放性包括 4 个测量的题项，对这些题项做 KMO 样本测度，得出 KMO 值为 0.742，大于标准值 0.7，因此，平台开放性适合做因子分析。对其做因子分析，得到 1 个特征值大于 1 的因子，与问卷中的开放性部分相对应，这个因子的方差贡献率达到了 67.8%，说明开放性的测量结构效度比较高，并且得出的各因子的载荷系数都大于 0.5，因此，开放性的测量聚合度较高，详见表 6-1。

表 6-1　开放性的各题项因子载荷

题项	因子载荷系数	KMO 值
KF1	0.689	
KF2	0.643	
KF3	0.562	0.742
KF4	0.878	

由表 6-2 可知，开放性各个指标题项的总体相关系数（CITC）均大于 0.5，同时变量的 Cronbach's α 系数为 0.730，大于 0.7，因此开放性模块的量表题项之间具有良好的内部一致性。

表 6-2　开放性各变量的信度分析

题项	题项—总体相关系数（CITC）	Cronbach's α 系数
KF1	0.652	
KF2	0.737	
KF3	0.752	0.730
KF4	0.722	

6.1.2　模块化特征的信度和效度检验

1. 模块化功能性的信度和效度检验

对于平台的需求方，也就是用户而言，模块化特征的信度和效度越高，选择标准化产品的成本越低，但较显著的模块化特征不利于个性化服务需求的满足。模块化的功能性包括 3 个测量题项，对这些题项做 KMO 检验，得出 KMO 值为 0.793，大于标准值 0.7，因此，功能性模块适合做因子分析。对其做因子分析，得到 1 个特征值大于 1 的因子，与问卷中的功能性部分相对应，这个因子的方差贡献率达到了 69.8%，说明功能性的测量结构效度比较高，并且得出的各因子的载荷系数都大于 0.5，因此，功能性的测量聚合度较高，详见表 6-3。

表 6-3　模块化功能性的各题项因子载荷

题项	因子载荷系数	KMO 值
GN1	0.731	
GN2	0.724	0.793
GN3	0.801	

由表 6-4 可知，所有的题项—总体相关系数（CITC）均大于 0.5，同时变量的 Cronbach's α 系数为 0.753，大于 0.7，因此功能性模块的量表题项之间具有良好的内部一致性。

表 6-4　模块化功能性各变量的信度分析

题项	题项—总体相关系数（CITC）	Cronbach's α 系数
GN1	0.728	
GN2	0.755	0.753
GN3	0.734	

2.模块化耦合性的信度和效度检验

模块化的耦合性包括 3 个测量题项，对这些题项做 KMO 检验，得出 KMO 值为 0.738，大于标准值 0.7，因此，耦合性模块适合做因子分析。对其做因子分析，得到 1 个特征值大于 1 的因子，与问卷中的耦合性部分相对应，这个因子的方差贡献率达到了 73.4%，说明耦合性的测量结构效度比较高，并且得出的各因子的载荷系数都大于 0.5，因此，耦合性的测量聚合度较高，详见表 6-5。

表 6-5　模块化耦合性的各题项因子载荷

题项	因子载荷系数	KMO 值
OH1	0.764	
OH2	0.728	0.738
OH3	0.755	

由表 6-5 可知，所有的题项—总体相关系数（CITC）均大于 0.5，同时变量的 Cronbach's α 系数为 0.749，大于标准值 0.7，因此耦合性模块的量表题项之间具有良好的内部一致性。

表 6-5　模块化耦合性各变量的信度分析

题项	题项—总体相关系数（CITC）	Cronbach's α 系数
OH1	0.752	
OH2	0.709	0.749
OH3	0.763	

3.模块化交互性的信度和效度检验

模块化的交互性包括 3 个测量题项，对这些题项做 KMO 检验，得出

KMO 值为 0.767,大于标准值 0.7,因此,交互性模块适合做因子分析。对其做因子分析,得到 1 个特征值大于 1 的因子,与问卷中的交互性部分相对应,这个因子的方差贡献率达到了 70.3%,说明交互性的测量结构效度比较高,并且得出的各因子的载荷系数都大于 0.5,因此,交互性的测量聚合度较高,详见表 6-6。

表 6-6　模块化交互性的各题项因子载荷

题项	因子载荷系数（交互性）	KMO 值
JH1	0.732	
JH2	0.747	0.767
JH3	0.690	

由表 6-7 可知,所有的题项—总体相关系数(CITC)均大于 0.5,同时变量的 Cronbach's α 系数为 0.831,大于 0.7,因此交互性模块的量表题项之间具有良好的内部一致性。

表 6-7　模块化交互性各变量的信度分析

题项	题项—总体相关系数（CITC）	Cronbach's α 系数
JH1	0.756	
JH2	0.772	0.831
JH3	0.608	

6.1.3　知识转移的信度和效度检验

1. 知识共享的信度和效度检验

知识共享包括 7 个测量题项,对这些题项做 KMO 检验,得出 KMO 值为 0.813,大于标准值 0.7,因此,知识共享模块适合做因子分析。对其做因子分析,得到 2 个特征值大于 1 的因子,与问卷中的知识共享部分相对应,这两个因子的方差贡献率达到了 76.3%,说明知识共享的测量结构效度比较好,并且得出的各因子的载荷系数都大于 0.5,因此,知识共享的测量聚合度较高,详见表 6-8。

表 6-8　知识共享的各题项因子载荷

题项	因子载荷系数	KMO 值
GX1	0.743	
GX2	0.823	
GX3	0.803	
GX4	0.756	0.813
GX5	0.781	
GX6	0.841	
GX7	0.745	

由表 6-9 可知，所有的题项—总体相关系数（CITC）均大于 0.5，同时变量的 Cronbach's α 系数为 0.785，大于 0.7，因此知识共享模块的量表题项之间具有良好的内部一致性。

表 6-9　知识共享各变量的信度分析

题项	题项—总体相关系数（CITC）	Cronbach's α 系数
GX1	0.715	
GX2	0.632	
GX3	0.713	
GX4	0.767	0.785
GX5	0.663	
GX6	0.854	
GX7	0.761	

2. 知识整合的信度和效度检验

知识整合包括 3 个测量题项，对这些题项做 KMO 检验，得出 KMO 值为 0.842，大于标准值 0.7，因此，知识整合模块适合做因子分析。对其做因子分析，得到 1 个特征值大于 1 的因子，与问卷中的知识整合部分相对应，这两个因子的方差贡献率达到了 67.8%，说明知识整合的测量结构效度比较高，并且得出的各因子的载荷系数都大于 0.5，因此，知识整合的测量聚合度较高，详见表 6-10。

表 6-10　知识整合各题项的因子载荷

题项	因子载荷系数	KMO 值
ZH1	0.803	
ZH2	0.767	0.842
ZH3	0.734	

由表 6-11 可知，所有的题项—总体相关系数（CITC）均大于 0.5，同时变量的 Cronbach's α 系数为 0.758，大于 0.7，因此知识共享整合的量表题项之间具有良好的内部一致性。

表 6-11　知识整合各变量的信度分析

题项	题项—总体相关系数（CITC）	Cronbach's α 系数
ZH1	0.742	
ZH2	0.657	0.758
ZH3	0.538	

6.1.4　组织绩效的信度和效度检验

1. 合作绩效的信度和效度检验

合作绩效包括 3 个测量题项，对这些题项做 KMO 检验，得出 KMO 值为 0.732，大于标准值 0.7，因此，合作绩效适合做因子分析。对其做因子分析，得到 1 个特征值大于 1 的因子，与问卷中的合作绩效部分相对应，这个因子的方差贡献率达到了 74.7%，说明合作绩效的测量结构效度比较好，并且得出的各因子的载荷系数都大于 0.5，因此，合作绩效的测量聚合度较高，详见表 6-12。

表 6-12　合作绩效各题项的因子载荷

题项	因子载荷系数	KMO 值
HZ1	0.733	
HZ2	0.706	0.732
HZ3	0.756	

由表 6-13 可知,所有的题项—总体相关系数(CITC)均大于 0.5,同时变量的 Cronbach's α 系数为 0.833,大于 0.7,因此合作绩效模块的量表题项之间具有良好的内部一致性。

表 6-13　合作绩效各变量的信度分析

题项	题项—总体相关系数(CITC)	Cronbach's α 系数
HZ1	0.754	
HZ2	0.641	0.833
HZ3	0.825	

2. 创新绩效的信度和效度检验

创新绩效包括 3 个测量题项,对这些题项做 KMO 检验,得出 KMO 值为 0.722,大于标准值 0.7,因此,创新绩效维度适合做因子分析。对其做因子分析,得到 1 个特征值大于 1 的因子,与问卷中的创新绩效部分相对应,这个因子的方差贡献率达到了 65.4%,说明创新绩效的测量结构效度比较好,并且得出的各因子的载荷系数都大于 0.5,因此,创新绩效的测量聚合度较高,详见表 6-14。

表 6-14　创新绩效各题项的因子载荷

题项	因子载荷系数	KMO 值
CX1	0.677	
CX2	0.741	0.722
CX3	0.659	

由表 6-15 可知,所有的题项—总体相关系数均大于 0.5,同时变量的 Cronbach's α 系数为 0.728 大于 0.7,因此创新绩效模块的量表题项之间具有良好的内部一致性。

表 6-15　创新绩效模块变量的信度分析

题项	题项—总体相关系数(CITC)	Cronbach's α 系数
CX1	0.828	
CX2	0.742	0.728
CX3	0.611	

6.2 假设检验

本节首先进行各变量的相关性分析；其次，为了说明方程回归结构的有效性，进行多重线性检验；最后构建结构方程模型。

6.2.1 相关性分析

1.各变量之间的相关性分析

各变量的相关性系数见表 6-16。总体而言，自变量（开放性、功能性、耦合性、交互性）与中介变量（知识共享、知识整合）、因变量（合作绩效、创新绩效）之间均存在显著的相关关系，中介变量（知识共享、知识整合）与因变量（合作绩效、创新绩效）之间存在显著的相关关系。这基本验证了本研究的相关假设。接下去采用多元线性回归方法，对各变量之间的关系进行进一步验证。

表 6-16　各变量间相关性分析

变量	开放性	功能性	耦合性	交互性	知识共享	知识整合	合作绩效	创新绩效
开放性	1**							
功能性	0.443**	1**						
耦合性	0.738**	0.852**	1**					
交互性	0.342**	0.733**	0.531**	1**				
知识共享	0.758**	0.806**	0.912**	0.433***	1**			
知识整合	0.831**	0.849**	0.830**	0.208**	0.218**	1**		
合作绩效	0.833**	0.730*	0.706**	−0.012**	0.672**	0.781**	1**	
创新绩效	0.671**	0.728**	0.825**	0.433**	0.898**	0.906**	0.754***	1**

注：* 表示显著性水平 $P<0.05$（双尾）；** 表示显著性水平 $P<0.01$（双尾）；*** 表示显著性水平 $P<0.001$（双尾）。

6.2.2　多元回归分析

1. 多重共线性检验

为了说明方程回归结构的有效性，要进行多重共线性检验。由表 6-17 可知，特征根均不为零，并且条件指数均小于 10，说明自变量之间不存在多重共线性，方程回归结果有效，详见表 6-17。

表 6-17　回归模型多重共线性诊断结果

自变量	特征根	条件指数
开放性	0.33	8.28
功能性	0.42	7.36
耦合性	0.28	6.91
交互性	0.51	7.33
知识共享	0.32	9.18
知识整合	0.68	6.27

表 6-17 是针对第一个回归方程做的多重共线性检验，对其他的方程所做的多重红线性检验均表明自变量之间不存在多重共线性，在这里就不一一赘述。

2. 自变量和中介变量对创新绩效的回归结果

首先来看自变量和中介变量对创新绩效的回归结果，如表 6-18 所示。模型回归的 R^2 为 0.933，说明模型的拟合度较高；各个变量的 Sig 都低于 0.05，说明回归的系数显著。其中功能性对创新绩效的回归系数为 0.347，表现为正向作用，假设 H1 通过验证；耦合性对创新绩效的回归系数为 －0.442，表现为负向作用，假设 H3 通过验证；交互性对创新绩效的回归系数为 0.652，表现为正向作用，假设 H5 通过验证；开放性对创新绩效的回归系数为 0.547，表现为正向作用，假设 H7 通过验证；知识共享对创新绩效的回归系数为 0.988，表现为正向作用，假设 H10 通过验证；知识整合对创新绩效的回归系数为 0.302，表现为正向作用，假设 H11 通过验证。

表6-18　自变量和中介变量对创新绩效的回归结果

变量	回归系数	P
开放性	0.547	0.000
功能性	0.347	0.003
耦合性	-0.442	0.000
交互性	0.652	0.000
知识共享	0.988	0.000
知识整合	0.302	0.001

3.自变量和中介变量对合作绩效的回归结果

自变量和中介变量对合作绩效的回归结果如表6-19所示,模型的 R^2 为 0.899,说明模型的拟合度较高,各个变量的 P 都低于0.05,说明回归的系数 显著。其中功能性对合作绩效的回归系数为0.733,表现为正向作用,假设 H2通过验证;耦合性对合作绩效的回归系数为0.652,表现为正向作用,假 设H4通过验证;交互性对合作绩效的回归系数为0.516,表现为正向作用, 假设H6通过验证;开放性对合作绩效的回归系数为0.325,表现为正向作 用,假设H8通过验证;知识共享对合作绩效的回归系数为0.731,表现为正 向作用,假设H12通过验证;知识整合对合作绩效的回归系数为1.206,表 现为正向作用,假设H13通过。

表6-19　自变量和中介变量对合作绩效的回归结果

变量	回归系数	P
开放性	0.325	0.003
功能性	0.733	0.000
耦合性	0.652	0.000
交互性	0.516	0.000
知识共享	0.731	0.000
知识整合	1.206	0.000

4.知识共享对知识整合的回归结果

知识共享对知识整合的回归结果如表6-20所示,模型的 R^2 为0.988,

说明模型的拟合度较高，知识整合对知识共享的回归系数为 0.989，Sig 为 0.000，说明回归系数显著，知识共享对知识整合表现为正向作用，假设 H9 通过验证。

表 6-20　知识共享对知识整合的回归结果

变量	回归系数	P
知识共享	0.989	0.000

5. 自变量对知识共享的回归结果

自变量对知识共享的回归结果如表 6-21 所示，模型的 R^2 为 0.857，说明模型的拟合度较高，除去功能性之外，其余各变量的 Sig 均小于 0.01。其中开放性对知识共享的回归系数为 0.517，表现为正向作用，假设 H14 通过验证；功能性对知识共享的回归系数为 0.021，Sig 为 0.314 大于 0.05，回归系数不显著，因此假设 H15 未通过验证；耦合性对知识共享的回归系数为 −0.433，表现为负向作用，假设 H16 通过验证；交互性对知识共享的回归系数为 0.258，表现为正向作用，假设 H17 通过验证。

表 6-21　自变量对知识共享的回归结果

变量	回归系数	P
开放性	0.517	0.000
功能性	0.021	0.341
耦合性	−0.433	0.000
交互性	0.258	0.000

6. 自变量对知识整合的回归结果

自变量对知识整合的回归结果如表 6-22 所示，模型的 R^2 为 0.876，说明模型的拟合度较高，各变量的 Sig 均小于 0.01，说明各变量的回归系数均显著。其中开放性对知识整合的回归系数为 0.355，表现为正向作用，假设 H18 通过验证；功能性对知识整合的回归系数为 0.687，表现为正向作用，假设 H19 通过验证；耦合性对知识整合的回归系数为 0.451，表现为负向作用，假设 H20 通过验证；交互性对知识整合的回归系数为 0.317，表现为正向作用,假设 H21 通过验证。

表 6-22　自变量对知识整合的回归结果

变量	回归系数	P
开放性	0.355	0.000
功能性	0.687	0.000
耦合性	0.451	0.000
交互性	0.317	0.000

6.2.3　结构方程模型

一般而言,验证性因子分析模型的拟合指数受到题项数量的影响,当每个因子用 3 个题项来表征时,其结构方程最稳定。考虑到中介变量的知识共享包含的题项较多,因此,先用主成分分析法对其进行降维,提取 3 个主成分,然后在此基础上构建结构方程模型。

由表 6-22 可知,提取出来的 3 个主成分对 7 个题项解释的累计方差贡献率达到了 85.74%,这 3 个主成分足够代替这 7 个题项。

表 6-22　知识共享的主成分分析

主成分	方差贡献率/%	累计方差贡献率/%
F1	48.08	48.08
F2	28.22	76.30
F3	9.44	85.74

1.初始结构方程模型

初始结构方程模型如图 6-1 所示,导入数据拟合,得到结果如表 6-23 所示。拟合结果显示,初始拟合的绝对拟合指数(χ^2/df)为 1.474,小于 2;RMSEA 的值为 0.046,接近于 0.05 而小于 0.1,这说明模型的拟合效果较好。但是,初始结构方程模型中有一条路径(功能性到知识共享)系数相应的 CR 值为 1.364,低于 1.96 的参考值,且 P 值大于 0.05,未能达到结构方程模型路径检验的要求,需要进行局部修正。

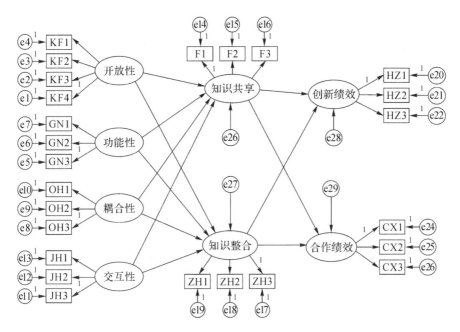

图 6-1　模块化特征、知识转移对平台组织绩效的作用机制路径

表 6-23　初始结构方程模型拟合结果

路径	标准化路径系数	SE	CR	P
开放性→知识共享	0.355	0.171	7.342	0.000
功能性→知识共享	0.523	0.218	1.364	0.334
耦合性→知识共享	−0.341	0.288	5.55	0.001
交互性→知识共享	0.376	0.013	4.517	0.000
开放性→知识整合	0.533	0.076	5.388	0.023
功能性→知识整合	0.724	0.052	7.657	0.004
耦合性→知识整合	0.435	0.122	5.392	0.000
交互性→知识整合	0.339	0.108	5.619	0.028
知识共享→创新绩效	0.748	0.142	4.663	0.013
知识整合→创新绩效	0.288	0.053	5.271	0.008
知识共享→合作绩效	0.531	0.054	4.979	0.019
知识整合→合作绩效	0.998	0.028	6.219	0.000
$\chi^2/df=1.474$　　RMSEA＝0.046				

2.模型的拟合与修正

在初始结构方程模型路径图中删除功能性→知识共享这一路径后，得到的修正结构方程模型如图 6-2 所示，导入数据拟合，得到结果如表 6-24 所示。拟合结果显示，修正后拟合的绝对拟合指数（χ^2/df）为 1.755，小于 2；RMSEA 的值为 0.054，接近于 0.05 而小于 0.1，说明模型的拟合效果较好，并且所有路径系数的 CR 值都已达到大于 1.96 的要求，P 值也都小于 0.05，具有显著意义。综合以上各方面的评判指标，对模型的拟合通过检验，模型得以确认。

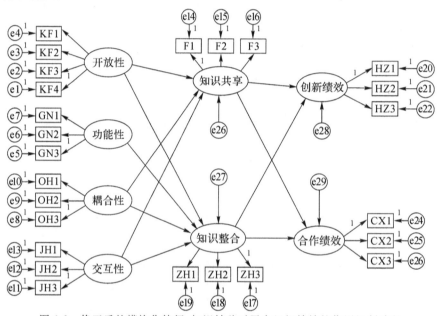

图 6-2　修正后的模块化特征、知识转移对平台组织绩效的作用机制路径

表 6-24　修正后的结构方程拟合结果

路径	标准化路径系数	SE	CR	P
开放性→知识共享	0.417	0.152	7.090	0.000
耦合性→知识共享	−0.236	0.132	4.341	0.000
交互性→知识共享	0.319	0.149	5.199	0.000
开放性→知识整合	0.754	0.204	7.331	0.000
功能性→知识整合	0.784	0.261	5.121	0.000
耦合性→知识整合	0.857	0.533	5.410	0.000

续表

路径	标准化路径系数	SE	CR	P
交互性→知识整合	0.679	0.319	4.621	0.000
知识共享→创新绩效	1.023	0.163	6.199	0.003
知识整合→创新绩效	0.850	0.354	5.205	0.000
知识共享→合作绩效	0.968	0.290	4.061	0.000
知识整合→合作绩效	1.364	0.211	6.117	0.000
$\chi^2/df=1.755$　　　$RMSEA=0.054$				

本小节运用结构方程模型的分析方法，验证平台特征、模块化特征通过知识转移的中介变量与组织绩效的作用机制。平台特征、模块化特征的各个变量通过直接或间接路径作用于组织绩效。

6.3　实证分析结果与讨论

通过上述检验对实证结果进行分析和讨论，可以得到以下结论。

6.3.1　实证研究结果

本书基于调研数据和统计分析，通过回归分析和结构方程模型对第 4 章提出的 21 个假设进行了验证。对平台用户的实证研究结果如表 6-25 所示，除了平台组织模块化的功能性对组织间的知识共享的正向作用假设未通过验证，其他假设都通过了验证。

表 6-25　假设验证结果汇总

假设	结果
1.模块化的功能性与组织绩效关系假设 H1：模块化的功能性对创新绩效有正向作用 H2：模块化的功能性对合作绩效有正向作用	 通过 通过
2.模块化的耦合性与组织绩效关系假设 H3：模块化的耦合性与创新绩效显著负相关 H4：模块化的耦合性与合作绩效显著正相关	 通过 通过

续表

假设	结果
3.模块化的交互性与组织绩效关系假设 H5：模块化的交互性对创新绩效有正向作用 H6：模块化的交互性对合作绩效有正向作用	 通过 通过
4.平台开放性与组织绩效关系假设 H7：平台开放性对创新绩效有正向作用 H8：平台开放性对合作绩效有正向作用	 通过 通过
5.知识共享与知识整合关系假设 H9：知识共享对知识整合有正的显著影响	 通过
6.知识共享、知识整合与创新绩效关系假设 H10：知识共享对平台组织创新绩效有正的显著影响 H11：知识整合对平台组织创新绩效有正的显著影响	 通过 通过
7.知识共享、知识整合与合作绩效关系假设 H12：知识共享对平台组织合作绩效有正的显著影响 H13：知识整合对平台组织合作绩效有正的显著影响	 通过 通过
8.知识共享对平台组织模块化与组织绩效的中介作用假设 H14：平台组织的开放性对组织间的知识共享有正向作用 H15：平台组织模块化的功能性对组织间的知识共享有正向作用 H16：平台组织模块化的耦合性对组织间的知识共享有负向作用 H17：平台组织模块化的交互性对组织间的知识共享有正向作用	 通过 未通过 通过 通过
9.知识整合对平台组织模块化与组织绩效的中介作用假设 H18：平台组织的开放性对组织间的知识整合有正向作用 H19：平台组织模块化的功能性对组织间的知识整合有正向作用 H20：平台组织模块化的耦合性对组织间的知识整合有正向作用 H21：平台组织模块化的交互性对组织间的知识整合有正向作用	 通过 通过 通过 通过

6.3.2　模块化对平台组织绩效影响机制分析

本章验证了模块化对平台组织绩效具有正向作用，模块化组织架构都会对平台绩效有显著影响，不受平台类型因素的影响。

与前面平台供应商的实证分析相比，平台需求方的模块化功能性对组织绩效的验证结果基本一致：功能性和交互性对创新绩效和合作绩效具有正向作用，耦合性对创新绩效有正向作用，对合作绩效有负向作用。这个结论已经得到验证。回归分析结果显示，功能性、耦合性、交互性对创新绩效和合作绩效的影响在 $P<0.01$ 的水平上显著。耦合性对创新绩效的正向作

用更加明显。

平台开放性对组织绩效作用的验证结果与平台供应方的实证检测结果不一致：开放性对创新绩效具有正向作用，假设 H7 通过；开放性对合作绩效具有正向作用，假设 H8 通过。这刚好跟前面案例问卷的结果一致。以轻资产的物流平台为例，开放程度越高，双边接入的用户数量越多，规模效应越明显。等平台用户累积到一定程度，平台企业就会联合第三方企业开发新的服务模块，丰富平台模块产品，合作开发的概率也会大大提高，最终会提升平台创新绩效和合作绩效。

6.3.3　知识转移的中介作用机制分析

平台需求方的实证研究结果表明，知识转移在模块化特征与平台组织绩效关系中同样起到中介作用，有进一步探讨的价值。

与平台供应方的实证结果一致，知识转移的两个维度，即知识共享和知识整合对模块化特征与平台组织绩效关系的建立都起到了中介作用。在结构方程模型中，"模块化特征→知识整合"的作用路径都成立，因此，知识整合的中介作用在研究中得到了验证。而在另外一个维度，即知识共享中，"模块化特征→知识共享"的作用路径大部分都得到了验证，只有一条"功能性→知识共享"的路径没有成立，但这不影响知识共享的整体中介作用。原因可能是，模块化的结构模糊了知识共享的界限，不利于模块中内隐性知识的共享，导致在平台组织中知识共享对模块化功能性与组织绩效的中介作用不明显。这对于平台的双边用户情况都一样。

在修正过的结构方程模型中，"耦合性→知识共享"的标准化路径系数为 $-0.236(P<0.001)$，"交互性→知识共享"的标准化路径系数为 $0.319(P<0.001)$，说明物流服务平台模块化耦合性、交互性对知识共享的促进作用非常明显。"功能性→知识整合"的标准化路径系数为 $0.784(P<0.001)$，"知识整合←耦合性"的标准化路径系数为 $0.857(P<0.001)$，"交互性→知识整合"的标准化路径系数为 $0.679(P<0.001)$，说明物流服务平台模块化功能性、交互性对知识整合的促进作用非常明显，与案例平台的调研有一致的结论：平台的模块化结构越成熟，与双边用户的知识共享和知识整合程度就越高。一些轻资产的平台类型，更容易在组织结构上实现模块化设计，知识转移的效果也更明显。比如 56 同城平台的微名片、云客服模式，快到网的营销团队和微信群等模式都是利用了多媒体手段拓展知识转移渠道，并取

得了比较好的效果。

　　与平台供应方的实证结果相一致的是，知识转移的两个维度，即知识共享和知识整合对平台开放性特征与平台组织绩效关系的建立都起到了中介作用。在修正过的结构方程模型中，"开放性→知识共享"的标准化路径系数为 0.417（$P<0.001$），"开放性→知识整合"的标准化路径系数为 0.754（$P<0.001$），说明平台开放性对知识共享、知识整合的促进作用非常明显。对于轻资产的平台类型而言，其基本都采取完全开放和高度开放的模式，尽可能多地吸引双边用户接入平台，提高组织绩效。

第7章 供需双方实证结果:对比研究

通过第 5 章和第 6 章对于供需双方的实证研究,本章对实证结果进行比较分析和研究。

7.1 实证结果比较

1. 供需双方的平台特征和模块化特征的信度和效度检验结果比较

通过对平台的供需双方的平台特征和模块化特征的信度和效度检验,我们可以发现,其 KMO 值均大于 0.7,平台供应方的 KMO 值更大,均适合做因子分析。信度和效度检验结果显示,无论是对平台供应方的调研还是对平台需求方的调研,测量的效度和聚合度都很高。这说明在从平台供应方和需求方的角度调研平台组织的相关维度时,问卷的测量题项设计得比较合理,各个题项之间的有效性和聚合度都比较高,详见表 7-1。

表 7-1　供需双方的平台特征和模块化特征信度和效度检验结果

题项	供应方		需求方	
	KMO 值	Cronbach's α 系数	KMO 值	Cronbach's α 系数
开放性	0.745	0.743	0.742	0.730
功能性	0.802	0.703	0.793	0.753
耦合性	0.749	0.733	0.738	0.749
交互性	0.752	0.801	0.767	0.831

2. 供需双方的知识转移和组织绩效的信度和效度检验结果比较

通过对平台的供需双方知识转移的两个维度和组织绩效的两个维度的信度效度检验可以发现，其 KMO 值均大于 0.7，平台需求方的 KMO 值更大，均适合做因子分析。信度和效度检验结果显示，无论是对平台供应方的调研还是对平台需求方的调研，测量的效度和聚合度都很好。这说明从知识共享和知识整合两个维度来测度知识转移效果，从合作绩效和创新绩效两个维度来测度组织绩效的测量题项设计得合理，各个题项之间的有效性和聚合度都比较高，详见表 7-2。

表 7-2   供需双方的知识转移和组织绩效的信度和效度检验结果

题项	供应方		需求方	
	KMO 值	Cronbach's α 系数	KMO 值	Cronbach's α 系数
知识共享	0.735	0.791	0.813	0.785
知识整合	0.754	0.833	0.842	0.758
合作绩效	0.722	0.911	0.732	0.833
创新绩效	0.758	0.737	0.722	0.728

3. 供需双方的自变量和中介变量对创新绩效的回归分析结果比较

由相关性分析和多重共线性分析可知，大样本调研的数据结果可以进行回归分析。平台供应方和平台需求方的模型回归的 R^2 为 0.975 和 0.933，模型的拟合度较高，各个变量的 P 都低于 0.05，回归系数显著。开放性、功能性、交互性、知识共享和知识整合对创新绩效均表现为正向作用，假设 H1、H5、H7、H10、H11 均通过验证。平台供应方和平台需求方的耦合性对创新绩效的回归系数为负值，表现为负向作用，假设 H3 通过验证，详见表 7-3。

表 7-3   供需双方的自变量和中介变量对创新绩效的回归结果

变量	供应方		需求方	
	回归系数	P	回归系数	P
开放性	0.559	0.04	0.547	0.000
功能性	0.337	0.005	0.347	0.003
耦合性	−0.462	0.000	−0.442	0.000

续表

变量	供应方		需求方	
	回归系数	P	回归系数	P
交互性	0.64	0.000	0.652	0.000
知识共享	1.019	0.001	0.988	0.000
知识整合	0.219	0.002	0.302	0.001

对平台供应方和平台需求方的两个实证研究基本验证了假设的内容：平台特征和模块化特征通过知识共享和知识整合对创新绩效有显著影响；只有耦合性对创新绩效有负向影响，即松散耦合的组织架构更有利于组织吸收异质性的知识资源，提高创新绩效。

4. 供需双方的自变量和中介变量对合作绩效的回归结果比较

由相关性分析和多重共线性的分析结果可知，对大样本调研的数据结果可以进行回归分析。平台供应方和平台需求方模型回归的 R^2 为 0.866 和 0.899，模型的拟合度较高，各个变量的 P 低于 0.05，回归系数显著。平台供应方中平台的开放性维度对合作绩效的回归系数为 -0.017，且回归系数不显著，平台供应方的假设 H8 未通过验证。其他功能性、耦合性、交互性、知识共享和知识整合对合作绩效的回归系数均表现为正向作用，假设 H2、H4、H6、H12、H13 均通过验证。平台需求方的开放性对合作绩效的回归系数为 0.325，表现为正向作用，平台需求方的假设 H8 通过验证，详见表 7-4。

表 7-4　供需双方的自变量和中介变量对合作绩效的回归结果

变量	供应方		需求方	
	回归系数	P	回归系数	P
开放性	-0.017	0.44	0.325	0.003
功能性	0.705	0.000	0.733	0.000
耦合性	0.688	0.000	0.652	0.000
交互性	0.611	0.000	0.516	0.000
知识共享	0.695	0.000	0.731	0.000
知识整合	1.003	0.000	1.206	0.000

对平台供应方和平台需求方的两个实证研究基本验证了假设的内容：平台特征和模块化特征通过知识共享和知识整合对合作绩效有显著影响；只有平台供应方的开放性对合作绩效的假设没有通过，原因可能在于物流服务平台目前发展得还不是很成熟，在这个阶段完全开放的平台组织反而不利于合作绩效的提升。

5.结构方程模型结果分析

平台供应方和平台需求方结构方程模型经过修正后，拟合效果都较好，并且所有路径系数的 CR 值都已达到大于 1.96 的要求，P 值也都小于 0.05，具有显著意义。综合以上各方面的评判指标，对模型的拟合通过检验，模型得以确认。可以用如图 7-1 所示的供应方修正模型来表示作用机制的总路径。

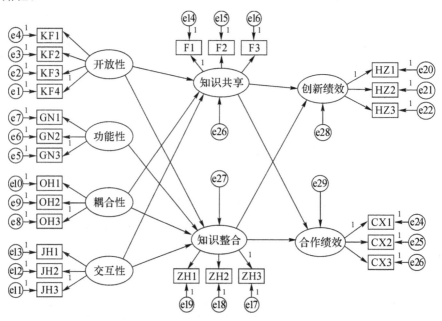

图 7-1　模块化特征、知识转移对平台组织绩效的作用机制的总路径

7.2 结果讨论

1. 实证研究证实了平台特征和模块化特征对组织绩效的正向作用

从回归分析可知，平台开放性和模块化交互性对创新绩效都有正向作用，耦合性对创新绩效和合作绩效都有负向作用，相关假设均通过验证。平台供应方的开放性对平台的合作绩效的正向作用不显著。由此我们可以得到两个管理启示。

松散耦合的弱关系形式更加有利于物流服务平台提升创新绩效。相比于紧密稳定的合作关系，如苏宁物流平台，在处于松散关系的传化公路港等平台中知识的共享和知识整合更加频繁，客户意见的反馈和对供应商的考核有利于平台组织开发新的服务模块，进而提高组织的合作绩效和创新绩效。对于物流业的模块服务商而言，这种松散的耦合显得尤为重要。快到网平台将数量庞大、相互关联度很低的社会车辆和司机通过平台集合，设立一定的规则和标准，通过客户评价体系和平台诚信系统来规范承运商的服务标准，建立和谐稳定的良性关系。与传化公路港平台和苏宁物流平台等重资产的平台相比，轻资产平台与承运商之间的约束力很弱，关系强度更低，合作关系不稳定，属于弱响应性的松散耦合关系。

对平台供应商来说，平台的开放性越高，竞争越激烈，自身创新的动力就越强，但对合作绩效的提升却没有帮助。比如要成为苏宁的供应商需要通过严格的考核和培训，这有利于建立比较规范的供应商队伍。其开放程度不高，但合作绩效比较高。快到网这样的轻资产平台对双边用户完全开放，供应商之间竞争激烈，但与平台企业之间的合作关系不稳定，合作绩效不高。

2. 模块化功能性对知识转移的影响机制

由相关性分析可发现，平台与供应方的知识共享、知识整合受到功能性和耦合性的影响最为显著（相关系数都在 0.8 以上），相比而言其受开放性和交互性的影响更大。平台与需求方的知识共享受到功能性和耦合性的影响最为显著，知识整合受到开放性和功能性的影响最为显著。

关于功能性对知识转移的影响机制，Pekkarinen 和 Ulkuniemi(2008)指出，服务模块化使得顾客能够适度地参与服务定制的过程，顾客作为重要的创新源，有助于服务模块的改进和更为优质的服务方案的开发。他们认为，服务传递到顾客的过程可以由多个相互联结的流程模块组成，过程模块是由标准的互不可分的过程步骤组成的。

传化公路港平台具有模块化组织典型的柔性结构特点，其开放性的信息和企业人文气息为知识转移奠定了良好的基础。公路港平台通过在实体公路港中构建标准化功能模块，制订各类运输业务标准及相关服务细则等，建立起标准化的运营系统。模块化组织的柔性特征和松散耦合特征，允许其根据客户的需求进行模块组合和模块的匹配(Sanderson & Uzumeri, 1997)。传化物流通过在实体公路港中构建标准化功能模块，制订各类运输业务标准及相关服务细则等，建立起标准化的耦合界面，允许多边用户接入。公路港平台中的功能模块根据前期客户需求调研结果设置基础功能六大模块，然后根据与供应商和客户之间的知识共享、信息交流和知识整合，进行新功能模块的开发和嵌入。

3.模块化耦合性对知识转移的影响机制

从相关性系数可知，耦合性对知识共享和知识整合具有比较大的显著影响作用。松散耦合结构有利于知识转移。松散耦合结构是一个弹性的组织结构，模块化设计规则可以帮助其实现产品多样化。这种松散耦合的分析方法同样适用于模块化组织的关系结构。可见松散耦合界面对知识转移的作用比较显著。

平台与平台供应商之间通过分析功能模块、提供组合服务模块，以云客服(56 同城)和微信(快到网)等方式实现知识的共享，通过信息采集和数据分析，进行知识整合，并提供新服务模块的使用意见反馈(知识共享)，进而提高平台组织的合作绩效和创新绩效。

7.3　管理启示

平台组织的开放度越高，模块化程度越高，平台与供应商之间松散的特征越明显，知识转移水平越高，创新绩效也越高，但合作绩效一般，如传化公路港平台；平台组织开放度越低，模块化程度越高，平台与客户间的交互性越高，知识共享和知识整合水平越高。平台开放性和模块化特征对知识转移的影响比较明显。

在现实应用方面，模块化组织正在逐渐成为新的价值创造模式，物流服务平台必须从新的信息传递和资源共享的视角重新审视系统运作模式，在更广阔的思维和视野空间内优化配置组织资源，从而提高物流平台组织的核心能力和创新水平，实现模块化组织良好的绩效，建立可持续竞争优势。在物流服务平台的构建和发展过程中，模块化的设计规则有利于避免和减少同质化竞争，在吸引平台双边用户进入平台时，尤其是在引入平台供应商时，要充分考虑现有模块化组织的结构，减少资源浪费。

第8章　平台组织模块化过程中的
知识转移:扩展研究

本章基于 Ulrich(1995)的模块化过程模型以及 Henderson 和 Clark (1990)的具体过程模型,再结合 Mikkola(2007)关于服务模块化创新和陶颜 (2011)关于金融服务模块化创新的研究成果,提出了平台组织模块化的四阶段模型,研究平台组织模块化过程中的知识转移。

8.1　案例研究规范

案例研究是一种对所构建的理论进行实证分析的方法,它可以很好地描述现实情况的丰富特征(Weick,2007)。当现实情况以及现实背景的界限不是很清晰时,可以考虑应用案例研究方法,结合多种资料源对现实情况进行探析(Yin,2003)。

Yin(2003)指出,案例研究根据研究目的的不同可以划分为以下几类,即描述性(descriptive)案例研究、探索性(exploratory)案例研究、因果性 (causal)案例研究。其中,探索性案例研究是在对于案例特点、问题性质、理论假设以及研究工具不是很了解的情况下进行的初步的研究,能为正式研究提供基础。在此,探索性案例研究方法也是本章采用的研究方法。

8.2　理论背景和分析框架

8.2.1　平台组织模块化的特征

1. 模块化的开发过程

Ulrich(1995)提出了模块化产品的开发过程,其包括概念设计、系统水平设计、细节设计、产品测试和调试几个步骤。Schilling 和 Steensma(2000)就认为,组织架构正朝着模块化发展,特定产业中的企业正开始外包,在整个生产系统中发挥着作用,变得日益模块化。这些公司使用松散耦合的三种主要方式:按合同制造、工作安排、联盟。

模块化供应链使得供应链种类的替换和创建成为可能(Voordijk,et al.,2006)。供应链模块化已与松散耦合的模块化产品架构相联系。该架构是对公司和供应链种类中的任务进行分工和外包,甚至导向了工业层面的模块化架构。然而,对于模块化架构本身是否可以有效促进复杂供应链的有效管理,还需要进一步探讨。例如,Brusoni 和 Prencipe(2001)认为需要通过系统整合来管理行动者的活动和协调其所需的知识。

关于服务平台模块化的过程研究的文献很少。Mikkola(2007)指出,服务平台模块化包括架构创新、模块设计和模块组合三个步骤,即首先进行平台的架构设计,其次按标准化的规则进行模块设计,最后根据客户需求进行服务模块的匹配,形成定制化的服务。Meyer 和 DeTore(2001)研究了保险服务的产品平台,其模块化过程包括顾客需求分析、服务解决方案的设定、设计相应的服务模块、运用到服务项目中。

2. 平台组织的特征

平台组织具有不同程度的参与开放性。现有很多研究都认识并强调了平台开放性的重要作用(Gawer & Cusumano,2002；West,2003；Gawer & Henderson,2007；Eisenmann,Parker & van Alstyne,2009；Boudreau,2010)。开放性表征了在价值链的聚合和解散基础上的第三方供应商的参与程度(Jacobides,et al.,2006)。开放性与模块化理论中的可见性这个概念是相关的(Baldwin & Clark, 2000),因为开放性考虑到了功能模块组件的第三方供应商的参与,因此开放性也与 Eisenmann 和 Colleagues(2009)提出的纵向策略相似。典型的平台架构不仅是由内在的关系所组成的,而且是竞争者、供应商和客户之间的一对多、多对一和多对多的关系架构,如图8-1 所示。

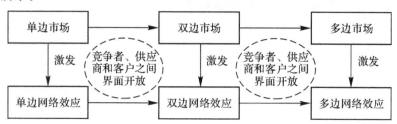

图 8-1　双边市场平台架构和网络效应图

平台系统架构展现了内在的多对一和多对多的结构。内部结构存在于平台企业内部的界面里。多对一的架构部分和开放的供应方分离了,这样的架构经常可以在产品平台中找到。多对多架构存在于产业价值链已经分解之后,并且生产和消费方可以随意参与其中。多对多架构存在于平台对供需双方都开放的情况。

8.2.2　平台组织模块化的过程模型

模块化是一套完整的管理体系,其可以将比较复杂的组件分开为各自独立的部分,且各独立性比较强的模块可通过标准界面进行交互(Langlois,2002)。Henderson 和 Clark(1990)指出,模块化有架构创新和模块创新两个方面。首先需要进行架构创新,即明确功能的结构关系,确立界面设计规则;其次是模块创新,即通过降低模块间的相互依赖性,使得组件成为能独立实现某一功能的模块。Ulrich(1995)给出了产品模块化的四个阶段,分别是概念开发、系统设计、细节设计、产品测试改进。Sanchez(1999)提出了从定义(definition)到设计(design)再到开发(development)的产品模块化过程的 3d 模型。第一步通过发掘客户的差异化需求,配置相应的功能模块,完成产品模块化的架构;第二步界定模块之间的界面,制定标准化规则;第三步在产品模块化架构的基础上开发出相应的产品模块。Langlois 和Robertson(2002)指出,模块化具有两个基本的过程,即"模块分解"与"模块集成"。

平台能够体现模块化等级的确定、界面的开放性和信息的公开程度（Cusumano & Gawer，2002；Richard & Devinney，2005；Tiwana，Konysnski & Bush，2010）。在平台设计的概念阶段，要确定在一群专业的共同参与者中进行劳动分工的模板（Jacobides，et al.，2006）。平台的架构设计阶段主要包括规则设计、结构设计、组件映射（功能匹配）和子系统界面设计（Baldwin & Clark，2000；Baldwin & Woodard，2009），这些对平台的初期架构是非常重要的（Muffatto & Roveda，2002）。

8.2.3　平台组织模块化过程中的知识转移

平台组织的模块化结构能为知识转移提供有利的中介功能。平台组织中的各个模块之间存在着竞争与合作关系。模块化组织的结构特征有利于知识的共享与整合。模块化组织的供应商之间可以通过显性和隐性知识的流动来实现知识整合与共享，以获得高水平的服务和低成本的竞争优势（Grant，1996；余东华，芮明杰，2007）。

平台组织中的新知识和新思维可以为企业在背对背竞争中提供新的资源，使隐性模块的竞争更为激烈；这也促使模块化组织改变了原来的路径，化解技术路径依赖风险。知识流动有助于领跑型企业及时更新设计规则和界面标准，保持与外部环境的动态适应能力，有利于保持模块化组织结构的动态性，进而避免组织陷入僵化与封闭的模块化陷阱（余东华、芮明杰，2007）。

组织其实是个知识协调（coordination）的系统，同样，平台组织也是一个知识系统或知识集成体。组织内部分工的整体设计是组织架构（Grant，1996；Tuner & MakhiZa，2006）。组织架构中的"软性维度"具有的沟通、信任等企业文化和管理风格等内容对知识转移都有影响，因此需要采取平衡策略来避免出现相互"挤压"的情况（Osterloh & Frey，2000；Foss，2003）。

模块化的组织是一种组织情境，平台组织的模块化是组织间的一种联系方式。Nonaka（1991；1995）给出了组织情境与知识移转之间的关系，认为组织是一个有机体，知识转移涉及显性知识与隐性知识在个体、群体、组织内、组织间转移的复杂交互过程，组织结构本身联结了知识与组织两部分。模块化组织是一种超"衔接"的组织结构，其可以储存知识、形成知识层，从而有利于知识转移。知识网络的模块化研究和模块化组织结构中的知识创新可加速组织创新的速度（芮明杰、陈娟，2004）。由于组织结构确定了知识点与知识链的分布进而支撑了企业的知识网络，因此它是企业知识体系运行的依托（芮明杰、陈娟，2006）。

从众多对知识转移的研究中可以发现，组织结构是一个重要的影响因素。本书中的平台组织的模块化机制是关于组织间的一种联结关系，直接影响平台组织的绩效变量。组织中知识转移的主体主要还是个体间的交流，特别是隐性知识的交流（余光胜、刘卫、唐郁，2006），它揭示了信任、人际关系、激励、组织管理、知识吸收能力等因素间的关系（魏江、王铜安，2006）。

与平台组织相关的知识转移活动主要包括三方面的内容：平台组织内部各功能模块之间的知识流动（见图 8-2 中的①）；平台组织与供应商之间的知识整合（见图 8-2 中的②）；平台组织与客户之间的知识共享（见图 8-2 中的③）。模块化视角下的知识转移主要指图 8-2 中的②和③。

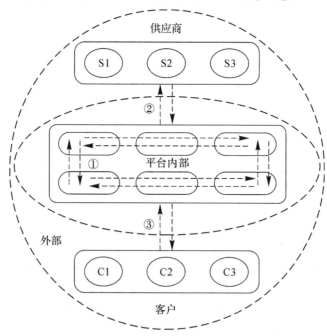

图 8-2　平台模块化组织中知识转移的类型

8.2.4　对已有研究的评述

关于服务平台模块化的过程研究的文献比较少，因此本书从模块化的一般过程和服务模块化的过程模型出发，探析平台组织模块化的阶段模型。

基于现有的研究，服务模块化的过程大多分为 3～4 个阶段，在具体内容

和步骤上相似性比较大。由 Ulrich(1995)提出的概念开发、系统设计、细节
设计和测试改进四阶段模型在制造业模块化的过程模型研究中最为经典，
其中概念开发和系统设计与 Henderson 和 Clark(1990)提出的架构设计和
模块设计在内涵上基本一致。

8.2.5　理论框架的建立

案例研究有两类思路：一种是在没有理论框架指引的情况下，通过对案
例企业进行调查研究，并对调查结果进行归纳，从而得出结论，对结论再进
行分析，最终形成具有理论框架的结论；另外一种思路是在已有的或是新建
立的理论框架下对样本案例进行调查研究并得出相应的结论(Eisenhardt，
1989)。Yin(2003)认为，从一定的理论框架开始进行案例研究，不仅可以减
少研究的冗余工作量，而且可以使案例研究更为聚焦。本书采用前一种案
例研究方法，即在一定理论研究的基础上对各个典型案例进行调研，通过对
调研结果的归纳和理论分析来得出结论，再对结论进行分析、补充或修正，
最终建立理论框架。

本章基于 Ulrich(1995)的模块化过程模型以及 Henderson 和 Clark
(1990)的具体过程模型，再结合 Mikkola(2007)关于服务模块化创新和陶颜
(2011)对金融服务模块化创新的研究成果，提出了平台组织模块化的四阶
段模型，即平台概念开发(包括需求分析和概念界定)、平台架构设计(规则
设计、结构设计和功能匹配)、平台模块设计(界面设定、标准制定和模块组
合)和平台交付完善(服务引入和服务改进)，如图 8-3 所示。

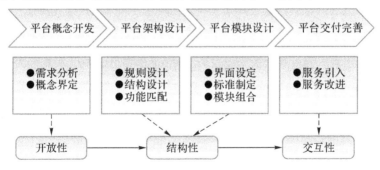

图 8-3　平台模块化的四阶段模型

8.3 研究方法

按照研究目的的不同，案例研究可以分为以下三类，即探索性、描述性、解释性。本章选择的是探索性案例研究。

8.3.1 案例选择

案例研究通常可以分为单案例研究和多案例研究（Yin，2003；Eisenhardt，1989）。多案例研究可以更为全面地了解和反映实践中的各个方面，进而形成更完整的理论（Eisenhardt & Maetin，2007），使得案例研究更加具有说服力，从而提高案例研究的有效性。多案例研究一般适用于理论的构建，包括案例内分析（within-case analysis）和跨案例分析（cross-case analysis），可提高理论构建的效度（Eisenhardt，2007）。然而，在多案例研究中，案例数量并非越多越好（Eisenhardt，2007），这意味着需要找到具有典型代表性的案例。现有文献对于平台组织模块化的研究比较少，而关于服务模块化的文献大多集中在金融服务和 IT 服务领域，很少见到对其他服务业的模块化进行研究的文献。相比于成熟和有形的产品，服务具有无形性、异质性、生产和消费同步性等特点，这使得对服务模块化的研究难度较大，但又非常重要。由于知识产权保护等原因难以获取有关服务的设计和服务模块设立的准确资料，这也成为进行服务模块化研究的主要障碍。

1. 以物流服务平台为主要研究对象的考虑因素

本书以物流服务平台为主要研究对象，主要是考虑到以下几个因素。

Rochet 和 Tirole（2006）认为，平台也可看作双边市场，Gawer（2009）也视平台为"双边市场"。在这里，平台作为两个或更多个市场或生产者群体或使用者群体之间的联系或促进者而存在。当中介可以通过对市场的一边收更高的费用或减少另一边的付费来影响交易量时，市场就是双边或多边的（Rochet & Tirole，2006）。Rochet 和 Tirole（2002）发表了有关多边市场的论文，他们对在信用卡提供商市场上禁止额外收费和交易费用的现象进行了研究。第四方物流平台具有典型的双边市场特点（戴勇，2010）。在物流服务平台中，决定物流供应商是否加入平台的重要因素为平台中是否有客户在。同样，平台客户加入平台之前也要考虑这个平台中的供应商是否达到一定的规模，是否能否满足他的要求。

物流平台提供具有相互依赖性的服务。Calliaud 和 Jullien(2003)指出，只有当双边用户同时对所提供的产品和服务产生需求时，平台企业的产品和服务才有价值。多边市场平台一般是由特定组织或平台所有者提供服务和产品。产品或服务的特有设计使得多边市场的中介作用成为可能(Belleflamme & Toulemonde，2009；Martin & Orlando，2007；Rochet & Tirole，2006)。产品平台是通过平台工程、设计特点得到提升的，而提升多边市场平台的策略则包括提供特定的产品或服务来方便市场准入，提供供求中介服务和相关的定价策略(Boudreau & Hagiu，2009；Evans，Hagiu，& Schmalensee，2006)。物流服务平台的双边用户相互依赖，平台企业也需要吸收双边用户进入平台，以提升规模效应，促进交易量的提升，维持物流服务平台长期稳定发展，并具备竞争力。

物流平台是竞争性的网络型平台(戴勇，2010)。多边市场平台主要指的是两个或多个代理通过中介进行交易的地方(Armstrong，2006)。然而，与传统市场中介不同的是，多边市场平台并不参与其所促成的交易或服务(Hagiu & Yoffie，2009)。相反的是，多边市场平台通过促进彼此之间的交易来突破买方和卖方之间的交易瓶颈(Hagiu，2006)，并通过提高市场效率，提升买卖方的价值，例如交易量、资源分配效率，加强供与求之间的沟通。物流服务平台可以对闲散的社会物流资源进行整合，利用规模效应进行优化，使之呈现出网络型特征的平台企业特征。

2. 物流服务平台模块化的可行性

Schilling(2000)给出了系统模块化的分析框架，指出系统具有的可分解性特征使得组件能从系统中分解出来，形成相对独立的模块，并可以方便地通过界面规则重新组合。Pekkarinen 和 Ulkuniemi(2008)提出，系统模块化三维架构的雏形是模块化的服务产品、模块化的组织和模块化的过程，即产品模块化、组织模块化和流程模块化。运营这个三维架构的一种方法就是平台。平台由独立的子系统和它们之间的接口组成(Meyer & Lehnerd，1997)。每个子系统包括流程模块和组织模块，它们之间的流程和接口与技术创新和企业的特定资产相关(Meyer & de Tore，1999)。平台可以通过共享服务模块为客户创造价值。模块化的服务平台由四个维度组成：服务、流程、组织和顾客界面。他们还分析了制造业与服务业模块化存在的差异：制造企业重视产品平台设计中的模块集成功能，服务企业则更需要思考服务产品与流程模块之间的接口问题(Pekkarinen & Ulkuniemi,2008)。

Pekkarinen 和 Ulkuniemi(2008)指出，物流服务行业比较适合模块化服务研究，因为它包括了物质和服务要素，同时扮演核心角色。物流服务根据需求生产，与物质产品相比，它们需要更少的物质的交付。此外，物质和服务元素的存在可以使物流服务流程更加明显，例如专业服务。模块化组织的服务平台采用标准化方法来整合服务提供者的内部和外部的资源，以便高效地实现服务。内部资源模块包括团队为每个客户部门（国家、服务行业）或每个明确的客户提供的供应链解决方案(VMI)。外部组织模块包括分包、雇用劳动力、与其他服务供应商合作管理。

3. 物流服务平台模块化的必要性

组织模块化的必要性体现在组织拥有多样化的投入和多样化的需求上(Schilling,2000)。多样化投入是指企业拥有多样化的技术选择。具有多样化需求的顾客对服务提供价值提出差异化要求。顾客的个性化需求越来越明显，对服务的附加价值的要求也越来越高。模块组合的多样性和投入的多样化成正比。顾客需求的差异化越大，模块化组合的多样性带来的期权价值就越大(Baldwin & Clark,2000;Gamba & Fusari,2009)。模块化组织设计的效用体现在可以实现组织结构的简化，降低开发成本，使得服务产品更丰富，从而能够满足客户多样化的需求。

物流服务平台的模块化具有较高的研究价值，也越来越多地被用于实践。物流业的模块化服务平台类似于计算机产业的模块化初期阶段，但其演变的过程要复杂得多。对方向明晰但结论尚不明确的问题适合采取探索性的案例研究方法(Yin,2009)进行研究。有鉴于此，本章采取探索性案例研究的方法，通过物流服务平台的模块化设计，来探析物流平台组织的模块化服务模式中的知识转移。

8.3.2   数据收集

在案例研究中，获取资源的主要方法是采用多元方法来收集资料。多资料源(multiple data sources)收集是深入研究的基础，可用三角验证方法来归纳和总结，提高研究的效度与信度（郑伯埙、黄敏萍,2008）。案例研究中的研究方法包括量化和质化的方法（陈晓萍、徐淑英、樊景立，2008）。经过梳理，本书主要采用直接观察和文件调阅法、深入访谈和建案例资料库等方法（Yin，1994；Anand，et al.，2007），详见表 8-2。

表 8-2　案例研究方法

研究方法	优点	缺点
直接观察和文件调阅法	◆范围广泛，资料齐全 ◆资料之间可以相互佐证，多重检验 ◆文献资料和行业资料可以相互补充 ◆可有效提高信度和效度	◆浮于表面，无法深入获取细节信息 ◆可能会有些无用的信息干扰
深入访谈	◆目的明确 ◆主题清晰 ◆获取的内容针对性强	◆内容不完整，有局限 ◆被访者的思维容易被引导而忽略重要的内容 ◆被访者自身的局限性
案例资料库	◆前期二手文献资料和后期访谈等一手资料的整理 ◆形成文档性的资料，便于梳理和归纳 ◆容易重复检视 ◆可以补充访谈局限造成的资料偏颇	◆调研提纲问题不佳时容易有偏颇 ◆使用权有局限

资料来源：在 Yin(1994)、陈晓萍等(2008)基础上作者修改整理而成。

1. 直接观察和文件调阅法

直接观察法包括参与法和非参与法（陈晓萍、徐淑英、樊景立，2008）。利用研究小组在物流行业的基础和背景，本研究主要采用的是参与观察法，即参与物流企业的行业会议和具体项目，进行深入访谈前期的准备和资料收集。文献调阅法就是收集并阅读与研究主题相关的各类文件（陈晓萍、徐淑英、樊景立，2008），包括搜索物流平台主页、新闻报道、统计年鉴等外部公开资料，以及企业宣传册、培训资料和会议手册等内部资料，从而了解各物流平台组织及其用户企业的基本情况、组织结构和信息共享情况等。具体操作流程为：(1)与物流从业人员进行座谈，主题为物流服务平台模块化的可行性；(2)从案例企业获得一手资料；(3)从互联网途径获取相关资料。

2. 深度访谈

本研究采用半结构访谈方式，根据前期物流企业座谈的情况，制订访谈提纲。研究小组事先就访谈主题和主要的问题进行沟通，同时设计了半结构化访谈稿。在访谈时主要根据理论框架中设计的平台组织模块化特征、知识转移与组织企业等各个影响因素的提纲，与案例企业沟通一些有关结构化的关键问题，同时在访谈中鼓励访谈对象进行开放式的回答和探讨。访谈采用问答形式，研究小组对访谈过程进行全程记录，同时在征得被访者同意的基础上使用录音设备全程录音。每个访谈过程基本保持在 120 分钟以上。在访谈结束后的 24 小时内进行访谈录音的转录工作，最大限度保证转录的正确性和时效性，并结合访谈记录进行及时的整理和总结，并制作"访谈接触单"，详细准确地记录访谈的有效信息，便于后期的编码工作。

对于在访谈记录的梳理过程中发现的一些不确定的信息和确实的关键问题，通过邮件、微信和电话的方式再次询问确认，若有必要则及时进行二次访谈，以完整地获取所需的信息。研究小组在物流行业内进行了近 5 年的研究和咨询工作，前后完成正式和非正式的访谈不下 10 次，最终获得约 10 万字的访谈资料。

3. 建立案例资料库

建立物流服务平台组织的案例资料库，根据理论框架中设计的平台组织模块化特征、知识转移与组织企业等各个影响因素进行分类储存。

8.3.3　数据分析

本书采取归纳性的定性分析方法（Eisenhardt，1989；Miles & Huberman，1994)和内容分析法。通过数据编码和归类的方法对案例资料进行分析整理，目的是从定性资料中提炼主题，论证理论研究的框架。

案例研究中的资料分析包括案例内的资料分析和案例间的比较分析（跨案例研究)(陈晓萍、徐淑英、樊景立，2008)。

1. 案例资料分析

具体步骤包括：(1)建立完整的文档资料。结合前期数据收集得到的观察、访谈等资料进行详尽的记录，包括深入访谈的录音转录、访谈记录等资料。(2)资料的总结和归纳。本研究是在已有初步理论的基础上来架构类别，对资料进行归纳和解析。(3)对资料中有异议的部分进行讨论。(4)最终得到一致的结论和新的构想。

本书基于模块化的特征和前期文献研究，以平台组织模块化的四阶段模型为轴进行"案例内分析"。结合访谈记录中的访谈主题，就平台概念开发、架构设计、模块设计和交付完善四个环节进行访谈和分析总结。通过需求分析和概念界定、结构设计和功能匹配、模块组合和服务引入等模块化过程，形成平台组织模块化阶段模型最初始的"构想"。案例分析分为两条线平行推进，确保 2～3 名研究者同时对案例的资料进行初始分析，形成基本的结论。然后另外一名研究者对前期的研究过程和结论进行比较分析，对于有差异和遗漏的地方反复推敲和讨论，直到形成一致的意见。

具体来说，本研究的案例内研究过程包括：(1)各自独立的数据分析；(2)提出构想等基本结论；(3)进行数据分析对比；(4)反复讨论；(5)得到一致意见或提出新构想，以确保案例分析的有效性和完整性。

2. 案例间的比较分析(跨案例研究)

由于对单一案例的分析容易导致"一叶障目"或先入为主，使得信息产生偏差或忽略了重要信息而无法得到正确的结论，需要进行多案例间的比较分析。在进行跨案例的分析时，要秉承开放和多元的想法，多方面求证结论。本研究主要是在平台组织模块化的基础上，结合理论研究，归纳出平台模块化的一般过程，并发现过程中的知识转移和知识流动的过程。进一步归纳平台组织模块化的特征和对知识转移的影响，再次返回数据进行检验和修正，最后得到比较可靠的结果。

8.4　案例背景：星晨急便云物流平台

星晨急便是一个依据云计算理论建立的云物流服务平台，它通过强大的信息化管理平台进行统一的信息采集和处理，对海量运单信息进行处理，对社会化资本和运力进行重新调配和综合优化。平台用户只要登录平台就可以利用平台的资源来完成业务，提高企业效益。

8.4.1　企业背景

北京星晨急便速递有限公司成立于 2009 年，定位为云物流的服务平台，属于国内首家依托电子商务和互联网构建的云物流服务平台。2012 年 3 月，星晨急便因资金问题和管理问题而倒闭。

8.4.2　平台介绍

星晨急便的云物流模式已经开始探讨云物流的创新模式和发展方向。星晨急便的地位好比计算机主机,其平台用户就是它的多个终端。平台供应商即加盟点只需要做取货和送货、开发与维护客户两件事,其余所有的公共服务都由星晨急便来完成。在云物流模式的初探过程中,开始呈现出类似计算机产业的模块化趋势,但云物流的模块化比计算机产业的模块化要复杂得多。发展中的电子商务物流,正处于模块化探索和运行的初步阶段,云物流服务平台的出现,使得各个提供模块的服务供应商开始明确自身的功能定位和辐射范围,打造符合服务平台标准的界面和标准并接入平台,共享模块化带来的共赢效应。

8.5　案例分析

基于平台组织模块化的四阶段模型,即平台概念开发(包括需求分析和概念开发)、平台架构设计(规则设计、结构设计和功能匹配)、平台模块设计(界面设定、共生界面、标准制订和模块组合)和平台服务交付完善(服务引入和服务改进),对星晨急便云物流服务平台进行案例分析。

8.5.1　云物流平台组织的模块化过程模型

1.平台概念开发阶段

(1)需求分析

一方面,在传统的物流模式下,日常运营成本高,竞争激烈;订单数量有限,有时甚至出现低于成本价抢单的情况,造成恶性竞争;物流服务水平低,服务内容集中在运输等基本功能环节,利润空间有限;一般的物流企业无法跟龙头企业竞争,处于弱势地位。另一方面,消费者的要求越来越高,他们已不单纯关注价格,更要求服务质量和时效性,倒逼物流企业进行模式的变革。星晨急便服务平台的出现,改变了传统的模式。星晨急便将快递流程拆分成了几个流程模块,自己作为平台运营商和模块集成商控制各功能节点,各成员模块作为平台参与者分享细分功能与局部环节的模式。这种基于产业模块化形成的信息化协作平台,会细化到 JIT(准时制)、轻重货物拼单、配送接货点的无缝对接、COD(cash on delivery,货到付款)的终端配送等各个服务模块的匹配。

云物流服务平台的需求分析主要是分析基于不同的上游企业客户 B 和下游终端客户 C 在时间、区域和运输方式方面的需求所要提供的模块化服务。上游电商企业一般对于物流的方式有特定的需求,比如要全程冷链配送、跨境物流、提供仓库管理服务等。下游终端客户则根据合作方式的不同被划分为高端客户服务模块、普通客户服务模块和企业客户服务模块等。

(2)概念开发

星晨急便定位于云物流服务平台,对于物流企业进行资源整合和优化,帮助中小快递企业通过接入平台实现业务量的增加。在物流服务过程中,作为平台企业的星晨急便负责进行运输干线的布局,最后一公里配送则由平台供应商即加盟商来负责完成。在云物流服务平台上,作为平台企业的星晨急便负责接订单,进行信息和金融服务,发布行业动态和业务信息;加盟商只需要通过电脑接入平台接单并维护客户即可。

2.平台架构设计阶段

(1)规则设计:平台运营商主导

电子商务的云物流中的成员模块首先要形成自己的特殊模块,其次要明确专业的功能模块,并基于这个主导功能提升专业水平,建立坚实的行业地位。在云物流的服务平台中,系统设计规则由平台运营商根据客户的需求和行业发展的趋势来制定,个别设计规则由各个成员模块的竞争态势来决定。这可以促使成员模块不断提升模块的专业属性,以对接平台的界面标准。

(2)结构设计:云物流平台的模块化结构

云物流的模块化组织是一种比较松散的模块化组织结构,它包括核心层、运营层和功能层。核心层包括模块集成商即平台运营商,其功能主要是整合资源、发布订单信息和筛选物流模块供应商;运营层包括专用模块供应商和通用模块供应商,即物流企业和快递企业,其功能是提供相应的物流功能模块,在云物流平台的规则主导下开展业务;功能层包括各种职能模块,比如公共云服务和基础云服务等模块。

电子商务云物流的模块化组织目前处于典型的核心企业协调下的网络

组织模式阶段，今后的发展方向是模块集群化的模块化组织模式，即成员模块同时处在多个云物流平台中，只存在规则主导下的协调与合作关系，并且都具有各自的选择权。在现有的云物流服务模式中，在平台运营商的协调下，各个模块供应商负责提供各个功能模块（物流服务），最后共同完成一个订单。在这种组织模式下，平台运营商负责云物流网络平台中的公共服务部分，模块供应商则只需完成取货、送货、开发与维护客户等基础服务。比如星晨急便速递公司就是一个模块集成商，其负责确定整个云物流系统的设计规则，从而确定界面和标准。根据星晨急便所确立的标准和界面，很容易复制出一批满足标准的专业物流企业。各个专业物流企业即模块供应商需要与星晨急便进行实时沟通，及时进行信息反馈，根据系统的设计规则调整和完善信息的流动，并形成自己的专业功能特色。

在云物流的服务平台中，平台运营商即模块集成商发挥着领导作用，体现出很强的网络组织控制力。模块供应商面临来自模块集成商的信息导向、服务标准等诸多方面的要求和监督。同时，成员模块为了获得比较优势地位，得到更多的服务业务，需要通过提高服务质量来提升品牌效应，包括明确专业化功能、扩大辐射范围，提升服务水平和质量等。各成员模块竞争力的提高通过模块整合使得模块集成商的终端服务产品的竞争力也得到提升，从而形成一种良性循环，促进云物流平台组织的快速发展。

（3）功能匹配

云物流服务平台根据双边用户需求和行业特点，依托技术标准进行功能匹配。为此，星晨急便研发了多种软件产品，如一键乐、快递宝、五指通和喜刷刷等，分别对应解决信息流、商流、物流和资金流方面的问题。

功能匹配主要是对模块参数进行设置和规则定义。模块之间的互动规则属于显性规则，参数的微调属于隐性规则，详见表8-3。

表 8-3　星晨急便的功能模块描述

模块	模块描述	需求	方式
潘多拉系统	基本涵盖了 B2B 和 B2C 电子商务快递业务所有的核心内容	集网点、操作、质量、客户、货物追踪、资金监控、结算清分、平台分单等功能于一体	自主研发
速递网络资金监控系统	针对电子商务行业的特点，破解传统速递中的资金监控滞后难题	实现了货物流、信息流、资金流三流同步，确保电子商务客户的货物和资金安全	自主研发

续表

模块	模块描述	需求	方式
速递网络费用结算系统	针对加盟伙伴的需求，帮助加盟伙伴解决速递费用的管理和控制问题	为加盟伙伴提供网上系统自动对账和结算服务	自主研发
一键乐	针对信息流问题，向会员推出客户端软件，功能同网站会员中心功能	包含订单查询、账单对账、信息查询等功能	自主研发
五指通	针对商流问题，使众多企业减少中间环节，降低销售成本	利用电购、网购、声购、邮购、手机购增加的无店铺销售渠道	自主研发
快递宝	基于电商运营商对物流的监控管理	解决电子商务运营商对物流、资金流的全程监控和管理	自主研发
喜刷刷	针对资金流的支付工具	安全快捷的线下支付工具	自主研发

3.平台模块设计阶段

（1）界面设定

在云物流的模块化组织结构中，主导层与职能层之间是共生界面，是双向交互式的沟通机制；职能层的服务职能模块与经营层的通用模块则是嵌入界面，信息自上而下发布。

（2）共生界面

云物流服务平台中模块集成商和主要专用成员模块之间的界面是共生界面。在云物流服务平台中，共生界面存在于各个服务模块的协调组织安排之中，即通过订单发布、信息管理和组织协调，确保各个功能模块无缝对接，有效地完成工作。在大多数情况下，模块集成商和主要专用成员模块之间的界面是在电子商务建设过程中所形成的信息基础平台，这个平台能够实现电子商务的物流订单模块、干线运输、特殊物流服务模块等的相互联系。这个服务界面也存在于各个专属物流服务模块之间，比如云物流平台发布干线运输的专属物流服务需求，各个干线运输的专用模块供应商进行接单和信息匹配，进而再提供外包模块，由下级供应商来承接支线运输。当然，这是云物流模块化初期的表现，到成熟期后外包模块就会逐步消除，变为全部通过信息共享的接口来承接业务订单。专用模块供应商和下级供应商之间的界面，通过综合数据通信系统和交互平台来实现各模块主体之间服务活动和服务信息的互通融合。

（3）标准设定

在星晨急便的云物流服务平台中，设计规则和加盟商接入平台的标准都由平台运营商星晨急便来制定，只有符合其界面和标准的才能成为其加盟商，提供功能模块，并通过平台承接订单和业务。

（4）模块组合

星晨急便云物流平台根据不同的服务对象（用户）进行模块组合。服务集成商可以选择调用由最优的服务模块组成的服务流程来满足消费者的个性化服务需求。这些服务大体包括内外部两类：针对上游电商企业的和针对下游终端客户的。对上游的电商企业主要是针对其特殊需求提供专属服务模块，如专线运输、仓储物流、冷链物流等，当然今后的发展方向还包括航空物流、国际物流和金融物流等模块，另外还包括一些针对特殊要求的服务。对下游终端客户主要提供企业客户服务模块、普通客户服务模块和高端客户服务模块，根据不同客户的需求来定制相应的服务模块，比如星晨急便提供的货到付款、开箱验货、拒收返货、夜间配送等服务。

4. 平台服务交付完善阶段

模块开发、匹配和组合完成之后，就形成了最终的一体化解决方案。在星晨急便的云物流服务平台中，包括了创新服务模块、信息服务模块、外包服务模块三大主要的功能模块，下面还有若干子模块。这些模块由专业模块供应商和通用模块供应商提供，通过不同的组合方式共同满足客户的个性化需求。

平台服务系统设计和模块开发调试完成后，平台与一些企业客户沟通，听取客户的反馈意见，对运行过程中一些不合理的功能和参数设置进行修正，最终正式上线。平台上线之后，对于企业客户和个人客户也设立专人和反馈热线，通过意见收集和回访对模块进行及时的完善和升级，以确保服务产品能够满足顾客的需求。

8.5.2　云物流平台组织的知识转移一般过程

关于知识转移过程模型的研究比较多。本研究基于 Nonaka（1998）的知识转移模型（SECI）、Gilbert 和 Hayles 的知识转移五步骤模型、余东华和芮明杰（2007）的知识流动四阶段模型，同时结合平台组织模块化的四阶段过程模型,将平台组织模块化的知识转移的一般过程也分为四个阶段来研究。

1.平台概念开发时期:知识开发阶段

在平台模块化组织的概念开发时期,主要工作是需求分析和概念开发。例如,星晨急便云物流平台首先对行业发展的瓶颈进行了分析,结合客户的差异化需求,形成了云物流平台的雏形。然后是形成云物流平台的概念。云物流平台概念形成的渠道包括物流行业年会、物流服务产品发布等同行交流活动,还有客户的意见反馈、对服务的瓶颈等客户交流信息等。云物流平台概念往往产生于传统物流企业在同业竞争与合作中的意见火花的碰撞,产生于行业交流和学习,比如物流年会、物流沙龙和论坛等,以及物流企业的掌舵人之间的经验交流。通过相互的经验交流和学习比较容易形成新的服务模式和服务产品的概念,包括对现有服务产品或模块的概念,对于服务提供方式的改变,对客户需求的定制化服务等。有些概念则来自于对行业信息的反馈和交流中形成的初步想法。比如中国物流协会定期举行的沙龙和行业会议,往往容易激发出一些新的创意和模式,还有同行企业之间的"模仿",如图 8-4 所示。

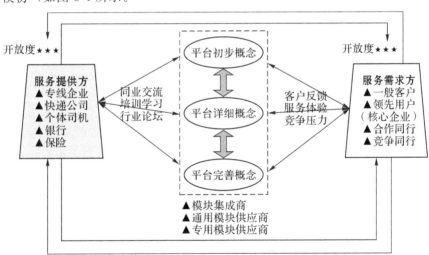

图 8-4 平台概念开发时期的知识转移主体和方式

2.平台架构设计时期:模块化结构下的知识扩散

模块化的组织结构让平台供应商可以在相同的条件下进行竞争。在星晨急便的云物流服务平台中,业务发布、行业信息传递等都是通过服务平台实现了知识共享,是各个加盟商作为模块供应商利用云物流平台可以进行的,可以提高服务效率。具体来说:(1)在星晨急便的云物流服务平台中,加盟商具有相似的企业文化,有利于知识和信息在各个模块供应商之间的扩散和流动。(2)在星晨急便的云物流服务平台中,加盟商可以保持自己的地域优势,同时可以更多地获取业务和订单,使知识和信息的传递更有效率。(3)在星晨急便的云物流服务平台中,知识和信息都是基于同一个平台发布的,减少了中间多级链条的逐级传递,保持了知识的准确性和真实性。

3.平台模块设计时期:知识共享与管理

云物流模块化平台中知识的转移包括两个部分:一是界面规则的制定,对于平台用户而言,进入平台都需要遵循界面规则;二是知识和信息的分类,不同平台用户的知识基础不同,通过平台可以进行知识交互,获得对企业有用的知识信息。星晨急便的云物流概念正是基于此提出的。而当时物流企业比较散乱,小快递企业之间恶性竞争激烈,由于信息不对称和资源不平衡,越小的企业生存状况越困难。基于这样的一个情况,星晨急便的定位就是打造一个资源整合平台,通过吸收加盟商的方式帮助小企业降低成本,提高业务量,提升企业效益。

4.平台服务交付完善时期:知识整合与吸收

云物流的服务平台构建了一个知识库,一方面利用平台企业的资源可以敏感地捕捉外界信息并发布在平台中,另一方面通过知识的流动,帮助模块供应商企业即加盟商吸收有用的信息和技术知识,并运用到提高服务质量中,开发新的服务产品,提高组织绩效。这一时期,平台通过提升加盟商的服务质量来提升云物流服务平台的品牌效应。

8.5.3　物流服务平台模块化过程中的知识转移一般过程

基于平台组织模块化的四阶段模型,物流服务平台模块化过程中的知识转移也可以分为四个阶段,分别为知识的发现和开发、模块化结构下的知识扩展、知识共享与吸收和知识整合与管理。

8.5　本章小结

本章通过扩展研究发现，物流服务平台的模块化过程包括平台概念开发、平台架构设计、平台模块设计和平台交付完善四个阶段，相应的知识转移过程也包括知识的发现和开发、模块化结构下的知识扩散、知识共享与吸收和知识整合与管理四个过程（见图 8-5）。扩展研究佐证了前面章节的研究结果，为后续研究奠定了基础。

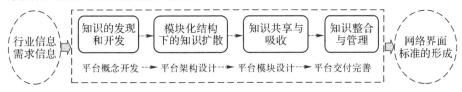

图 8-5　模块化的平台组织的知识转移过程模型

作者根据余东华和芮明杰（2007）绘制

第9章 结论与展望

经过前面章节的文献综述、理论分析、案例研究、模型构建与实证分析，基于模块化理论和双边平台理论的研究基础，本研究从平台组织间的知识转移层面分析了物流服务平台的模块化特征对知识转移和平台绩效的影响机制和作用机理。本章在此从研究结论、研究的理论贡献、研究的实践意义和研究局限及未来研究展望等几个方面做了一个总结。

9.1 主要结论

服务业的创新在更广的范围内推行，然而国内服务业创新执行力不足的现象普遍存在，需要有效的服务创新范式（魏江，2009）。物流服务业在经济社会中所占的比重越来越大，传统的服务模式已成为制约其服务质量的瓶颈，顾客需求的差异化和行业环境的变化对物流服务创新提出了新的要求，改变传统的服务模式成为物流企业提升竞争力的关键途径。但由于物流业的基础弱、起点低，模式的变化面临诸多难题。模块化理论的发展和信息技术的推动，使其应用程度不断深入，从设计和生产的模块化发展到组织和产业的模块化，从制造产业模块化到服务产业模块化。本书以模块化理论和平台理论为基础，从知识转移的中介视角，对物流服务平台的组织绩效影响机制进行了分析。本研究综合运用理论研究、案例研究、大样本统计分析等研究方法，并借助 SPSS 和 AMOS 等分析工具，将定性分析和定量统计相结合，深入展开论述，得到以下结论。

（1）基于本书的研究思路对相关的主题文献进行了回顾与评述。对模块化、平台理论、知识转移和组织绩效的概念内涵进行了综述。从模块化的概念和维度、模块化组织的概述和设计规则、服务模块化的文献研究路径全面地对模块化理论进行了综述，提出物流服务平台的模块化特征和模块化设计理念。从平台理论的流派入手，分析了平台理论基于组织平台、产品平台、双边市场平台和平台生态系统四个不同流派的发展和研究，重点针对基于模块化的产品平台流派进行了详细的梳理，包括对知识转移的概念和内涵、知识转移的一般模型和影响因素的分析，从知识共享和知识整合两个维度来描述知识转移的绩效和机制，最后从组织绩效的合作绩效和创新绩效这两方面来分析其测量的维度。

（2）物流服务平台的模块化创新内涵指的是物流平台中的舵手企业和成员企业运用模块化设计的思想和方法，架构物流服务的产品体系，提高服务质量和服务绩效。平台组织的模块化是指平台企业根据功能需求匹配关系，将服务产品分解为相互独立的模块，并通过界面规则联结形成模块化的服务产品系统，并由平台供应商来提供相应功能产品的过程；耦合性是指各个模块供应商之间具有强独立性和弱响应性的特征；交互性指模块供应商之间相互合作，彼此信任，具有畅通的沟通，并能不断开发新的功能模块的特征。本研究据此设计了测度物流平台组织模块化特征的量表，并通过实证研究证实该量表具有良好的信度和效度。

（3）物流服务平台具有典型的双边平台组织的特征。双边市场平台通过促进彼此之间的交易，缓解买方和卖方之间的冲突（Hagiu，2006）。物流服务平台具有平台组织的双边市场典型特征，并且适合进行模块化研究。物流服务平台中的双边用户彼此相互联系，而且呈现相互促进的效果。物流平台作为典型的双边市场也具有显著的外部性。物流平台上的一方的效用不仅取决于双边消费者的数量，还取决于双边消费者的质量（戴勇，2010）。因此，在实证研究中针对平台供应方和平台需求方开展大样本调研具有典型意义。结果表明，平台与平台双边用户之间存在知识的共享和整合，并且知识转移对平台组织的创新绩效和合作绩效具有正向作用。给物流服务平台指出了有意义的发展方向，即在平台发展过程中要重视知识转移成果的转换和平台用户的体验。

（4）基于案例的编码方法形成测量构想和关键题项分析。通过编码的方法，基于开放性和模块化特征，对物流平台组织中平台与供应商和平台与客户之间的知识转移的一般规律进行了深入的分析。本书基于平台理论和模块化理论，通过案例研究验证了平台组织中的平台开放性、模块化功能性、耦合性和交互性四个维度对知识转移活动存在影响。基于这一研究结论，结合理论分析和文献回顾，提出平台组织的模块化结构和分析维度通过知识转移影响平台组织绩效的理论模型。然后通过大范围问卷调查和统计分析证实了模块化特征与平台组织绩效之间存在显著相关性，具体来说就是包含独立、标准和可组合的模块化功能性，以松散耦合为特征的模块化耦合性和以信任、沟通和承诺为表征的模块化交互性都与平台组织合作绩效、创新绩效显著正相关。从知识转移的中间变量考虑模块化特征对平台组织绩效的影响机制时发现，模块化特征对平台组织绩效的影响是通过知识转移的中介作用实现的。

（5）基于前面的研究，本书还进行了探索性的扩展研究。考虑到对于平台组织模块化过程的探讨比较少，本研究通过对模块化理论文献的梳理，结合理论演绎和案例探索，从模块化的一般过程和服务模块化的过程模型出发，提出了平台模块的一般过程模型。基于现有的研究，服务模块化的过程大多分为 3～4 个阶段，具体内容和步骤有很大的相似之处。Ulrich(1995)从对制造业模块化的过程模型研究中得出的概念开发、系统设计、细节设计和测试改进四阶段模型最为经典，其中，概念开发和系统设计与 Henderson 和 Clark(1990)提出的架构设计和模块设计在内涵上基本一致。因此本研究基于 Ulrich(1995)的模块化过程模型和 Henderson 和 Clark(1990)的具体过程模型，再结合 Mikkola(2007)关于服务模块化创新和陶颜(2011)对金融服务模块化创新的研究，提出了平台组织模块化的四阶段模型，即平台概念开发（包括需求分析和概念界定）、平台架构设计（包括规则设计、结构设计和功能匹配）、平台模块设计（包括界面设定、标准制订和模块组合）和平台交付完善（包括服务引入和服务改进）。物流服务平台模块化创新遵循相似的开发步骤和阶段，但与制造业模块化创新相比，服务模块化创新的非正式性质和自下而上的特征更加明显。然后，基于 Nonaka(1998)的知识转移模型(SECI)、Gilbert 和 Hayles 的知识转移五步骤模型、余东华和芮明杰(2007)的知识流动四阶段模型，同时结合平台组织模块化的四阶段过程模型，将平台组织模块化的知识转移的一般过程也分为四个阶段来研究。

9.2　管理启示

(1)本研究以模块化理论和平台理论为支撑,以知识转移为研究视角,分析了物流服务平台模块化特征,检验了其对知识转移和组织绩效的影响,并扩展研究了物流服务平台模块化的四阶段模型和知识转移的一般过程模型。本书对模块化理论在服务业中的应用做了有益的拓展与延伸,同时结合物流业迅猛发展的大背景,研究了模块化创新对于物流服务平台的影响,以及模块化过程中的知识转移过程及其对组织绩效的作用,具有较为重要的理论意义和实践意义。

(2)物流服务平台的模块化雏形已经出现,要利用模块化设计的优势,开展物流服务模块化的创新。物流服务业是典型的实践走在理论前面的行业,笔者在走访和调研的过程中,发现很多的物流平台已经呈现出模块化的设计理念和运行模式,但缺乏理论的指导,还没有形成完整的模块化架构体系。物流企业应当广开思路,运用模块化方法开展物流服务创新,推动物流服务模式的快速变革。首先,物流龙头企业应开展物流服务产品的模块化尝试,即通过广泛调研客户需求和挖掘差异化的服务需求,开发多品类、易组合的灵活的产品模块体系,满足不同的用户需求。目前国内的物流企业在这方面还表现不足,除了一些大型的物流企业如宝供、顺丰等开始呈现这样的特点,其他的中小物流企业根本还没有这种意识。其次,应利用物流服务平台的优势,加快服务流程的模块化。物流龙头企业应利用平台的特点,发挥物流服务平台总线模块化的优势,提供多个接口接入多种不同类型的服务模块,提高流程模块化的组合性和通用性,提高服务质量。

(3)加快推进平台组织的模块化,形成模块化的架构体系。物流企业应利用技术进步和互联网平台,对传统集成的模式进行组织架构的变革,适度进行组织模块化设计,与物流服务需求相匹配。首先,物流平台企业应根据自身所处的发展阶段、企业规模和平台类型等,逐步确定模块化的程度;其次,物流平台企业应以轻过程、重结果的原则,形成"可分可合"的灵活组织架构,形成各个模块良性互动的组织架构形式。

(4)关注平台的用户体验,重视知识转移的效果。在物流服务平台的发展过程中,很多平台企业并不重视与平台用户之间的知识交互和知识转化,认为平台构建与平台用户的关联性不强，忽视了知识转移的活动内容；有些平台企业虽然已经将知识共享和知识整合的活动贯穿在平台构建的过程中，但很多数据和结果并未得到充分的利用，重要性并未得到重视。因此，平台企业应当敏感地捕捉信息的变化，加强与平台用户尤其是领先用户之间的知识共享和知识整合，积极提供多种知识交互的平台和机会，并对知识转移的成果加以利用，开发新的服务模块。

服务平台组织可以尝试搭建统一沟通平台，在平台与平台用户之间提供各种沟通方式。一方面，可以建立专门的交互渠道，如云客服模式、微信名片、微信公众号等；另一方面，应充分利用常规的沟通模式，如社交媒体（博客、微博、微信）、即时通讯（QQ、网络短信）、邮件、移动电话等。通过前期的知识交互和共享，建立完善的客户数据库、诚信体系和客户信用评价指标等，为后续的数据挖掘、新服务模块的推介试用和客户反馈等打下基础。

9.3　研究不足与展望

近年来，模块化的理论被广泛应用于服务产业，在金融服务业、IT服务业和物流服务业及知识型的服务行业中多有应用，服务模块化的研究也越来越被关注。基于此，本书构建了物流服务平台的模块化特征、知识转移和组织绩效的作用机制模型，并结合定量和定性分析的方法，通过案例编码和实证方法，分析理论模型的有效性，得到一些有意义的结论。但由于物流服务业发展的特殊性，平台组织的数据采集存在难度，另外还受到笔者个人能力、精力和时间的局限，再加上其他客观因素的制约，本书还有不少有待完善和进一步拓展研究的地方。同时，为了更好地进行研究聚焦，本书也没有对相关的延伸论点在文中一一展开。

1. 案例挑选方面

笔者利用在物流行业参与项目咨询和前沿论坛的多种机会接触到了不同类型的物流服务平台，但由于各个平台类型差异比较大，不做筛选就都拿过来做案例研究并不合适。因此结合本书的理论框架，笔者舍弃了好几个已经调研过的平台组织的数据，选择了在同类型中比较有代表性的案例来进行研究。此外，虽然书中采用的大多是经过多次调研访谈获取的资料，但由于知识的流动和转换,很多方面都没法通过访谈直接获取,如果能够更加深入地了解知识共享和整合后吸收利用的整个过程,将对本书结论的获取大有裨益。

2.调研问卷方面

实证部分的调研问卷的发放和收集是件比较困难的事情。笔者在调研过程中发现,从平台用户体验和感知角度来采集数据比较贴近,因此采用了平台用户体验的方法间接进行数据采集,对每个平台的供应商和客户分别进行调研和数据统计,得到研究结论。今后如果条件成熟了,后续研究可以采用对平台组织直接进行数据采集和调研的方法,进一步完善研究结论。

3.样本采集方面

在问卷设计和发放过程中,笔者尽量兼顾全面,但受样本数量的限制,统计结果也难免有失偏颇。

未来研究中可以采取多数据来源的方法来减少单一数据源带来的局限性,同时针对不同地区和不同行业的平台组织拓展研究样本,进而可能获得更有一般意义的研究成果。

4.测量方法

本书采用 5 分量表的测量方法进行测度,在实证中进行信度和效度的检验,并采用不同形式和跨时间的重复信度测量,来尽量保证调研的可靠程度。但调研对象的背景和主观意识难免存在偏差,这会影响研究结果。虽然笔者通过统计数据和调研资料相结合的方式来相互佐证,但还是有改进的空间。

5.研究结论方面

首先,本书从模块化的一般过程和服务模块化的过程模型出发,提出了平台模块的一般过程模型和各个阶段的知识转移的一般模型。可是,受篇幅所限,本书结合案例研究做了一些探讨,但没有分别结合典型案例深入展开研究。在模块化组织结构中,各个成员模块之间的作用界面非常重要,有待进一步深入研究。

其次,平台供应方和需求方层面的模块化设计部分有待进一步深入研究。本书旨在通过对模块化设计维度的分析，使不同的专业化物流服务提供商可以独立地开发功能模块，并接入物流服务平台。只要这些模块遵循一套预先确定的"设计规则"，就可以彼此连接无缝运行。但对于企业层面产品是如何分解的，模块是如何设计的，本书并没有涉及。

再次，平台组织特征的维度测量有待完善。本书主要还是围绕模块化组织的特征，关注模块化组织中知识转移的效果和对组织绩效的影响机制。研究对平台组织特征维度没有完全展开，除了开放性维度还要考虑网络外部性和定价策略等方面的影响因素，这也是后续研究的方向。

最后，本书的研究方法多为定性经验型和概念型，实证应用型研究不足。今后的研究方向是把规范研究和实证研究方法结合起来，从宏观产业组织和微观服务系统等多维角度来分析物流服务业的服务模块化。

参考文献

Adams M F, Day G S, Dougherty D. Enhancing new product development performance: And organizational learning perspective [J]. Journal of Product Innovation Management, 1998, 15(5):403-422.

Ajith Kumar, Ganesh L S. Inter-individual knowledge transfer and performance in product development [J]. The Learning Organization. 2011, 18(3):224-238.

Ajith Kumar, Ganesh L S. Research on knowledge transfer in organizations: Morphology [J]. Journal of Knowledge Management. 2009, 13 (4):161-174.

Alavi M, Leidner D E. Review: knowledge management and knowledge management systems: Conceptual foundations and research issues [J]. MIS Quarterly, 2001, 25 (1):107-137.

Alawi A, Jassem H, Zakrzewski W J. Scattering of topological solitons on barriers and holes in two models[J]. Journal of Physics A: Mathematical and General, 2007, 40 (37): 11319-11331.

Albers J A, Brewer S. Knowledge management and the innovation process: The eco-innovation model [J]. Journal of Knowledge Management Practice, 2003, 4:1-10.

Alexander C. Notes on the Synthesis of Form [M]. London: Oxford University Press, 1964.

Allee V. 12 principles of knowledge management [J]. Training and Development, 1997, 51(11):71-74.

Ambos T C, Andersson U, Birkinshaw J. What are the consequences of initiative-taking in multinational subsidiaries? [J]. Journal of International Business Studies, 2010,41 (7):1099-1118.

Anand N, Richard L D. What is the right organization design? [J]. Organizational Dynamics, 2007, 20(4):329-344.

Anderson J, Gerbing D. Structural equation modeling in practice: A review and recommended two step approach[J]. Psychological Bulletin,1988,103(3): 411-423.

Anderson S P, Coate S. Market provision of broadcasting: A welfare analysis [J]. Review of Economic Studies,2005, 72(4):947-972.

Andersson U, Forsgren M, Holm U. The strategic impact of external networks: Subsidiary performance and competence development in the multinational corporation [J]. Strategic Management Journal, 2002, 23(11):979-996.

Aoki M, Takizawa H. Information, incentives, and option value in the sillicon valley model [J].Journal of Comparative Economics , 2002, 30(4):759-786.

Argote L, Ingram P. Knowledge transfer: a basis for competitive advantage in firms[J]. Organizational Behavior and Human Decision Processes,2000, 82(1):150-169.

Armstrong M. Competition in two-sided market [J]. The RAND Journal of Economics, 2006, 37(3):668-691.

Assche A V. Modularity and the organization of international production [J]. Japan and the World Economy,2008, 20(3):353-368.

Aula P S. Chaos and the double function of communication [J]. Nonlinear Dynamics in Human Behavior, 1996(9): 191-206.

Aulakh P S, Kotabe M, Sahay A. Trust and performance in cross-border marketing parterships: A behavioral approach [J]. Journal of International Business Studies, 1996, 27(5):1005-1032.

Avlonitis G J, Papastathopoulou P G, Gounaris SP. An empirically-based typology of product innovativeness for new financial services: Success and failure scenarios [J]. Journal of Product Immolation Management, 2001,18(5): 324-342.

Bakos Y, Katsamakas E. Design and owner-ship of two-sided networks: Implications for internet platforms [J]. Journal of Management Information Systems, 2008, 25(2): 171-202.

Baldwin C Y, Woodard C J. The architecture of platforms: A unified view [C] //Gawer A. Platforms, markets and innovation. Cheltenham. UK: Edward Elgar, 2009: 19-44.

Baldwin C Y. Where do transactions come from? Modularity, transactions, and the boundaries affirms[J]. Industrial and Corporate Change, 2008,17(1):155-195.

Baldwin C, Clark K. Design Rules: The Power of Modularity [M]. Cambridge, MA: MIT Press, 2000.

Baldwin C, Clark K. Managing in the age of modularity [J]. Harvard Business Review, 1997, 75(5):84-93.

Baldwin, Clark. Design rules: The power of modularity [M]. Massachusetts: Massachusetts Institute of Technology Press, 2000.

Baldwin, Clark. Managing in an age of modularity [J]. Harvard Business Review, 1997, 75(5):84-93.

Barney J B. Firm resources and sustained competitive advantage [J]. Journal of Management, 1991, 17(1):99-120.

Bartlett C A, Ghoshal S. Managing Across Borders [M]. Cambridge, MA: Harvard Business School Press, 1989.

Bask A, Lipponen M, Rajahonka M, et al. The concept of modularity: diffusion from manufacturing to service production [J]. Journal of Manufacturing Technology Management, 2010, 21 (3): 355-375.

Beekun R I, Glick W H. Organization Structure from a Loose Coupling Perspective: A Multidimensional Approach [J]. Decision Sciences, 2001, 32(2):78-93.

Beekun R I, Glick W H. Organization structure from a loose coupling perspective: A multidimensional approach[J]. Decision Sciences, 2001, 32(2):227-250.

Belleflamme P, Toulemonde E. Negative intra-group externalities in two-sided markets [J]. International Economic Review, 2009, 50(2): 245-272.

Bender S, Fish A. The transfer of knowledge and the retention of expertise: the continuing need for global assignments [J]. Journal of Knowledge Management, 2000, 4(2): 125-137.

Berends H. Exploring knowledge sharing: Moves, problem solving and justification[J]. Knowledge Management Research & Practice, 2005, 3(2): 97-105.

Birkinshaw J. Entrepreneurship in multinational corporations: The characteristics of subsidiary initiatives [J]. Strategic Management Journal, 1997, 18(3): 207-229.

Bititci U S, Mendibil K, Nudurupati S, et al. Dynamics of performance measurement and organisational culture [J]. International Journal of Operations & Production Management, 2006, 26(12): 1325-1350.

Blok C D, Luijkx K, Meijboom B, et al. Modular care and service packages for independently living elderly [J]. International Journal of Operations & Production Management, 2010, 30(1):75-97.

Bobrow D, Whalen J. Community knowledge sharing in practice[J]. The Eureka Story Reflections, 2002(4):47-59.

Bontis N, et al. Intellectual capital and business performance in Malaysian industries[J]. Journal of Intellectual Capital, 2000,1(1):85-100.

Boudreau K, Hagiu A. Platforms rules: Multi-sided platforms as regulators [C]. In

Gawer A. Platforms, markets and innovation. Cheltenham. UK: Edward Elgar, 2009:163-191.

Boudreau K, Lakhani K. "Open" disclosure of innovations, incentives and follow-on reuse: Theory on processes of cumulative innovation and a field experiment [J]. Computational Biology, 2015,44(1):4-19.

Boudreau K. Let a thousand flowers bloom? An early look at large numbers of software app developers and patterns of innovation [J]. Organization Science, 2012, 23(5): 1409-1427.

Boudreau K. Open platform strategies and innovation: Granting access vs. devolving control [J]. Management Science, 2010, 56(10):1849-1872.

Bresnahan T F, Greenstein S. Technological competition and the structure of the computer industry[J]. Journal of Industrial Economics, 1999, 47(1): 1-40.

Britran G,, Pedrosa L A. A structured product development perspective for service operations [J]. European Management Journal, 1998, 16(2):169-189.

Brown J S, Duguid P. The Social Life of Information [M]. Cambridge, MA: Harvard Business School Press, 2000.

Bruce B R, Harrison J S. Walking a tight rope: Creating value through inter-organizational relationships. [J]. Journal of Management, 2000, 26(3):367-403.

Brusoni S, Prencipe A. Unpacking the black box of modularity: technologies, products and organizations [J]. Industrial and Corporate Change, 2001, 10(1):179-205.

Buenstorf Q. Sequential production, modularity and technological change [J]. Structural Change and Economic Dynamics, 2005, 16(2): 221-241.

Bukhari H, Akram S, Bari MN, et al. Biological activities of Opuntia monacantha cladodes[J]. Journal Chemical Society of Pakistan. 2012, 34(4):990-995.

Caillaud B, Jullien B. Chicken and egg: Competition among intermediation service providers [J]. The RAND Journal of Economics, 2009, 34(2):309-328.

Campagnolo D, Camuffo A. The concept of modularity in management studies: a literature review [J], International Journal of Management Reviews, 2010,12 (3): 259-283.

Carlile P, Rebentisch E. Into the black box: the knowledge transformation cycle [J]. Management Science, 2003, 49:1180-1195.

Cavusgil S T, Calantone R J, Zhao Y. Tacit knowledge transfer and firm innovation capability[J]. The Journal of Business and Industry of Marketing, 2003, 18(1):6-21.

Ceccagnoli M, Forman C, Huang P, et al. Co-creation of value in a platform ecosystem: The case of enterprise software [J]. MIS Quarterly, 2012, 36(1):263-290.

Cennamo C, Santalo J. Platform competition: Strategic trade-offs in platform markets [J]. Strategic Management Journal, 2013, 34(11):1331-1350.

Chen J, Zhang C, Xu Y. The role of mutual trust in building members' loyalty to a C2C platform provider [J]. International Journal of Electronic Commerce, 2009, 14(1): 147-171.

Chen K M, Liu R J. Interface strategies in modular product innovation [J]. Technovation, 2005, 25(7):771-782.

Chen S L, Tseng M M. Defining specifications for custom products: A multi-attribute negotiation approach [J]. CIRP Annals, 2005, 54 (1):159-162.

Chesbrough H W, Apple Yard M M. Open innovation and strategy [J]. California Management Review, 2007, 50(1):57-76.

Chichester M M, Roveda M. Product architecture and platforms: A conceptual framework [J]. International Journal of Technology Management, 2002, 24(1):1-16.

Chorpita B F, Daleiden E L, Weisz J R. Modularity in the design and application of therapeutic interventions [J]. Applied and Preventive Psychology, 2005, 11 (3): 141-156.

Christensen O. An Introduction to Frames and Rises Bases [M]. Boston: Birkhauser, 2003.

Ciabuschi F, Dellestrand H, Kappen P. Exploring the effects of vertical and lateral mechanisms in international knowledge transfer projects[J]. Management International Review, 2011,51(2): 129-155.

Ciborra C U. The platform organization: Recombining strategies, structures, and surprises [J]. Organization Science, 1996, 7(2):103-118.

Cliquet G, Streed O. Concept uniformity in limited-service restaurant chains: Case studies [C]. 3rd International Conference on Economics and Management of Network Rotterdam, 2007.

Cohen W M, Levinthal D A. Absorptive capacity: A new perspective on learning and innovation[J]. Administrative Science Quarterly, 1990,35(1): 128-152.

Connelly C E, Kelloway E K. Predictors of employees' perceptions of knowledge sharing culture [J]. Leadership & Organization Development Journal, 2003,24(3):294-301.

Cooper E. Modular assembly lines are taking over[J]. Machine Design,1999,71(19): 97-102.

Cowan R, Jonard N. Network structure and the diffusion of knowledge [J]. Journal of Economic Dynamics & Control, 2004, 28: 1557 - 1575.

Cranefield J, Yoong P. Embedding personal professional knowledge in a complex online community environment[J]. Online Information Review, 2009, 33(2): 257-275.

Cusumano M A, Gawer A. The elements of platform leadership [J]. MIT Sloan Management Review, 2002. 43(3):51-58.

Cusumano M A. The evolution of platform thinking [J]. Communications of the ACM, 2010, 53(1):32-34.

Da Silveira G, Borenstein D, Fogliatto F S. Mass customization: literature review and research directions [J]. International Journal of Production Economics, 2001, 72 (1): 1-13.

Daft R L, Lewin A Y. Where are the theories of the "new" organizational forms? An editorial essay [J]. Organization Science, 1993,4(4): i-vi.

Davenport T H, Prusak L. Working knowledge: How organizations manage what they know? [M] Boston, MA: Harvard Business School Press,1998.

Dess G G, Robinson R B Jr. Measuring organizational performance in the absence of objective measures [J]. Strategic Management Journal, 1984 (5):274-286.

Dhanaraj C, Lyles M A, Steensma H K, et al. Managing tacit and explicit knowledge transfer in IJVs: the rule of relational embeddedness and the impact on performance [J]. Journal of International Business Studies, 2004,35(5): 428-442.

Distaso W, Lupi P, Manenti F. Platform competition and broadband uptake: Theory and empirical evidence from the European Union [J]. Information Economics and Policy, 2006, 18(1), 87-106.

Dixon J R, Nanni J, Vollmann T E. The New Performance Measurement Challenge: Measuring Operation for World Class Competition [M]. New York: McGraw-Hill Professional Publishing, 1990.

Dixon T C, Fadl A A, Koehler T M, et al. Early bacillus anthracis-macrophage interactions: intracellular survival and escape[J]. Cell Microbial, 2000, 2(6): 453 -463.

Djelic M L, Ainamo A. The coevolution of new organizational forms in the fashion industry: A historical and comparative study of France, Italy, and the United States [J]. Organization Science, 1999, 10(5):622-637.

Dretske F. Knowledge and the Flow of Information [M]. Cambridge, MA: MIT Press, 1981.

Drew S A W. Accelerating innovation in financial service [J]. Log Range Planning, 1995, 28(4):11-21.

Dubois A, Gadde L E. The Construction industry as a loosely coupled system: Implications for productivity and innovation [J]. Construction Management and

Economic，2002，20（7）：621-631.

Dyer J H，Nobeoka K. Creating and managing a high-performance knowledge-sharing network：the Toyota case [J]. Strategic Management Journal，2000，21(3)：345-367.

Dyer J H，Singh H. The relational view：Cooperative strategy and sources of interorganizational competitive advantage [J]. Academy of Management Review，1998，23(4)：660-679.

Easingwood C，Storey C. Successful factors for new consumer financial service [J]. International Journal of Bank Marketing，1991，9(1)：3-10.

Economides N，Katsamakas E. Two-sided competition of proprietary vs. open source technology platforms and the implications for the software industry [J]. Management Science，2006，52(7)：1057-1071.

Edvinsson L，Malone M S. Intellectual Capital：Realizing Your Company's True Value by finding its Hidden Roots [M]. New York：Harper Collins Publishers Inc，1997.

Eisenhard L K M. Building theories from case study research [J]. Academy of Management Review，1989，14(4)：532-550.

Eisenhardt K M，Martin J A. Dynamic capabilities：What are they? [J]. Strategic Management Journal，2000，21(10)：1105-1121.

Eisenhardt K M. Theory building from cases：Opportunities and challenges [J]. Academy of Management Journal，2007，50(1)：25-32.

Eisenmann T R，Parker G，van Alstyne M W. Opening platforms：How，when and why? [J] Platforms，Markets and Innovation，2009（9）：131-162.

Eisenmann T R，Parker G，Van Alstyne M W. Platform envelopment [J]. Strategic Management Journal，2011，32(12)：1270-1285.

Eisenmann T R，Parker G，Van Alstyne M W. Strategies for two-sided markets [J]. Harvard Business Review，2006，84(10)：92-101.

Eisenmann T R. Managing proprietary and shared platforms [J]. California Management Review，2008，50(4)：31-53.

Ellram L M，Tate W W L，Billington C. Offshore outsourcing of professional services：A transaction cost economics perspective [J]. Journal of Operations Management，2008，26(2)：148-163.

Ethiraj S K，Levinthal D. Bounded rationality and the search for organizational architecture：An evolutionary perspective on the design of organizations and their evaluability [J]. Administrative Science Quarterly，2004，49(3)：404-437.

Evans D S，Hagiu A，Schmalensee R. Invisible engines：How software platforms drive innovation and transform industries [M]. Cambridge，MA：MIT Press，2006.

Evans J S B T. In two minds: Dual-process accounts of reasoning [J]. Trends in Cognitive Sciences, 2003(7): 454-459.

Fahey L, Prusak L. The eleven deadliest sins of knowledge management [J]. California Management Review, 1998, 40(3):265-277.

Farrell J, Monroe H K, Saloner G. The vertical organization of industry: Systems competition versus component competition [J]. Journal of Economics and Management Strategy, 1998, 7(2):143-182.

Fischer T B. Policy, plan and programmed environ — mental assessment in England, Netherlands and Germany: Practice and prospects. Environment and planning B [J]. Planning and Design, 2002, 29: 159-172.

Fixson P. The power of integrality: Linkages between product architecture, innovation, and industry structure [J]. Research Policy, 2008, 37(8):1296-1316.

Fixson S K,Park J -K. The power of integrality:Linkages between product architecture, innovation, and industry structure[J]. Research Policy, 2008,37(8):1296-1316.

Fixson S K. A roadmap for product architecture costing [J]. Product platform and product family design,2006(12):305-334

Fixson S K. The multiple faces of modularity:A literature analysis of a product concept for assembled hardware products [R]. University of Michigan, 2003.

Folan P, Browne J. A review of performance measurement towards performance management [J]. Computers in Industry, 2005 (56):663-680.

Fomell C, Larcker D F. Evaluating structural equation models with unobservable variables and measurement error [J]. Journal of Marketing Research, 1981, 18(2): 39-50.

Frigo M L, Krumwiede K R. Balanced scorecards: A rising trend in strategic performance measurement [J]. Journal of Strategic Performance Measurement,1999,3 (1):42-48.

Frost T S, Birkinshaw J M, Ensign P. Centers of excellence in multinational corporations [J]. Strategic Management Journal, 2002,23: 997-1018.

Galunic E. Architectural innovation and modular corporate forms [J]. Academy of Management Journal,2001, 44(6):1229-1249.

Gawer A, Cusumano M A. How companies become platform leaders [J]. MIT Sloan Management Review, 2008, 49(2): 28-35.

Gawer A, Cusumano M A. Industry platforms and ecosystem innovation [J]. Journal of Product Innovation Management, 2014, 31(3): 417-433.

Gawer A, Cusumano M A. Platform leadership: How Intel, Microsoft, and Cisco drive industry innovation [M]. Boston, MA: Harvard Business School Press, 2002.

Gawer A, Cusumano M. Industry platform and ecosystem innovation [J]. Journal of product Innovation Management, 2014(3):417-433.

Gawer A, Henderson R M. Platform owner entry and innovation in complementary markets: Evidence from Intel [J]. Journal of Economics and Management Strategy, 2007, 16(1): 1-34.

Gawer A, Phillips N. Institutional work as logics shift: The case of Intel's transformation to platform leader [J]. Organization Studies, 2013, 34(8): 1035-1071.

Gawer A. Platform dynamics and strategies: From products to services [C]. In Gawer A. Platforms, markets and innovation Cheltenham. UK: Edward Elgar. 2009: 45-76.

Gereffi G, Humphrey J, Sturgeon T. The governance of global value chains [J]. Review of International Political Economy, 2005, 12(1): 78-104.

Gershenson J K, Jagannath P G, Allamneni S. Modular product design: A life-cycle view [J]. Journal of Integrated Design and Process Science, 1999, 3(4):13-26.

Ghalayini A M, Noble J S. The changing basis of performance measurement [J]. International Journal of Operations & Production Management, 1996, 16(8): 63-80.

Gilbert M, Cordey-Hayes M. Understanding the process of knowledge transfer to achieve successful technological innovation [J]. Technovation, 1996, 16 (6):301-312.

Glazer R. Marketing in an information-intensive environment: Strategic implications of knowledge as an asset[J]. Journal of Marketing, 1991,55:1-19.

Globerson S. Issues in developing a performance criteria system for an organization [J]. International Journal of Production Research, 1995, 23: 639-646.

Gourlay A, Seaton J, Suppakitjarak J. The determinants of export behavior in UK service firms[J]. The Service Industries Journal, 2005, 25(7), 879-889.

Granovetter M. Network sampling: Some first steps [J]. American Journal of Sociology, 1976(81):1287-1303.

Granovetter M. The strength of weak ties[J]. The American Journal of Sociology, 1973, 78(6): 1360-1380.

Grant R M. Prospering in dynamically-competitive environments: Organizational capability as knowledge integration [J]. Organization Science, 1996, 7(4):375-387.

Grant R M. Toward a knowledge-based theory of the firm [J]. Strategic Management Journal, 1996,b (17):109-122.

Gupta A K, Govindarajan V. Knowledge flows and the structure of control within multinational corporations [J]. Academy of Management Review, 1991, 16(2):768 -792.

Haas M R, Hansen M T. Different knowledge, different benefits: Toward a productivity perspective on knowledge sharing in organizations [J]. Strategic Management Journal, 2007, 28(11): 1133-1153.

Hagiu A. Pricing and commitment by two-sided platforms [J]. The RAND Journal of Economics, 2006, 37(3): 720-737.

Halman J, Hofer A, Vuuren W. Platform-driven development of product families: Linking theory with practice [J]. Journal of Product Innovation Management, 2003, 20(2):149-162.

Hansen M T, Nohria N, Tierney T. What's your strategy for managing knowledge[J]. Harvard Business Review, 1999,77(2): 106-116.

Hansen M T. Knowledge networks: explaining effective knowledge sharing in multiunit companies [J]. Organization Science, 2002, 13(3): 232-249.

Hargadon A B, Bechky B A. When collections of creatives become creative collectives: A field study of problem solving at work [J]. Organization Science, 2006, 17 (4): 484-500.

Helfat C E, Eisenhardt K M. Inter-temporal economies of scope, organizational modularity, and the dynamics of diversification [J]. Strategic Management Journal, 2004, 25(13):1217-1232.

Henderson R M, Clark K B. Architectural innovation: The reconfiguration of existing product technologies and the failure of established firms [J]. Administrative Science Quarterly, 1990, 35(1):9-30.

Hendricks K B, Singhal V R. Delays in new product introductions and the market value of the firm: The consequences of being late to the market [J]. Management Science, 1997, 43(4): 422-436.

Hippel E V. Democratizing Innovation[M]. Cambridge, MA:The MIT Press, 2005.

Hoetker G, Swaminathan A, Mitchell W. Modularity and the impact of buyer-supplier relationships on the survival of suppliers [J]. Management Science, 2007,53 (2): 171-191.

Hoetker G. Do modular products lead to modular organizations [J]. Strategic Management Journal,2006, 27(6):501-518.

Hoffman E P, et al. Variability in muscle size and strength gain after unilateral resistance training[J]. Med Sci Sports Exerc, 2005(37):964-972.

Holtham C, Courtney N. The executive learning ladder: A knowledge creation process grounded in the strategic information systems domain[C]. AMCIS 1998 Proceedings, 1998:199.

Holzner B, Marx J. Knowledge Application: The Knowledge System in Society [M]. Boston, MA: Allyn and Bacon, 1979.

Hoogeweegen M R, Teunissen W J M, Vervest P H M, et al. Modular network design: Using information and communication technology to allocate production tasks in a virtual organization [J]. Decision Sciences, 1999, 30(4): 1073-1103.

Hul R A E. Knowledge sharing in teams: Social capital, extrinsic incentives, and team innovation [J]. Group & Organization Management, 2014, 39(2):213-243.

Hult Ct T M, Ketchen D J, Arrfelt M. Strategic supply chain management: Improving performance through a culture of competitiveness and knowledge development [J]. Strategic Management Journal, 2007, 28(10):1035-1052.

Iansiti M, Levien R. Strategy as ecology [J]. Harvard Business Review, 2004, 82(3): 68-78.

Jacobides M G, Knudsen T, Augier M. Benefiting from innovation: Value creation, value appropriation and the role of industry architectures [J]. Research Policy, 2006, 35(8): 1200-1221.

Jacobides M G. Industry change through vertical disintegration: How and why markets emerged in mortgage banking[J]. Academy of Management Journal, 2005, 48(3): 465-498.

Jacobs M, Vickery S K, Droge C. The effects of product modularity on competitive performance. Do integration strategies mediate the relationship? [J] International Journal of Operations & Production Management, 2007, 27 (10):1046-1068.

Jiao J, Ma Q, Tseng M M. Towards high value—added products and Services: Mass customization and beyond [J]. Technovation, 2003, 23(10): 809-821.

Jiao J, Simpson T, Siddique Z. Product family design and platform-based product development: A state-of-the-art review [J]. Journal of Intelligent Manufacturing, 2007, 18(1): 5-29.

Jiao J, Zhang L, Pokharel S. Process platform planning for variety coordination from design to production in mass customization manufacturing [J]. IEEE Transactions on Engineering Management, 2007, 54(1): 112-129.

Johnson S P, Menor L J, Roth AV, et al. A critical evaluation of the new service development process: Integrating service innovation and service design [M] // Fitzsimmons J A, Fitzsimmons M J. New service development: Creating memorable experiences: 1-32. Thousand Oaks, CA: Sage Publications, 2000.

Jose A, Tollenaere M. Modular and platform methods for product family design: literature analysis [J]. Journal of Intelligent Manufacturing, 2005, 16 (3): 371-390.

Kahneman D, Tversky A. On the psychology of prediction [J]. Psychological Review, 1973, 80(4): 237-251.

Kamara M J, Anumba J C, Carrillo P, et al. Conceptual framework for live capture and reuse of project knowledge [M]. Construction Informatics Digital Library, 2003.

Kankanhail A, Tan B, Wei K. Contributing knowledge to electronic knowledge repositories: An empirical investigation special issue on information technologies and knowledge management [J]. MIS Quarterly, 2005, 29(1):113-144.

Kaplan R S, Norton D P. The balanced scorecard — measures that drive performance [J]. Harvard Business Review, 1992, 70(1): 59-71.

Katz L M, Shapiro C. Technology adoption in the presence of network externalities [J]. Journal of Political Economy, 1986, 94(4): 822-841.

Kennerley M, Neely A. Performance measurement frameworks—a review, Business Performance Measurement —Theory & Practice [M]. Cambridge: Cambridge University Press, 2002.

Kessler E H, Bierly P E, Gopalakrishnan S. Internal vs external learning in new product development: Effects on speed, costs and competitive advantage [J]. R&D Management, 2000, 30(3): 213-224.

Kim B. Managing the transition of technology life cycle [J]. Technovation, 2003, 23(5): 371-381.

Kim D J, Kogut B. Technological platforms and diversification [J]. Organization Science, 1996, 7(3):283-301.

Kim S, Lee H. The impact of organizational context and information techno[J]. Public Administration Review, 2006,66(3): 370-386.

Koght B. Joint Ventures: The oretical and empirical perspectives [J]. Strategic Management Journal, 1988, 9(4):319-332.

Kogut B, Kulatilaka N. Options thinking and platform investments: Investing in opportunity [J]. California Management Review, 1994, 36(2):52-71.

Kogut B, Zander U. Knowledge of the firm: combinative capabilities and the replication of technology [J]. Organization Science, 1992, 3(3):383-397.

Kotabe A, Martin X, Domoto H. Gaining from vertical partnerships: Knowledge transfer, relationship duration, and supplier performance improvement in the US and Japanese automotive industries [J]. Strategic Management Journal, 2003, 24(4): 293-316.

Koulopoulos T M, Frappaolo C. Knowledge management [M]. UK: Capstone,1999.

Krishnan V, Gupta S. Appropriateness and impact of platform-based product development [J]. Management Science, 2001, 47(1):52-68.

Kusunoki K, Nonaka I, Nagata A. Organizational capabilities in product development of Japanese firms: A conceptual framework and empirical findings [J]. Organization Science, 1998,9(6): 699-718.

Lam A. Tacit knowledge, organizational learning and innovation: a societal perspective [J]. Danish Research Unit for Industrial Dynamics, 1998:484-500.

Langlois R N. Modularity in technology and organization [J]. Journal of Economic Behavior & Organization, 2002, 49(1):19-37.

Lee J N. The impact of knowledge sharing, organization a capability and partnership quality on IS outsourcing success [J]. Information & Management, 2001, 38 (5): 323-350.

Lee S H, Makhija M. Flexibility in internationalization: Is it valuable during an economic crisis[J]. Strategic Management Journal, 2009, 30(5): 537-555.

Lei David, Hitt Michael A, Goldhar Joel D. Advanced manufacturing technology: Organizational design and strategic flexibility [J]. Organization Studies, 1996, 17(3): 501.

Liestmann V, Kuster J. Framework for modular service portfolios[M].//In Luczak K H, Zink J (E)ds.. Human Factors in Organizational Design and Management. Aachen: Elsevier, 2003:179-185.

Lin B W. Original equipment manufacturers (OEM) manufacturing strategy for network innovation agility: The case of Taiwanese manufacturing networks [J]. International Journal of Production Research, 2004,42(5): 943-957.

Lin H F, Lee G G. Perceptions of senior managers toward knowledge sharing behavior [J]. Management Decision, 2004,42(1):108-125.

Major E J, Cordey-Hayes M. Engaging the business support network to give SMEs the benefit of foresight[J]. Technovation, 2000, 20(11): 589-602.

Marr B, Schiuma G. Business performance measurement-past, present & future [J]. Management Decision, 2003, 41(8): 680-687.

Marshall R, Leaney P G, Botterell P. Enhanced product realization through modular design: an example of product/process integration [J]. Journal of Integrated Design and Process Technology, 1998(3):113-116.

Martin A, Orlando M. Barriers to network specific investment [J]. Review of Economic Dynamics, 2007,10(4): 705-728.

Martin J A E, Kathleen M. Cross-business synergy: Recombination, modularity and the multi-business team [C]. Paper presented at the Academy of Management

Proceedings，2003.

McAdam R，McGreedy S. A critical review of knowledge management models[J]. The Learning Organization，1999,6(3):91-100.

Mclaughlin C P. Why variation reduction is not everything: A new paradigm for service operations [J]. International Journal of service Industry Management，1996,7(3):17-30.

Medori D,Steeple D. A framework for auditing and enhancing performance measurement systems [J]. International Journal of Operations & Production Management，2000，20(5): 520-533.

Menor L J，Roth A V. New service development competence in retail banking: Construct development and measurement validation [J]. Journal of Operations Management，2007，25(4):825-846.

Menor L J，Tatikonda M V，Sampson S E. New service development: Areas for exploitation and exploration [J]. Journal of Operations Management，2002，20(2):135-157.

Metters R，Vargas V. A typology of de-coupling strategies in mixed services [J]. Journal of Operations Management，2000,18(6):663-682.

Meyer H，DeTore A. Product development for services [J]. Academy of Management Executive，1999，13(3):64-76.

Meyer M H，Dalal D. Managing platform architectures and manufacturing processes for non-assembled products [J]. Journal of Product Innovation Management，2002，19(4):277-293.

Meyer M H，DeTore A. Perspective: Creating a platform-based approach for developing new services [J]. Journal of Product Innovation Management，2001，18(3):188-204.

Meyer M H，Jekowsky E，Crane F G. Applying platform design to improve the integration of patient services across the continuum of care [J]. Managing Service Quality，2007，17(1):23-40.

Meyer M H，Lehnerd A P. The power of product platforms: Building value and cost leadership [M]. New York: Free Press,1997.

Meyer M H，Seliger R. Product platforms in software development [J]. MIT Sloan Management Review，1998，40(1):61-74.

Meyer M H. The strategic integration of markets and competencies [J]. International Journal of Technology Management，1999，17(6):677-695.

Meyer M，Gupta V. The performance paradox[M]// Straw B M，Cummings L L. Research in Organizational Behavior. Greenwich，CT: JAI Press，1994.

Meyer M, Utterback J M. The Product Family and The Dynamics of Core Capability [J]. Sloan Management Review, 1993, 34(3):29-47.

Mikkola J H, Gassmalm O. Managing modularity of product architectures: Toward an integrated theory[J]. Engineering Management, IEEE Transactions, 2003, 50(2): 204-218.

Mikkola J H. Capturing the degree of modularity embedded in product architectures [J]. Journal of Product Innovation Management, 2006, 23(2):128-146.

Mikkola J H. Management of product architecture modularity for mass customization: Modeling and theoretical considerations [J]. IEEE Transactions on Engineering Management, 2007, 54(1):57-69.

Mikkola J H. Capturing the degree of modularity embedded in product architectures [J]. Journal of Product Innovation Management, 2006,23(2):128-146.

Miozzo M, Grimshaw D. Modularity and innovation in knowledge—intensive business services: IT outsourcing in Germany and the UK [J]. Research Policy, 2005, 34(9): 1419-1439.

Molar J, Spekman R. Characteristics of partnership SUCCESS: Partnership attributes, communication behavior, and conflict resolution techniques [J]. Strategic Management Journal,1994,15(2):135-152.

Mudambi R, Navarra P. Is knowledge power? Knowledge flows, subsidiary power and rent-seeking within MNCs[J]. Journal of International Business Studies, 2004,35(5): 385-406.

Mudambi R, Pedersen T, Andersson, Ulf. How subsidiaries gain power in multinational corporations [J]. Journal of World Business, 2014, 49(1):101-113.

Muffatto M, Roveda M. Product architecture and Platform: A conceptual framework [J]. International Journal of Technology Management, 2002, 24(1):1-16.

Muffatto M. Introducing a platform strategy in product development [J]. International Journal of Production Economics, 1999, 60-61(1): 145-153.

Muffatto M. Platform strategies in international new product development [J]. International Journal of Operations and Production Management, 1999, 19(5-6): 449-459.

Nambisan S, Sawhney M S. Orchestration processes in network-centric innovation: Evidence from the field [J]. Academy of Management Perspectives, 2011, 25(3): 40-57.

Neely A, Adams C, Kennerley M. The Performance Prism: The Scorecard for Measuring and Managing Business Success[M]. London: Prentice-Hall, 2002.

Neely A. Measuring Business Performance—Why, What and How, Economist [M]. London：Prentice-Hall, 1998.

Newcomb P J, Bras B, Rosen D W. Implications of modularity on product design for the life cycle [J]. Journal of Mechanical Design, 1998, 120(3)：483-490.

Niehans J. Financial innovation, multinational banking and monetary policy[J]. Journal of Banking and Finance, 1983,7(4)：537-551.

Nonaka I, Takeuchi H. The Knowledge Creating Company [M]. Oxford：Oxford University Press, 1991.

Nonaka I, Takeuchi, H. The Knowledge Creating Company [M]. New York：Oxford University Press, 1995.

Nonaka I. A dynamic theory of organizational knowledge [J]. Organization Science, 1994, 5(1)：14-37.

Orton J D,Weick K E. Loosely coupled systems：A reconceptualization [J]. The Academy of Management Review, 1990,15(2)：203-223.

Patricio L, Fisk R P, Falcaoe C J. Designing multi-interface service experiences [J]. Journal of Service Research, 2008, 10(4)：318-334.

Pederson T. Historical review：An energy reservoir for mitosis, and its productive wake [J]. Trends Brioche Sci. Mar, 2003,28(3)：125-129.

Pekkarinen S, Ulkuniemi P. Modularity in developing business services by platform approach [J]. The International Journal of Logistics Management, 2008, 19 (1)：84-103.

Pekkarinen U P. Modularity in developing business services by platform approach [J]. The International Journal of Logistics Management, 2008, 19(1)：84-103.

Persona A,Battini D,Manzini R, et al. Optimal safety stock levels of subassemblies and manufacturing components [J]. International Journal of Production Economics, 2007, 11(12)：147-159.

Peters L, Saidin H. IT and the mass customization of services：The challenge of implementation [J]. International Journal of Information Management, 2000, 20(2)：103-119.

Pil F K, Cohen S K. Modularity：implications for innovation, imitation, and sustained advantage. [J]. Academy of Management Review, 2006, 31(4)：995-1011.

Pine B J, Davis S. Mass Customization：The New Frontier in Business Competition[M]. Cambridge, MA：Harvard Business School Press, 1999.

Pine J B. Mass customization：The new fronties in business competition [M]. Boston：Havard Business School Press,1993.

Polanyi M, Porsche H. Meaning [M]. Chicago: The University of Chicago Press, 1975.

Polanyi M. The republic of science [J]. Minerva, 1962,1(1):54-73.

Polanyi M. The Tacit Dimension Garden City [M]. NY: Doubleday and Company, Inc,1966.

Ponds R, van Ort F, Franken K. The geographical and institutional proximity of research collaboration[J]. Paper Regional Science, 2001,86(3):423-443.

Prahalad C K, Hamel G. The core competence of corporation[J]. Harvard Business Review, 1999(68): 79-91.

Purser R E, Pasmore W A, William A, et al. Research in Organizational Change and Development [M]. London: JAI Press, 1992.

Reagans R, Zuckerman E. Networks, diversity and performance: The social capital of R&D units [J]. Organization Science, 2001,12: 502-517.

Renzl B. Trust in management and knowledge sharing: the mediating effects of fear and knowledge documentation [J]. Omega, 2008, 36(1): 206-220.

Rhee M. Network updating and exploratory learning environment [J]. Journal of Management Studies,2004(41):933-949.

Richard P J, Devinney T M. Modular strategies: B2B technology and architectural knowledge [J]. California Management Review, 2005, 47(4): 86-113.

Robertson D, Ulrich K. Planning for product platforms [J]. MIT Sloan Management Review, 1998, 39(4): 19-32.

Robinson D, Rip A, Mangematin V. Technological agglomeration and the emergence of clusters and networks in nanotechnology [J]. Research Policy, 2007, 36(6): 871-879.

Rochet J C, Tirole J. Cooperation among competitors: Some economics of payment card associations [J]. RAND Journal of Economics, 2002, 33(4): 549-570.

Rochet J C, Tirole J. Platform competition in two-sided markets [J]. Journal of the European Economic Association, 2003, 1(4): 990-1029.

Rochet J C, Tirole J. Two-sided markets: A progress report [J]. The RAND Journal of Economics, 2006, 37(3): 645-667.

Ryle G. The Concept of Mind [M]. Chicago: University of Chicago Press, 1984.

Rysman M. The economics of two-sided markets [J]. Journal of Economic Perspectives, 2009, 23(3): 125-144.

Safizadeh M H, Field J M, Ritzman L P. An empirical analysis of financial services processes with a front-office or back-office orientation [J]. Journal of Operations Management, 2003, 21(5): 557-576.

Safizadeh M H, Field J M, Ritzman L P. Sourcing practices and boundaries of the firm in the financial services industry [J]. Strategic Management Journal, 2008, 29 (1): 79-91.

Sako. Modularity and outsourcing: The nature of co-evolution of product architecture and organization architecture in the global automotive industry [M]. // Prencie A, Davies A, Hobday M. The business of systems integration. Oxford: Oxford University Press, 2003.

Sanchez M. Modularity, flexibility, and knowledge management in product and organization design [J]. Strategic Management Journal, 1996, 17:63-76.

Sanchez R, Collins R P. Competing and learning in modular markets[J]. Long Range Planning, 2001,34(6):655-667.

Sanchez R, Mahoney J T. Modularity, flexibility, and knowledge management in product and organization design[J]. Strategic Management Journal,1996(17):63-76.

Sanchez R. Modular architectures in the marketing process [J]. The Journal of Marketing, 1999, 63:92-111.

Sanchez R. Strategic flexibility in product competition[J]. Strategic Management Journal, 1995,16(81):135-159.

Sandeep V, Sharma D. Identifying and assessing knowledge management practices [C]. National Seminar on Issues and Challenges in Contemporary Management, 2004: 508-521.

Sanderson S W, Uzurneri M. The innovation improvement: Strategies for managing product models and families [M]. Chicago:Irwin, 1997.

Sarin S, McDermott C. The effect of team leader characteristics on learning, knowledge application, and performance of cross-functional new product development teams [J]. Decision Sciences, 2003, 34(4) : 707-739.

Saunila M, Ukko J. Facilitating innovation capability through performance measurement [J]. Management Research Review, 2013,36(10):991-1006.

Saunila M. Innovation capability for SME success: Perspectives of financial and operational performance[J]. Journal of Advances in Management Research, 2014,11 (2):163-178.

Sawhney M S. Leveraged high-variety strategies: From portfolio thinking to platform thinking [J]. Journal of the Academy of Marketing Science, 1998, 26(1): 54-61.

Scheuing E E, Johnson E M. A proposed mode for new service development [J]. Journal of Service Marketing, 1989, 16(2): 25-35.

Schilling M A,Steensma H K. The use of modular organizational forms:An industry level analysis[J]. Academy of Management Journal,2001,44(6):1149-1168.

Schilling M A. The use of modular organizational forms: An industry-level analysis [J]. Academy of Management Journal, 2001, 44(6): 1149-1168.

Schilling M A. Toward a general modular systems theory and its application to interfirm product modularity [J]. Academy of Management Review, 2000, 25 (2): 312-334.

Schilling S. The Use of modular organizational forms [J]. The Academy of Management Journal, 2001, 22(6): 1149-1168.

Shahzad F, Farooq M. ELF-Miner: using structural knowledge and data mining methods to detect new (Linux) malicious executables[J]. Knowledge and Information Systems, 2012, 30(3): 589-612.

Shibata T, Yano M, Kodama F. Empirical analysis of evolution of product architecture: Fanuc numerical controllers from 1962 to 1997 [J]. Research Policy, 2005, 34(1):13-31.

Simon H A. The architecture of complexity [C]. Proceedings of the American Philosophical Society,1962:457-476.

Simonin B L. ambiguity and the process of knowledge transfer in strategic alliances [J]. Strategic Management Journal, 1999,20(7): 595-623.

Simpson T W, Maier J R A, Mistree F. Product platform design: Method and application [J]. Research in Engineering Design, 2001, 13(1): 59-74.

Simpson T W. Product platform design and customization: Status and promise [J]. AIEDAM: Artificial Intelligence for Engineering Design, Analysis and Manufacturing, 2004, 18(1): 3-20.

Singley M K, Anderson J R. The Transfer of Cognitive Skill [M]. New York: Harvard University Press, 1989.

Sinha K K, Van De Ven A H. Designing work within and between organizations [J]. Organization Science, 2005, 48(2): 346-357.

Smith K G, Collins C J, Clark K D. Existing knowledge, knowledge creation capability, and the rate of new product introduction in high technology firms[J]. Academy of Management Journal,2005,48(2): 346-357.

Stepanovich P L, Uhrig J D. Decision making in high-velocity environments: implications for healthcare [J]. Journal of Healthcare Management, 1999, 44(3):197-205.

Stevens W, Myers G, Constantine L. Structured Design [J]. IBM Syst J, 1974,13(2): 115-139.

Stewart T A. Intellectual capital: The new wealth of organizations [M]. NY: Double Day, 1997.

Storey C, Kelly D. Measuring the performance of new service development activities [J].

Service Industries Journal,2001,21(2):71-90.

Sturgeon T. Modular production networks: A New American model of Industrial Organization [J]. MIT Working Paper, 2002, 11(3): 451-496.

Suarez F F. Battles for technological dominance: An integrative framework [J]. Research Policy, 2004,33(2):271-286.

Sundbo J. Standardization V S. Customization in service innovations [R]. // Service Development, Internationalization and Competences, Working Paper No2, Danish S14S WP3-4Report. Roskilde: Roskilde University, 1998.

Sundbo J. Modulization of service production and a thesis of convergence between service and manufacturing organizations [J]. Scandinavian Journal of Management, 1994,10 (3): 245-266.

Sveiby K E. The New Organization Wealth: Managing and Measuring Knowledge-based Assets[M]. San Francisco, CA: Barrett-Koehler Publisher, 1997.

Sviokla J, Paoni A. Every product's a platform [J]. Harvard Business Review, 2005, 83 (10): 17-18.

Tanriverdi H, Konana P, Ge L. The choice of sourcing mechanisms for business processes [J]. Information Systems Research, 2007, 18(3): 280-299.

Tatikonda M V. An empirical study of platform and derivative product development projects [J]. Journal of Product Innovation Management, 1999, 16(1): 3-26.

Teece D J, Pisano G P, Shuen A. Dynamic capabilities and strategic management [J]. Strategic Management Journal, 1997, 18(7): 509-533.

Teece D J. Profiting from technological innovation: Implications for integration, collaboration, licensing [J]. Research Policy, 1986, 15(6): 285-305.

Thomas L D W, Autio E, Gann D M. Architectural leverage: Putting platforms in context [J]. The Academy of Management Perspectives, 2014, 28(2):198-219.

Thompson J D. Organizations in Action[M]. New York: McGraw Hill,1967.

Tiwana A, Konysnski B, Bush A A. Platform evolution: Co-evolution of platform architecture, governance, and environmental dynamics [J]. Information Systems Research, 2010, 21(4): 675-687.

Tiwana A. Does technological modularity substitute for control? A study of alliance performance in software outsourcing [J]. Strategic Management Journal. 2008, 29 (7): 769-780.

Tsai W. Knowledge transfer in intraorganizational networks: effects of network position and absorptive capacity on business unit innovation and performance [J]. Academy of Management Journal, 2001, 44 (5):996-1004.

Tu Q, Vonderembse M A, Ragu-Nathan T S, et al. Measuring modularity-based manufacturing practices and their impact on mass customization capability: A customer-driven perspective[J]. Decision Sciences, 2004, 35(2):147-168.

Ulrich K, Eppinger S D. Product design and development [M]. Boston: McGraw Hill, 1994.

Ulrich K, Tung K. Fundamentals of Product Modularity[C]. ASME Winter Annual Meet- ing Symposium on Issues in Design/Manufacturing Integration, Atlanta, 1991: 73-45.

Ulrich K. The role of product architecture in the manufacturing firm [J]. Research Policy, 1995, 24(3):419-440.

Utterback J M, O'Neill R R. Mastering the dynamics of innovation: How companies can seize opportunities in the face of technological change[M]. Cambridge, MA: Harvard Business School Press, 1994.

Uzzi B L R. Relational embeddedness and learning: The case of bank loan managers and their clients[J]. Management Science, 2003(49):383-405.

Vakola M, Rezgui Y. Organisational learning and innovation in the construction industry [J]. The Learning Organization, 2000, 7 (4):174-184.

Van den Hooff B, De Ridder J A. Knowledge sharing in context: The influence of organizational commitment, communication climate and CMC use on knowledge sharing[J]. Journal of Knowledge Management, 2004, 8(6): 117-130.

Voordijk H, Meijboom B, De Haan J. Modularity in supply chains: A multiple case study in the construction industry [J]. International Journal of Operations & Production Management, 2006, 26(6):195-219.

Voss C, Hsuan J. Service architecture and modularity [J]. Decision Sciences, 2009, 40 (3): 541-569.

Vähätalo M. Modularity in health and social services—a systematic review [J]. International Journal of Public and Private Healthcare Management and Economics, 2012, 2(1):7-21.

Wasko M M, Faraj S. It is what one does: Why people participate and help others in electronic communities of practice[J]. Journal of Strategic Information Systems, 2000 (9):155-173.

Wasko M M, Faraj S. Why should I share? Examining social capital and knowledge contribution in electronic networks of practice [J]. MIS Quarterly, 2005, 29 (1): 35-57.

Watson S, Hewett K. A multi-theoretical model of knowledge transfer in organizations:

determinants of knowledge contribution and knowledge reuse [J]. Journal of Management Studies, 2006, 43(2):141-173.

Weber B, Christiana W. Corporate venture capital as a means of radical innovation: relational fit, social capital, and knowledge transfer [J]. Journal of Engineering and Technology Management, 2007, 24(1):11-35.

Weick K E. Educational organizations as loosely coupled systems [J]. Administrative Science Quarterly,1976,21(1):1-19.

Weick K E. The generative properties of richness[J]. Academy of Management Journal, 2007,50(1): 14-19.

West J. How open is open enough? Melding proprietary and open source platform strategies [J]. Research Policy, 2003, 32(7):1259-1285.

Wheelwright S C, Clark K B. Creating Project Plan to Focus Product Development[M]. Cambridge, MA: Harvard Business School Pub, 1992.

Winser J D, Fawcett S E. Link firm strategy to operating decisions through performance measurement [J]. Production & Inventory Management Journal, 1991, 32(3): 5-11.

Womack J P. Mass customization: The new frontier in business competition, book review [J]. Sloan Management Review, 1993, 34(3):121-122.

Wong W, Radcliffe D. The tacit nature of design knowledge [J]. Technology Analysis and Strategic Management, 2000,12(4): 247-265.

Worren N, Moore K, Cardona P. Modularity, strategic flexibility, and firm performance: A study of the home appliance industry [J]. Strategic Management Journal. 2002, 23(12): 1123-1140.

Yan A, Gray B. Bargaining power, management control , and performance in United States-Chinese join venture: A comparative case study[J]. Academy of Management Journal 1994, 37(6):478-517.

Yin R K. Case Study Research, Design and Methods[M]. 2nd Edition. Beverly Hills: Sage Publications, 1994.

Yin R K. Case Study Research: Design And Methods [M]. London: Sage Publication,2003.

Yin R, Case study research: design and methods [M]. 4th ed. Thousand Oaks: Sage, 2009.

Yoo B V, Choudhary T M. A model of neutral B2B intermediaries[J]. Journal of Management Information Systems, 2002,19(3) :43-68.

Zack M H. Developing a knowledge strategy[J]. California Management Review,1999,41 (3): 125-145.

Zahra S A，George G．Absorptive capacity：A review，conceptualization and extension [J]．Academy of Management Review，2002，27(2)：185-203.

Zhaleh N T，Ghasem Z，Stephan C，et al．Ulf Andersson．Subsidiary knowledge development in knowledge-intensive business services：A configuration approach[J]．Journal of International Marketing，2015，23(4)：22-43.

Zhaleh N-T，Ghasem Z，Stephan C，et al．Do supplier perceptions of buyer fairness lead to supplier sales growth [J]．Industrial Marketing Management，2016，53：160-171.

Zhu F，Iansiti M．Entry into platform-based markets [J]．Strategic Management Journal，2012，33(1)：88-106.

鲍德温，克拉克.设计规则:模块化的力量[M].张传良,等译.北京:中信出版社,2006.

曹兴,曾智莲.知识分布及其对企业知识转移的影响分析[J].科学学研究,2008,26(2)：344-350.

曹勇,黎仁惠,王晓东.技术转移中隐性知识转化效果测度模型及评价指标研究[J].科研管理,2010,31(1)：1-8.

曹正进,郑莉.以知识转移为中介的社会网络特征对 KIBS 企业创新能力的影响[J]．企业经济,2014(3)：43-46.

常荔,邹珊刚,李顺才.基于知识链的知识扩散的影响因素研究[J].科研管理,2001,22(5)：122-128.

陈菲琼.我国企业与跨国公司知识联盟的知识转移层次研究[J].科研管理,2001,22(2)：66-74.

陈公海.企业研发团队非正式网络的结构特征对产品创新绩效影响的研究[D].北京:中国人民大学,2008.

陈劲,桂斌旺.模块化创新:复杂产品系统创新机理与路径研究[M].北京:知识产权出版社,2007.

陈璟菁.顾客参与影响新服务开发绩效的机制研究:以组织学习为中介变量[D].南京:南京理工大学,2013.

陈晓萍,徐淑英,樊景立.组织与管理研究的实证方法[M].北京:北京大学出版社,2008.

丛聪,徐枞巍.跨国公司母子公司关系研究——基于知识的视角[J].科研管理,2010,31(5)：172-177.

戴勇,朱桂龙,肖丁丁.内部社会资本、知识流动与创新——基于省级技术中心企业的实证研究[J].科学学研究,2011,29(7)：1046-1054.

戴万亮.内部社会资本对产品创新的影响——知识螺旋的中介效应[J].科学学研究,2012,30(8)：1263-1271.

丁晖.区域产业创新与产业升级耦合机制研究[D].南昌:江西财经大学,2013.

丁秀好,黄瑞华.合作创新中媒介丰度对知识模糊性和知识转移绩效关系的调节作用研究[J].研究与发展管理,2008,20(5):5-14.

窦红宾,王正斌.网络结构、吸收能力与企业创新绩效——基于西安通讯装备制造产业集群的实证研究[J].中国科技论坛,2010(5):25-30.

方创琳,杨玉梅.城市化与生态环境交互耦合系统的基本定律[J].干旱区地理,2006,29(1):1-8.

方刚,胡保亮.网络资源的分类与作用机制——基于知识转移视角的研究[J].科学学研究,2010,28(10):1511-1520.

方智勇,张荣耀.基于服务模块化的服务型供应链研究[J].物流工程与管理,2013,35(4):93-96.

冯增田,郝斌,俞珊.模块化、吸收能力与企业创新绩效关系实证研究[J].南京理工大学学报,2013,37(2):318-324.

冯增田,郝斌.模块化对产品创新影响的实证研究——组织学习和关系网络的调节效应[J].技术经济,2014,33(2):1-8.

高祥宇,卫民堂,李伟.人际信任对知识转移促进作用的研究[J].科研管理,2005,26(6):106-114.

关涛.跨国公司知识转移:知识特性与组织情境研究[J].科学学研究,2010,28(6):902-911.

郭斌,陈劲,许庆瑞.界面管理:企业创新管理的新趋向[J].科学学研究,1998,16(1):60-67.

郝斌,任浩.组织模块化及其挑战:组织形态演进的思考[J].商业经济与管理,2007(9):26-31.

郝斌,任浩.组织模块化设计:基本原理与理论架构[J].中国工业经济,2007(6):80-87.

何芳蓉.新产品开发团队之社会资本、知识分享与绩效的实证研究[D].高雄:高雄第一科技大学,2003.

胡玲,金占明.跨国公司战略管理知识转移机制的案例研究[J].科学学研究.2010,28(5):732-740.

胡晓鹏.模块化整合标准化:产业模块化研究[J].中国工业经济,2005(9):67-74.

季成,朱晓明,任荣明.基于知识整合价值链的企业并购知识整合研究[J].研究与发展管理,2007,19(6):78-84.

金中坤,王卿.模块化组织间隐性知识流动影响因素的实证研究[J].情报杂志,2010,29(9):136-140.

王卿.模块化组织隐性知识流动的机理与障碍的研究[D].南京:南京师范大学,2010.

柯江林,孙健敏,石金涛,等.企业R&D团队之社会资本与团队效能关系的实证研究——以知识分享与知识整合为中介变量[J].管理世界,2007(3):89-101.

邝宁华,胡奇英,杜荣.强联系与跨部门复杂知识转移困难的克服[J].研究与发展管理,

2004,16(2):20-25

赖海联.网络密度与中心性对团队创新绩效影响研究[D].武汉:华中科技大学,2011.

雷如桥,陈继祥,刘芹.基于模块化的组织模式及其效率比较研究[J].中国工业经济,
　　2004(10):83-90.

李飞,陈浩,曹鸿星等.中国百货商店如何进行服务创新——基于北京当代商城的案例
　　研究[J].管理世界,2010(2):114-126.

庞学卿.组织文化、知识转移与新服务开发绩效:城市商业银行案例[D].杭州:浙江工商
　　大学,2011.

李靖华,沈夏燕,马鑫.服务业前后台运作对新服务开发影响的研究综述[J].科技管理
　　研究,2012,32(23):130-134.

李靖华.服务大规模定制实现机理分析:制造业与服务业融合视角[J].科技管理研究,
　　2008(2):143-147.

李泉,陈宏明.产业技术标准的竞争与兼容性选择——基于双边市场理论的分析[J].上
　　海交通大学学报,2009,43(4):513-516.

李新宁,吴春旭,李兆琼.第三方物流与第四方物流知识共享激励机制研究[J].科技管
　　理研究,2008(1):184-186.

林东清.知识管理理论与实务[M].北京:电子工业出版社,2005.

林娟娟.服务业模块化组织中的知识流动研究[D].济南:山东经济学院硕士学位论
　　文,2010.

蔺雷,吴贵生.服务创新[M].北京:清华大学出版社,2007.

刘帮成,王重鸣.影响跨国知识转移效能的因素研究:以在华进行跨国创业企业为例[J].
　　科研管理,2007,28(6):1-12.

刘启,李明志.双边市场与平台理论研究综述[J].经济问题,2008(7):17-20.

刘志阳,施祖留,朱瑞博.基于模块化的银行卡产业价值创新研究:从价值链到价值群
　　[J].中国工业经济,2007(9):23-30.

卢俊义,程刚.创业团队内认知冲突、合作行为与公司绩效关系的实证研究[J].科学学
　　与科学技术管理,2009,30(5):117-123.

卢俊义,王永贵.顾客参与服务创新与创新绩效的关系研究——基于顾客知识转移视角
　　的理论综述与模型构建[J].管理学报,2011,8(10):1566-1574.

吕力,邹颖,李倩.管理案例研究资料分析技术——以Eisenhardt范文为例[J].管理案例
　　研究与评论,2014,7(1):34-45.

马骏,仲伟周,陈燕.基于知识转移情境的知识转移成本影响因素分析[J].北京工商大学
　　学报(社会科学版),2007,22(3):102-107.

马庆国.管理统计:数据获取、统计原理、SpSS工具与应用研究[M].北京:科学出版
　　社,2002.

明亮.浙江金融发展与产业集聚耦合关系的实证研究[D].杭州:浙江理工大学,2012.

穆胜.模块化组织中知识共享对议价能力和运营绩效的影响机制研究[D].重庆:重庆大学,2013.

彭灿.供应链中的知识流动与组织间学习[J].科研管理,2004,25(3):81-86.

彭新敏.企业网络对技术创新绩效的作用机制研究:利用性、探索性学习的中介效应[D].杭州:浙江大学,2009.

青木昌彦,安藤晴彦.模块时代:新产业结构的本质[M].周国荣,译.上海:上海远东出版社,2003.

邱浩政,林碧芳.结构方程模型的原理与应用[M].北京:中国轻工业出版社,2009.

芮明杰,张琰.模块化组织理论研究综述[J].当代财经,2008(3):122-132.

尚秀芬,陈宏明.双边市场特征的企业竞争策略与规制研究综述[J].产业经济研究,2009(4):89-93.

盛革.模块化价值网及其知识管理研究[J].外国经济与管理,2009,31(4),29-36.

疏礼兵,贾生华,2008,知识转移过程模式的理论模型研究综述[J].科学学与科学技术管理,29(4):95-100.

宋娅婷.组织的模块化程度测度指标及其在公共组织中的应用研究[D].杭州:浙江大学,2005.

孙颖.低信任下企业网络能力对服务创新绩效的影响研究[D].天津:天津大学,2009.

唐炎华,石金涛.国外知识转移研究综述[J].情报科学,2006,24(1):153-160.

陶颜,魏江,王甜.金融服务创新过程中的知识转移分析[J].大连理工大学学报(社会科学版)2007,28(1):11-16.

汪积海.企业技术知识转移机制决策的实证研究[J].科学学研究,2006,24(3):444-449.

王斌.知识转移机制与创新绩效关系的实证研究[J].情报科学.2012,30(1):90-94.

王承哲.企业间合作绩效影响因素实证研究[D].杭州:浙江大学,2005.

王红军.基于知识服务业的新服务开发过程模式研究[J].科技进步与对策,2009,26(6):60-63.

王家宝.关系嵌入性对服务创新绩效的影响关系研究[D].上海:上海交通大学,2011.

王建安,张钢.组织模块化及其测量:一个基于松散耦合系统的分析框架[J].西安电子科技大学学报:社会科学版,2008,18(6):1-10.

王金红.案例研究法及其相关学术规范[J].同济大学学报(社会科学版),2007,18(3):87-95,124.

王开明,万君康.论知识的转移与扩散[J].外国经济与管理,2000,22(10):2-7.

王清晓,杨忠.跨国公司母子公司之间的知识转移研究:一个情境的视角[J].科学学与科学技术管理,2005,26(6):81-86.

王晓辉.模块化价值网络中知识转移对企业营销绩效的影响研究[D].济南:山东大

学,2010.

王毅.粘滞知识转移研究述评[J].科研管理,2005,26(2):71-75.

王瑜,任浩.模块化组织价值创新:内涵与本质[J],科学学研究,2014,32(4):282-288.

王瑜,任浩.模块化组织价值创新:路径及其演化[J],科研管理,2014,35(1):150-156.

韦影.企业社会资本对技术创新绩效的影响:基于吸收能力的视角[D].杭州:浙江大学,2005.

魏江,胡胜蓉.知识密集型服务业创新范式[M].北京:科学出版社,2007.

魏江,陶颜.金融服务创新的过程模型研究[J].西安电子科技大学学报(社会科学版),2006,16(6):52-59.

魏江,王铜安.个体、群组、组织间知识转移影响因素的实证研究[J].科学学研究,2006,24(1):91-97.

魏江,王铜安.知识密集型服务企业创新组织结构特征及其与创新绩效关系实证研究[J].管理工程学报,2009,23(3):103-111.

吴承慧.组织内个体层面知识转移的影响因素研究[D].杭州:浙江大学,2004.

吴明隆.问卷统计分析实务——SPSS操作与应用[M].重庆:重庆大学出版社,2010.

吴晓波,刘雪锋,胡松翠.全球制造网络中本地企业知识获取实证研究[J].科学学研究.2007,25(3):486-492.

吴杨.团队知识创新过程及其管理研究[D].哈尔滨:哈尔滨工业大学,2009.

吴照云,余长春,尹懿.服务模块化的研究现状及发展趋向[J].商业经济与管理,2012(3):36-42.

谢慧娟.社会资本、组织学习对物流服务企业动态能力的影响研究[D].长沙:中南大学,2013.

辛枫冬.网络关系对知识型服务业服务创新能力的影响研究[D].天津:天津大学,2011.

徐宏玲,李双海.价值链形态演变与模块化组织协调[J].中国工业经济,2005,121(11):81-90.

徐金发,刘翌.母子公司之间知识流动的决定因素研究[J].科研管理,2002,23(2):122-127.

徐金发,许强,顾惊雷,企业知识转移的情景分析模型,科研管理,2003,24(2):54-60.

徐青,马庆国,张彩江,等.ERP知识转移影响因素的实证对比研究——与Dong-Gil研究的比较[J].科学学研究,2007(6):498-504.

徐笑君.文化差异对美资跨国公司总部知识转移影响研究[J].科研管理,2010,31(4):49-58.

许强,刘翌,贺燕敏.母子公司管理度剖析——基于情境的知识转移研究视角[J].科学学研究,2006,24(2):273-278.

杨玲.科技传播——基于模块化和知识流视角[D].南京:东南大学,2005.

杨名.服务创新及其对服务经济增长的作用分析[D].大连:大连理工大学,2008

姚凯,刘明宇,芮明杰.网络状产业链的价值创新协同与平台领导[J].中国工业经济,
　　2009(12):86-95.

余长春、吴照云.价值创造视域下民航业服务模块化运行—基于探索性案例分析的视角
　　[J].中国工业经济,2012(12):141-153.

余东华,芮明杰.基于模块化网络组织的知识流动研究[J].南开管理评论,2007,10(4):
　　11-16.

余东华.模块化企业价值网络——形成机制、竞争优势与治理结构[M].上海:上海人民
　　出版社,2008.

原毅军,刘浩.隐性知识转移的创新扩散效应——基于服务创新的分析[J].科技管理研
　　究,2010,30(8):188-190.

张光磊,刘善仕,申红艳.组织结构、知识转移渠道与研发团队创新绩效——基于高新技
　　术企业的实证研究[J].科学学研究,2011,29(8):1198-1206.

张睿,于渤.技术联盟知识转移影响因素实证研究[J].科学学研究,2008,26(5):1024-
　　1030,937.

张睿,于渤.技术联盟组织知识转移影响因素路径检验[J].科研管理,2009,30(1):
　　28-30.

张若勇,刘新梅,张永胜.顾客参与和服务创新关系研究:基于服务过程中知识转移的视
　　角[J].科学学与科学技术管理,2007,28(10):92-97.

章垚鹏.组织模块化与交互记忆对知识共享的影响研究[D].杭州:浙江大学,2008.

郑伯埙,黄敏萍.实地研究中的案例研究[M].北京:北京大学出版社,2008.

周军杰,李新功,李超.不同合作创新模式与隐性知识转移的关系研究[J].科学学研究,
　　2009,27(12):1914-1919.

朱亚丽,徐青,吴旭辉.网络密度对企业间知识转移效果的影响——以转移双方企业转
　　移意愿为中介变量的实证研究[J].科学学研究,2011,29(3):427-431.

庄亚明,李金生.高技术企业知识联盟中的知识转移研究[J].科研管理,2004,25(6):
　　50-55.

附录一　物流服务平台的调研提纲

●传化公路港平台

一、模块化组织模式

1.传化物流发展的简要历程？

从内部物流向外部物流平台建设转变的考虑因素；起步阶段面临哪些困难，是如何处理的。

2.传化公路港物流平台涵盖哪些服务模块？是不是逐步增加的？

云物流、车联网、配套服务、金融、办公、生活等，哪些模块是自己提供，哪些是外包。

3.各个模块完成开发后，开放策略如何选择？（开放度）

界面开放程度？接口标准如何制定？

新模块推出后是对所有企业开放，还是部分开放，如何权衡？

4.传化作为平台运营商，与平台内企业的关系如何？（耦合关系）

要成为传化的合作伙伴有什么特定的标准和要求？要加入公路港平台有什么要求？合作关系是否稳定？

平台中收费模式如何？是收费还是合同制约？还是两者都有？

合同多久一签？是否有排他协议？

跟新加坡的普洛斯的合作模式如何？

平台中的企业相互之间的依存度如何？竞合关系是否稳定？

二、知识转移的影响因素

1.功能模块开发过程是以何种方式进行？（隐性知识的传递）

功能模块开发过程中有没有平台内的物流供应商参与？如何听取他们的意见和建议表达？是以书面方式建议，还是纳入小组列席常规性的项目组会议？

2.物流服务平台的双边客户（货主和物流供应商）的反馈意见有没有固定的记录形式？（知识的接受性）

比如说例会总结，或者对服务过程中的顾客意见有记录本，或者服务事故记录等？

3. 传化公路港物流平台各个模块服务开发过程是怎么样的，有没有形成固定的流程、模式或标准？

新服务模块开发是自我更新，客户需要，还是外部合作商主动上门寻求合作？新模块开发在功能和技术上采取何种标准？

4.平台内各个功能模块之间的衔接是否顺畅？（关系结构对知识转移的影响）

新模块与已有模块会不会存在一些冲突？会不会有些模块相对独立，有些则联系紧密，如何权衡？

5.平台中的新功能模块，如金融服务模块，开发过程中对于物流企业的需求分析和相关资质的认证如何进行？（显性知识的转移）

6.各个模块之间的连接是否顺畅？（关系结构对知识转移的影响）

新模块与已有模块会不会存在一些冲突？会不会有些模块相对独立，有些则联系紧密，如何权衡？

三、组织绩效

1.目前整个物流服务平台的使用情况如何？请用数据说明。

客户使用平台后的评价如何？交易增长情况？

2.用户规模和交易量的增长情况？同类型的竞争平台主要是哪些？专线宝平台的差异？跟它们相比，我们平台的最大优势是什么？

传化新用户的增长情况

交易量的增长情况？（交易量与用户接入数量是否成正比）

互补品平台有哪些？如何合作 ？接口标准？

公路港平台同时与其他那些平台连接？

3.当前传化物流发展有没有面临一些新的挑战，是否采取了一些新的举措？

公路港平台今后的发展方向？打造什么样的平台？具备什么样的功能？

4. 传化物流平台的服务改进方面（客户参与）

有没有畅通的反馈渠道，可以让客户提供对服务的反馈意见？

根据客户的反馈对于功能模块的改进方式？

如果遇到客户投诉，如何责令平台内的服务提供商整改？

5. 新服务的开发成本、开发速度、开发周期？

6. 新服务的客户满意度，市场份额等？

附录二　调研问卷

物流服务平台模块化创新研究调查问卷(平台供应方)

尊敬的女士/先生：

您好！

非常感谢您在百忙之中抽出时间填写这份问卷！本问卷旨在调查物流服务平台的模块化创新及其对组织绩效的影响机制。问卷纯属学术研究目的,内容不涉及贵企业的商业机密,所获信息绝不外泄,亦不用于任何商业目的。问卷答案没有对错之分,请尽可能按公司实际情况填写。在填写过程中,如对问卷存在任何疑问,请与我们联系。烦请您花几分钟时间填写问卷,您的回答对我们的研究非常重要,非常感谢您的鼎力支持！

平台组织指可以灵活进行资源和能力整合的组织结构,为平台用户(供应商或客户)提供全面的业务信息,进而促进交易完成,其会向一边用户或双边用户收取一定的费用。平台组织的存在使得双方的合作和交易更加便捷。例如公路港平台、物流信息平台等,都是平台组织。

第一部分背景资料

(请在符合您实际情况的选项上打√,您填写的基本资料,只以统计方式出现,请放心填答。)

1.企业名称＿＿＿＿＿＿＿＿＿＿＿＿＿＿＿

2.企业成立年份:(1)2年以下;(2)2～5年;(3)6～10年;(4)10年以上。

3.企业总部所处区域:(1)长三角地区;(2)珠三角地区;(3)京津唐地

区;(4)其他。

4.企业产权性质:(1)国有独资或控股;(2)民营;(3)外商独资或控股;(4)集体所有。

5.企业主营业务所在行业:(1)物流业;(2)物流咨询或物流信息行业;(3)网络科技行业。

(4)其他_____

6.贵企业目前主要使用的服务平台有:(1)传化公路港;(2)苏宁物流平台;(3)快到网平台;(4)快货运平台;(5)56同城平台;(6)专线宝平台;(7)浙江省中小企业物流信息服务平台;(8)其他物流平台:_____

第二部分 分项回答

(以下问题采用5级打分,从1到5逐渐过渡(1为完全不同意,5为完全同意),请在您认为与贵企业实际情况最符合的数字下面进行标记,请在您认同的程度选项下打√)

序号	问题	完全不同意	不同意	不确定	同意	完全同意
	第一部分					
1	平台开放程度很高,所有用户都可以进入平台	1	2	3	4	5
2	使用平台需要实名注册	1	2	3	4	5
3	使用平台需要缴纳费用	1	2	3	4	5
4	可以同时接入多个平台	1	2	3	4	5
5	同类型的物流企业进入平台没有任何限制	1	2	3	4	5
6	平台上的功能很全	1	2	3	4	5
7	平台根据客户需求来提供相应的功能模块	1	2	3	4	5
8	平台提供的服务模块可以满足不同客户的需求	1	2	3	4	5
9	据了解,平台上对关键服务模块进行调整时不需要改动其他模块	1	2	3	4	5
10	据了解,平台开发新的服务模块对其他功能模块没有影响	1	2	3	4	5
11	平台根据客户的需求提供保险、融资等特殊模块	1	2	3	4	5
12	平台对服务产品有评价和反馈机制	1	2	3	4	5
13	平台中提供同类型模块的供应商有5家以上	1	2	3	4	5
14	同类型的模块供应商之间沟通联系比较多	1	2	3	4	5

续表

序号	问题	完全不同意	不同意	不确定	同意	完全同意
	第二部分					
15	我物流企业可通过平台共享最新的信息和数据	1	2	3	4	5
16	我物流企业对平台中服务模块的功能、流程等都很熟悉	1	2	3	4	5
17	平台经常举办聚餐、沙龙、联谊等非正式活动	1	2	3	4	5
18	我物流企业参加平台企业组织的培训或会议	1	2	3	4	5
19	我物流企业与平台企业合作开发新的服务模块	1	2	3	4	5
20	平台对供应商有统一的培训和考核	1	2	3	4	5
21	平台有完善的客户反馈体系,客服系统通过电话、电子邮件、网络工具等进行意见收集和反馈	1	2	3	4	5
22	平台有健全的用户评价体系和诚信体系	1	2	3	4	5
23	据我企业了解,客户对服务产品有评价和反馈渠道	1	2	3	4	5
24	平台提供的信息和数据可以帮助我物流企业改进服务	1	2	3	4	5
25	合作共同开发新服务模块对双方都有利	1	2	3	4	5
26	平台的交易量和客户反馈等数据信息有利于我物流企业开发新的服务模块	1	2	3	4	5
27	我物流企业可以根据平台提供的客户意见和需求,及时开发出新的服务模块	1	2	3	4	5
28	我物流企业通过外包或技术合作等方式提高服务质量	1	2	3	4	5
29	我物流企业学到好的经验和技术会应用到新的服务项目中	1	2	3	4	5
30	据我企业了解,客户会对平台开发新服务模块提建议	1	2	3	4	5
	第三部分					
31	我物流企业开发新服务模块的成本大大降低	1	2	3	4	5
32	我物流企业新服务模块开发速度更快	1	2	3	4	5
33	我物流企业新服务模块开发周期更短	1	2	3	4	5
34	据我企业了解,平台新模块的服务占有较大市场份额	1	2	3	4	5
35	据我企业了解,平台新服务模块能显著提高顾客满意度	1	2	3	4	5
36	据我企业了解,平台新服务模块吸引了更多新客户	1	2	3	4	5
37	据我企业了解,平台新服务模块为客户创造了价值	1	2	3	4	5

再次感谢您对我们研究工作的支持! 祝您工作愉快!

物流服务平台模块化创新研究调查问卷（平台需求方）

尊敬的女士/先生：

您好！

非常感谢您在百忙之中抽出时间填写这份问卷！本问卷旨在调查物流服务平台的模块化创新及其对组织绩效的影响机制。问卷纯属学术研究目的，内容不涉及贵企业的商业机密，所获信息绝不外泄，亦不用于任何商业目的。问卷答案没有对错之分，请尽可能按公司实际情况填写。在填写过程中，如对问卷存在任何疑问，请与我们联系。烦请您花几分钟时间填写问卷，您的回答对我们的研究非常重要，非常感谢您的鼎力支持！

平台组织指可以灵活进行资源和能力整合的组织结构，为平台用户（供应商或客户）提供全面的业务信息，进而促进交易完成，其会向一边用户或双边用户收取一定的费用。平台组织的存在使得双方的合作和交易更加便捷。例如公路港平台、物流信息平台等，都是平台组织。

第一部分　背景资料

（请在符合您实际情况的选项上打√，您填写的基本资料，只以统计方式出现，请放心填答。）

1.企业名称（可不填）_____

2.企业成立年份：(1)2 年以下；(2)2～5 年；(3)6～10 年；(4)10 年以上。

3.企业总部所处区域：(1)长三角地区；(2)珠三角地区；(3)京津唐地区；(4)其他。

4.企业产权性质：(1)国有独资或控股；(2)民营；(3)外商独资或控股；(4)集体所有。

5.企业主营业务所在行业：_____

6.贵企业目前主要使用的服务平台有：(1)传化公路港；(2)苏宁物流平台；(3)快到网平台；(4)快货运平台；(5)56 同城平台；(6)专线宝平台；(7)浙江省中小企业物流信息服务平台 ；(8)其他物流平台：_____

第二部分　分项回答

（以下问题采用 5 级打分，从 1 到 5 逐渐过渡（1 为完全不同意，5 为完全同意），请在您认为与贵企业实际情况最符合的数字下面进行标记，请在您认同的程度选项下打√）

序号	问题	完全不同意	不同意	不确定	同意	完全同意
	第一部分					
1	平台开放程度很高，所有用户都可以进入平台	1	2	3	4	5
2	使用平台需要实名注册	1	2	3	4	5
3	我企业可以同时接入多个平台	1	2	3	4	5
4	据我企业了解，使用平台的客户覆盖行业广泛	1	2	3	4	5
5	平台中很多供应商提供同类型的服务	1	2	3	4	5
6	我企业需要的服务都可以在平台上找到	1	2	3	4	5
7	平台提供的服务模块质量很高	1	2	3	4	5
8	据了解，平台供应商会根据客户的反馈改进服务模块或开发新的服务模块	1	2	3	4	5
9	平台会根据客户的需求提供相应的特殊模块（如法律、保险等）	1	2	3	4	5
10	据了解，平台开发新的服务模块对原有功能模块没有影响	1	2	3	4	5
11	客户对服务产品有评价和反馈渠道	1	2	3	4	5
12	平台上提供的服务都有保障	1	2	3	4	5
13	据了解，不同的服务商之间联系比较频繁	1	2	3	4	5
	第二部分					
14	平台上可以获取最新的信息和数据	1	2	3	4	5
15	我企业对平台中服务模块的功能、流程等，用户都很熟悉	1	2	3	4	5
16	平台经常举办聚餐、沙龙、联谊等非正式活动	1	2	3	4	5
17	我企业参加平台企业组织的会议的机会比较多	1	2	3	4	5
18	据了解，平台有完善的客户反馈体系，客服系统通过电话、电子邮件、网络工具等进行意见收集和反馈	1	2	3	4	5
19	据了解，对供应商有统一的培训和考核	1	2	3	4	5
20	据了解，平台提供的信息和数据可以对企业有价值	1	2	3	4	5

序号	问题	完全不同意	不同意	不确定	同意	完全同意
21	平台要推出的新服务模块会先试用征求意见	1	2	3	4	5
22	我企业会在试用新的服务模块后给出反馈意见	1	2	3	4	5
23	平台客户会根据自身的需求要求平台增减服务模块	1	2	3	4	5
第三部分						
24	我企业使用平台服务后成本明显降低了	1	2	3	4	5
25	平台新服务模块推出速度更快	1	2	3	4	5
26	据我企业了解,平台新服务模块开发周期更短	1	2	3	4	5
27	新服务显著提高了客户满意度	1	2	3	4	5
28	平台的新服务模块为我企业创造了价值	1	2	3	4	5
29	据我企业了解,新服务模块吸引了更多新客户	1	2	3	4	5

再次感谢您对我们研究工作的支持！祝您工作愉快！